东北师范大学日本研究丛书

主编：尚侠

日元国际化与东亚货币合作

付丽颖　著

商务印书馆

2010年·北京

图书在版编目(CIP)数据

日元国际化与东亚货币合作/付丽颖著.—北京:商务印书馆,2010
(东北师范大学日本研究丛书)
ISBN 978-7-100-07044-7

Ⅰ.日…　Ⅱ.付…　Ⅲ.①日元-国际化-研究②货币-经济合作-研究-东亚　Ⅳ.F823.1

中国版本图书馆CIP数据核字(2010)第047578号

东北师范大学日本研究丛书
主编:尚侠
日元国际化与东亚货币合作
付丽颖　著

商　务　印　书　馆　出　版
(北京王府井大街36号　邮政编码 100710)
商　务　印　书　馆　发　行
北京瑞古冠中印刷厂印刷
ISBN 978-7-100-07044-7

2010年4月第1版　　开本 880×1230　1/32
2010年4月北京第1次印刷　　印张 8⅜
定价:20.00元

本丛书承蒙日本国际交流基金资助出版

序　　言

20 世纪 70 年代是国际货币体系大变革、大转换的时代。第二次世界大战后建立的以美元为中心的国际固定汇率体系——布雷顿森林体系，因美元长期的超量发行以及该体系自身内在矛盾的激化而崩溃，美元无力独立承担世界货币的角色，国际货币体系进入以美元为中心的多元国际货币并存的浮动汇率制时代——牙买加体系时代。在美元衰退、贬值的同时，日本经济经过 30 年的发展，跃升为全球第二的经济大国，日元从此进入长达几十年的总体升值的通道，并据此走向了国际化。

同英镑、美元国际化的路径不同，日元国际化的道路走得独特而曲折。日元的国际化没有走周边化、国际区域化再到全球化的道路，而是在币值不断上升中直接走向国际，并随着经济影响力的下滑，在走向国际几十年后开始回头寻求东亚区域合作的道路；日元的国际化没能使其执行国际货币的全部职能，只是承担国际货币的部分职能，更多的是承担国际货币的储备职能；日元的国际化没能将一国货币国际化的积极效应发挥到最佳，反而使日本经济常常遭到负面的外部冲击。牙买加体系下的美元虽然不再是独霸世界的唯一的国际货币，但仍然是主宰这个体系的核心货币。这种格局使日元常常成为国际游资的投机对象，成为美国经济和全球经济的避风港。货币国际化这把双刃剑常常伤及自身。

本书以日元为案例,系统分析了日元国际化的发展过程和趋势。作者将日元国际化问题划分为日元国际化和日元东亚区域化两个阶段分别进行考察。对于日元国际化,在介绍历史背景及国际化进展的基础上,重点分析了日元国际化内部和外部的驱动动因,然后从货币国际化的内、外条件和微观基础等方面对日元国际化进行评价;对于东亚货币合作框架下的日元区域化,从实体经济和虚拟经济的角度,探讨了日元从国际化转为国际区域化的必要性和必然性。在分析日本官方、学界对日元国际化转向日元国际区域化的认识之后,结合东亚货币合作的进展探讨了日元国际区域化的程度及发展方向。

需要指出的是,日元在回归亚洲、寻求东亚货币合作之时,不得不直面中国经济崛起和人民币国际化的现实;同样,处于人民币国际化进程中的中国,也必须面对日元从国际化到国际区域化的转向。东亚区域货币合作的前景,取决于东亚两个强势货币人民币和日元各自国际区域化的程度,相互间竞争、博弈的状态及协调与合作的进展。

本书适用于作为学习与讲授金融学、国际金融学、国际经济学、世界经济专业的师生们的专业参考书和知识扩展书;本书对于从事国际货币体系变革研究、货币国际化研究的科研人员、政府经济部门相关决策机构、渴望把握全球经济及国际货币体制走向的企业具有参考价值。作为《东北师范大学日本研究丛书》的第六部,在选题和学术质量上,我认为也是完全够格的。

斗转星移,时间飞逝。迎接新世纪到来的一刻仿佛就在昨天,蓦然回首,21 世纪已走过 10 年的历程。记得新世纪伊始的 2000 年,作者以优异的成绩考取东北师范大学的硕士研究生。作为作者的硕士生导师,我引领学生走上了国际货币体系及货币国际化研究之路。

2001 年,作者参与了由本人主持的国家社科基金项目“东亚货币合作机制研究”工作,共同发表了日元国际化与东亚货币合作的论文。2003 年,作者获得硕士学位,进入东北师范大学日本研究所,并于2006 年获得日本国际交流基金项目的资助,使得日元国际化与东亚货币合作的研究得以继续深入。这期间,本人又招收作者为博士研究生,并将作者推荐到日元国际化与东亚货币合作研究的顶级专家、日本一桥大学小川英治教授处,进行为期一年半的学习和研究。留学过程中,作者积累了大量翔实的研究资料,对日本近年来日元国际化的转向及其与东亚货币合作的关系有了更直接、深刻的了解。《日元国际化与东亚货币合作》可以说是作者在这一领域所取得的阶段性研究成果,特为之作序。

刘力臻

2010 年 1 月 1 日于长春

目　录

第一章　日元国际化的背景

第一节　日元国际化的前史

一、现代日元的诞生

明治维新以后，日本的货币流通十分混乱，除了明治政府发行的太正官钞和各藩发行的藩钞以及德川时代开始使用的金银货币之外，在日本还同时流通着多种纸币和硬币。为巩固国家基础，明治政府决定统一货币制度。当时，作为日本主要贸易伙伴的亚洲诸国多采用银本位制度，银币是被广泛应用的支付手段，在国际贸易中通用的是墨西哥元银币（洋银），因此明治政府按照大约100日元银币=100元洋银=一分银311枚（77两3分）的重量铸造银币，1日元大约相当于旧货币3/4两。然而，这种日元对银币的换算方法增加了新旧货币转换的成本。在当时流通的多种货币中，幕府末期发行的万延二分金币实际上执行着本位货币的职能。明治政府按照311枚一分银等价于200枚二分金币的比例铸造1日元金币（1日元=2枚二分金币），解决了国内新旧货币过渡的问题。1日元金币的含金量与当时1美元含金量相仿，因此按照1日元金币=1洋银=1美元确立了对外汇率。

明治政府于明治四年（1871 年）公布了《新币条例》，条例规定日本货币单位为“元”，并对货币作如下规定[①]：

（1）按照十进制确定货币面值：1 元 = 10 钱 = 10 厘。

（2）采用金本位制度（1 元 = 1.5 克黄金）。金币为无限通用的本位货币，银币、铜币作为辅币同时通用。

（3）遵循西洋货币样式铸造圆形金银币。

与此同时，明治政府还发行了与太平洋周边银本位制国家进行贸易的专用银币（也称贸易银），1878 年开始，这种银币也与金币同样在日本国内具有无限通用效力，从而形成了名义上金本位、实际上金银复本位的货币制度。

二、日本银行创设与货币统一

明治维新之后，日本急需大量资金支撑殖产兴业政策，当时明治政府的财政来源仅限于其直辖地，财政收入有限，不得不依赖大量发行不兑换纸币来获取资金。1877 年 2 月西南战争爆发，由于政府发行了大量不兑换政府纸币和不兑换国立银行纸币，引发了严重的通货膨胀。为整顿纸币、控制通货膨胀、建立近代信用制度与兑换制度，日本政府于 1882 年设立了日本银行。因本位货币准备金不足，当初的日本银行并未发行银行券，而是把回收政府纸币和国立银行纸币作为优先任务。此后，随着日本出口扩大，国家本位货币准备金不断积蓄，日本银行于 1885 年开始发行可兑换银行券（兑换银）。

1883 年大藏省修改了《国立银行条例》，取消了国立银行的纸币

---

① 日本銀行金融研究所貨幣博物館『わが国の貨幣史』、21.「円」の誕生、http://www.imes.boj.or.jp/cm/htmls/history.htm。

新规发行权，使其转为普通银行，从而确立了日本银行作为唯一纸币发行机构的地位。1897 年制定的《货币法》规定 1 元 =0.75 克金（与《新币条例》的规定相比，日元贬值 50%），日本银行券也改为“与金相交换”的“日本银行兑换券”。1899 年，政府纸币和国立银行纸币停止使用，日本国内流通的纸币统一为日本银行券[①]。

三、早期日元的国际进出

19 世纪中叶，世界金银的比价基本稳定在接近1∶16的水平。1862 年开始，金价连续贬值 3 年，之后金银比价不断上升，1877 年之后超过原来的均衡水平继续上升。

这一时期正是世界各国由银本位制或复本位制向金本位制过渡的时期。金本位制的确立，要求各国保有相当数量的黄金储备，因此国际黄金需求增加；抛弃银本位也造成白银供给增加，从而从两个方向推动了金银比价的上涨（见图1-1）。法定的日本金银比价与当时的国际金银比价基本持平，贸易银与洋银按1∶1兑换。这就导致了金银比价的国内外差异，给货币投机创造了空间。

假设日本和世界的金银兑换比率分别为 j 和 w，投机者手中原有洋银数量为 1，则可以在日本兑换数量为 1 的贸易银；按照比率 j 可在日本兑换 1/j 的黄金；将 1/j 的黄金运至海外，按照比率 w 兑换的洋银数量为 w/j。不计运输费用条件下，不存在投机活动的均衡状态应该是经过洋银—贸易银—黄金—洋银这样一轮循环下来，洋银的数量不变，即 $w/j=1$。当 w 或 j 发生变动，使得 $w/j\neq 1$，投机行

① 大貫摩里「日本銀行の設立」『金融研究』巻頭エッセイ、2001 年第 20 巻第 1 号、第 1 頁。

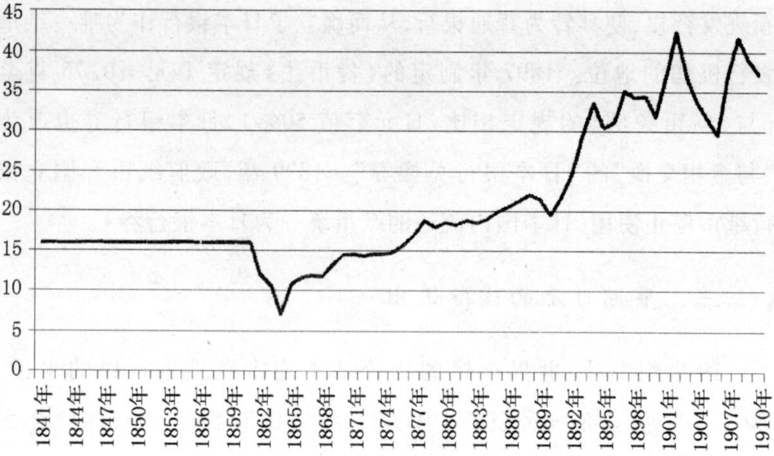

图 1－1　1841—1910 年金银比价曲线图

资料来源：http://www.zyoutou.com/report/future/database.html。

为就会出现。世界的金银比价上涨，即 w 增加，使得 $w/j>1$，投机者通过洋银—贸易银—黄金—洋银的循环可以获得更多的洋银，其利润率为 $(w-j)/j$。假设运输费率为 t，只要 $(w-j)/j>t$，这种转换就有利可图。19 世纪 70 年代的国际金银比价上涨导致日本大量黄金外流（见表 1－1），日本国内的金银比价也难以维持，国内银价也有所下跌。在格雷欣法则"劣币驱逐良币"[①]的作用下，银币在日本货币体系中的作用得到巩固和提升，1878 年，日本由金本位制进入到

① 格雷欣法则是一条经济法则，也称劣币驱逐良币法则，意为在双本位货币制度的情况下，两种货币同时流通时，如果其中之一发生贬值，其实际价值相对低于另一种货币的价值，实际价值高于法定价值的"良币"将被普遍收藏起来，逐步从市场上消失，最终被驱逐出流通领域，实际价值低于法定价值的"劣币"将在市场上泛滥成灾。在实行金银复本位制条件下，金银有一定的兑换比率，当金银的市场比价与法定比价不一致时，市场比价比法定比价高的金属货币（良币）将逐渐减少，而市场比价比法定比价低的金属货币（劣币）将逐渐增加，形成良币退藏，劣币充斥。

金银复本位制时期。

表1－1　日本金银流出状况(1871—1883年)(单位:千日元)

	金币·黄金	洋银	其他 银元·白银	合计
输出	56586	23241	30636	110463
输入	3825	24945	14115	42885
收支	52761	Δ1704	16521	67578

注:Δ表示逆差。
资料来源:菊地悠二著,陈建译:《日元国际化——进程与展望》,中国人民大学出版社2002年版,第29页。

在欧美等国相继采用金本位制的潮流中,日本于1897年公布的《货币法》规定只将金币作为本位货币,规定金平价为0.75克金＝1日元,从而比《新币条例》规定的金平价贬值1/2。重新恢复金本位制不仅稳定了日本的物价及汇率,促进了国内信用交易和商品贸易,而且也促进了欧美等国对日本的资本流动①。

1914年第一次世界大战爆发,为支付战争经费,欧洲各国纷纷停止金兑换、禁止输出黄金,1917年美国对德宣战后亦禁止黄金输出。当时日本因出口急剧增加,经常收支盈余增加,尚未出现大规模的黄金流出。然而由于欧美国家的黄金出口禁令,出于投机目的的黄金流出风险增加,为防范黄金投机,日本亦于1917年宣布了禁止黄金出口的命令,中止了金本位制度。

第一次世界大战后,为重建国际金本位制,美欧各国相继恢复金

① 大貫摩里「金本位制度の確立」『金融研究』巻頭エッセイ、2001年第20巻 第2号、第1頁。

本位制，而日本因持续的通货膨胀、关东大地震、金融恐慌等原因，不断推迟恢复金本位制的时间。直到 1930 年 1 月，才按照旧平价解禁黄金出口。受 1929 年开始的世界性经济危机影响，日本国际收支恶化，黄金持续流出，日本银行的黄金储备由 1929 年末的 13.43 亿日元减少到 1931 年末的 5.57 亿日元，货币发行额也由 16.40 亿日元减少到 13.30 亿日元，景气状况急剧恶化。日本不得不于 1931 年 12 月再次宣布禁止黄金出口，1932 年 1 月《关于停止银行券与黄金兑换的敕令》颁布实施，日本彻底脱离了金本位制。

无论是在金银复本位制还是断断续续的金本位制时期，日元的国际进出除因进出口贸易产生的国际支付因素之外，对黄金的投机因素也不容忽视。由投机因素引起的日元国际化，在于作为货币本身的金币具有与其面值相等的实际价值，它既是一种价值尺度，同时也是一种特殊的商品，对黄金商品的买卖形成的黄金流动表现为金币的流动。

四、早期日元的国际扩张

日本从建立金本位制起就不断经受黄金外流的困扰，国内物价也受到影响，通货膨胀与通货紧缩交替出现，而且日本时时面临本位货币储备不足的危险。日本认识到，如果将贸易对象国纳入到日元圈中，那么商品进口就可直接用日元支付，而不必动用黄金储备。第一次世界大战爆发后，西欧国家对中国的影响日渐式微，日本于 1910 年以“满洲”和业已被其吞并的朝鲜为基础，进行日元扩张①。

日元在朝鲜半岛的流通许可始于 1876 年《日韩修好条约》（即

---

① 菊地悠二著，陈建译：《日元国际化——进程与展望》，第 41 页。

《江华条约》),日本国立第一银行于 1878 年在釜山设立分支机构,1905 年 1 月通过《韩国货币整理案》获得了使用韩国国库金、无限流通第一银行券的权力,并于 1905 年 3 月通过《第一银行关于韩国业务文件》将韩国中央银行业务法制化①。1910 年日本迫使朝鲜政府签订《日韩合并条约》,使其成为日本的殖民地,日本第一国立银行的央行业务亦由作为日本特色银行的韩国银行(后改为朝鲜银行)接管,按照与日元1∶1的比例发行朝鲜银行券作为货币流通。随着日本对中国东北地区的统治,朝鲜银行券还在中国东北地区广泛使用,并在中国华北等地逐渐扩大使用范围。

1899 年日本设立特殊银行"台湾银行"。设立之初,其任务有二:其一是作为台湾地区中央银行完善币制并作为产业开发的金融主体,其二是作为向华南及东南亚地区扩张日本帝国经济圈的金融主导②。台湾银行发行的台湾银行券成为台湾地区的通用货币,并渗透到中国华南地区。

20 世纪初,随着日本取得"南满铁路"的经营权,日元成为"关东州"及"南满铁路"沿线通用货币之一。1932 年伪"满洲国"设"满洲中央银行",发行"满洲银行券",同日元等价。

1929 年世界经济危机爆发,列强抢夺势力范围,建立起以本国货币流通为基础的自给自足的排他经济圈。日本当时对外贸易入超,外汇储备不足,因此进行贸易统治,强化经济圈建设。首先,联合在中国东北地区扶植的伪"满洲国"傀儡政权,建立"日满经济圈";

① 島田昌和「第一(国立)銀行の朝鮮進出と渋沢栄一」、文京女子大学『経営論集』第 9 巻第 1 号、第 55 頁。

② 須永徳武「第一次世界大戦における台湾銀行の中国資本輸出」『立教経済学研究』第 59 巻第 1 号、第 75 頁。

在抗日战争全面爆发后，日本依仗对中国的军事侵略，提出建立“日满支经济圈”，并进一步谋划所谓的“大东亚共荣圈”。随着日本战败，日元的早期国际扩张亦以失败告终。

19 世纪三四十年代的日元扩张以对中国及东亚国家的武装侵略为手段、以经济掠夺为目的，对东亚地区人民造成了巨大损失和创伤，书写了一段罄竹难书的罪恶历史。时至今日，论及日元国际化、东亚货币合作等问题，仍无法绕过这段历史。

第二节　跃居世界经济大国之路

第二次世界大战期间，日本经济遭受严重破坏，工农业生产极度萎缩。1945 年 8 月，日本工矿业生产指数仅为战前（1935—1937 年平均值）的 8.7%，1945 年的农业生产指数降至战前（1933—1935 年平均值）的 58%。粮食危机、物资匮乏、物价飞涨、大批失业是日本面临的四大难题[①]。

经过战后的恢复时期和高速增长时期，日本经济取得了举世瞩目的成就。1955 年至 1973 年国民生产总值年均 9.8% 的增长率，使日本自 1968 年起成为世界第二大经济体。更值得关注的是，日本经济高速增长是在低通货膨胀率和低失业率的前提下取得的。日本经济增长的同时还伴随着产业结构由劳动密集型向资本密集型的转变，重化工业的惊人发展强化了日本的贸易竞争力。

---

① 金明善、宋绍英、孙执中：《战后日本经济发展史》，航空工业出版社 1988 年版，第 4—5 页。

一、国民经济高速增长

与其他发达资本主义国家相比,日本政府更加重视计划手段对经济的调节作用。日本政府制定的经济发展计划贯穿二战后日本经济增长的全过程,并取得了超出预期的良好效果(见表1－2)。

表1－2　战后日本经济计划

计划名称	制定时间	计划期间	计划目标	实际增长
经济自立五年计划	1955年12月	1956—1960年度(5年)	5.0%	9.1%
新长期经济计划	1957年12月	1958—1962年度(5年)	6.5%	9.7%
国民收入倍增计划	1960年12月	1961—1970年度(10年)	7.8%	11.6%
中期经济计划	1965年12月	1964—1968年度(5年)	8.1%	10.1%
经济社会发展计划	1967年3月	1967—1971年度(5年)	8.2%	9.8%

资料来源:冯昭奎:《日本经济》(第二版),高等教育出版社2005年版,第61页。

根据国民生产总值增长速度,一般将二战后至1973年的日本经济划分为两个时期:战后恢复时期(1946—1955年)和高速增长时期(1956—1973年)。在战后恢复时期,日本完成了从统治经济向市场经济的过渡,实现了经济自立。到了1950年代中期,日本经济已经全面恢复或者超过第二次世界大战前和战时的最高水平。在高速增长时期,1957年实施的《新长期经济计划》和1960年末通过的《国民收入倍增计划》的提前超额完成，将日本经济送至经济大国之列，帮助日本实现了“超英赶美”的任务。

为巩固经济恢复成果，延续耐用消费品为先导、重化工业为中心的经济发展路线，日本政府于1955年制定了《经济自立五年计划》。计划到1960年，就业人数达到1954年的112.7%，国民生产总值达到1954年的133.6%，个人消费扩大至1954年的130.9%等。《经济自立五年计划》中拟定的各项指标，多数只用两年左右就完成了。计划经济增长率为5.0%，实际上达到了8.8%。

为维持经济稳定，同时继续保持尽可能高的经济增长率，以稳定地提高国民生活水平，接近充分就业，岸信介内阁于1957年12月制定了《新长期经济计划》。计划到1962年国民生产总值达到1959年的145.9%，年增长率为6.5%，国民收入年增长6.5%，工矿业指数年增长8.2%，农林水产生产指数年增长3.0%，进出口年增长率分别达到5.6%和10.0%。1959年4月开始的持续42个月的“岩户景气”提前实现了《新长期经济计划》的目标。日本的经济规模由1958年的11.85万亿日元增至1961年的20.17万亿日元，扣除物价因素，这3年的实际经济增长率分别达到了11.2%、12.2%和11.7%。计划期的国民收入年均增长率达到9.7%。

1960年制定的《国民收入倍增计划》提出：利用10年时间，实现日本国民生产总值和国民收入较1960年翻一番，工业生产增加2倍。这一计划极大地鼓舞了民众的生产积极性，刺激了经济增长。原计划经济增长率年均为7.8%，后来将前3年的计划修改为9.0%，但执行的结果是增长率达到了11.6%。

由于经济高速增长，日本与欧美等发达国家的经济差距迅速缩小，国民生产总值于1967年和1968年先后超过英国和联邦德国，位列美国之后。1973 年，日本国民生产总值达到 4170 亿美元，分别相当于联邦德国的 1.21 倍和英国的 2.3 倍。

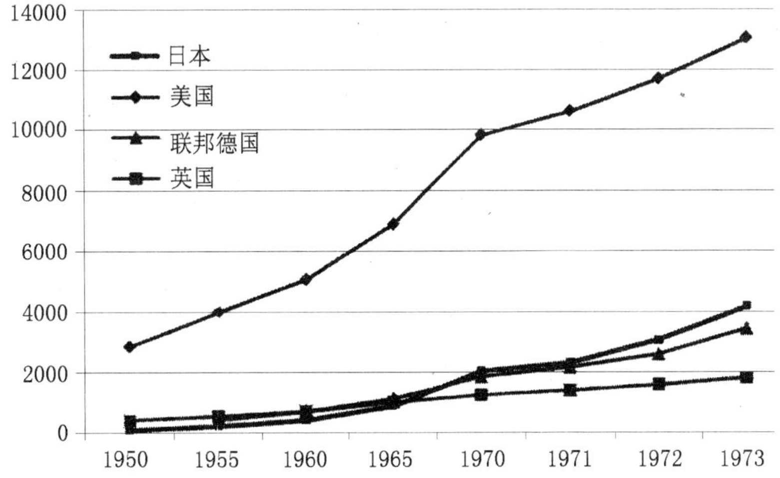

图 1－2　主要发达国家经济增长率比较（单位：亿美元）

资料来源：根据刘昌黎《现代日本经济概论》（东北财经大学出版社 2002 年版）第 24 页表 2－3中数据制成。

二、产业结构高级化

据日本 1949 年《技术白皮书》统计，与美国相比，日本造船部门的技术水平落后 30 年，钢铁部门落后 20 至 30 年，纺织业部门的机械化水平落后 10 年[①]。针对这种情况，日本采取引进技术设备、仿制产品、改进技术的策略，进行“产业合理化”改造，提高劳动生产率。为对幼稚产业进行保护和扶植，日本政府先后提出“倾斜生产方式”、“重化学工业化”等产业发展方针，并从财政政策、产业政策、

① 金明善、宋绍英、孙执中：《战后日本经济发展史》。

贸易政策、汇率政策等方面进行协调配合，以加速日本产业结构的高级化过程。到20世纪70年代初，日本已经完成由纺织业为中心向重化工业为中心的产业升级任务。

产业结构指一个国家或地区的产业构成，反映各个产业部门所占比重大小。从世界各国经济发展规律看，随着经济发展与社会生产力的提高，产业结构呈现出不断从低级向高级演变的规律。随着经济发展，国际分工地位提升，一国的产业结构将经历由第一产业向第二产业、再由第二产业向第三产业升级的过程。各产业就业人数的变动可以反映出产业高级化情况。据统计，1950年日本第一、第二、第三产业就业人口占总就业人口比重分别为48.3%、21.9%和29.7%，1970年第一产业就业人口比重降至19.3%，第二产业就业人口比重增加至34.1%，第三产业就业人口增加至46.5%[①]。第一产业规模萎缩，第二、第三产业规模扩张。

一个国家或区域的支柱产业由第一产业向第二产业转移的过程被称为第一次产业转移，即常说的工业化；支柱产业由第二产业向第三产业转移的过程被称为第二次产业转移，主要指信息化。从要素密集角度看，在工业化过程中，还存在从资源、劳动密集型产业向资本、技术密集型产业，进而向资金、技术密集型产业发展的规律。日本在20世纪70年代初，已经完成由纺织业为中心向重化工业为中心的产业升级任务。1970年和1950年相比，纺织业的从业人员在制造业中所占比例变化不大，产品销售额在制造业中所占比例却由23.2%降至7.7%，人均产值只增加4.78倍。重化工业从业人员比例由1950年的43.8%升至1970年的53.9%，产值由50%升至

① 三和良一『概説日本経済史』東京大学出版会、1999年、第184頁。

66.6%，人均产值增加了10.5倍(表1－3)。

表1－3　日本制造业结构比较(1950、1970年)(单位:%)

行业	从业者人数		产品销售额	
	1950	1970	1950	1970
1. 钢铁	7.3	4.7	13.0	9.5
2. 非铁金属		1.9		4.4
3. 金属制品	4.0	7.2	3.0	5.4
(1－3合计)	11.3	13.8	16.0	19.3
4. 一般机械	8.0	10.1	4.8	9.9
5. 电气机械	3.9	11.5	3.2	10.6
6. 运输用机械	6.5	7.5	5.1	10.5
7. 精密机械	1.2	2.1	0.8	1.3
(4－7合计)	19.6	31.2	13.9	32.3
8. 化学	7.9	4.2	12.9	8.0
9. 煤油、石炭、橡胶制品等	5.6	4.7	7.2	7.0
(1－9合计)	44.4	53.9	50.0	66.6
10. 制陶、土石	5.1	4.9	3.3	3.6
11. 纤维、服装	23.6	14.4	23.2	7.7
12. 木材、木制品、家具等	9.7	7.2	4.7	4.7
13. 食品	10.7	9.8	13.4	10.4
14. 出版、印刷	3.6	4.0	3.2	2.9
15. 其他	3.4	5.8	3.2	4.1
1－15合计	100.0	100.0	100.0	100.0
(实数)	426万人	1168万	2.37兆日元	69.03兆日元

资料来源:三和良一『概説日本経済史』東京大学出版会、1999年、第185頁。

1971年,日本产业结构审议会在报告中明确提出把发展知识密集型产业作为日本经济新的主攻方向①,并将知识密集型产业规定为以下4个方面:(1)研究开发工业,如电子计算机、飞机、电气汽车、产业机械手、原子能、精密化学、海洋开发等;(2)高级装配工业,如数控机床、防止公害机器、工业生产住宅、自动仓库、高级成套设备等;(3)高级消费品产业,如高级服装、高级家具、电器音箱设备等;(4)知识产业,如信息处理与提供、系统工程、咨询服务等。这标志着日本的第一次产业转移已经完成,开始实施第二次产业转移。日本的支柱产业的产品附加值及其在国际产业分工中的地位都将进一步提升。

三、贸易竞争能力增强

从对外贸易数量看,日本实现了巨额贸易黑字;从比重上看,日本出口占世界及各地区(国家)总进口的比例增加;从结构上看,与产业结构高级化相一致,日本出口产品结构中高附加值产品比重越来越大,因此日本从贸易中获得的利润率不断提升。

日本国土狭小、资源贫乏,但同时对新技术有极强的吸收能力,因此在20世纪50年代初期即提出了"贸易立国论"。在"贸易立国论"的指导下,日本进出口额持续增长,1973年日本进出口额达到10.4兆日元和10.03兆日元,是1950年的29.9倍和33.7倍。日本国内工业资源稀缺,工业原材料极度依赖海外市场,"吸收型"技术战略的推行,必然从国外进口大量的机器设备,因此在日本经济恢复时期始终存在贸易赤字。随着日本重化学工业的发展,日本出口增

---

① 孔凡静:《日本经济发展战略》,中国社会科学出版社1983年版,第157页。

速提高,终于在 1965 年实现 1018 亿日元的贸易顺差,日本经济进入顺差时代(如图 1 - 3)。受日元升值因素影响,日本 1971 年和 1972 年实现了 14828 亿日元和 15771 亿日元的贸易顺差。

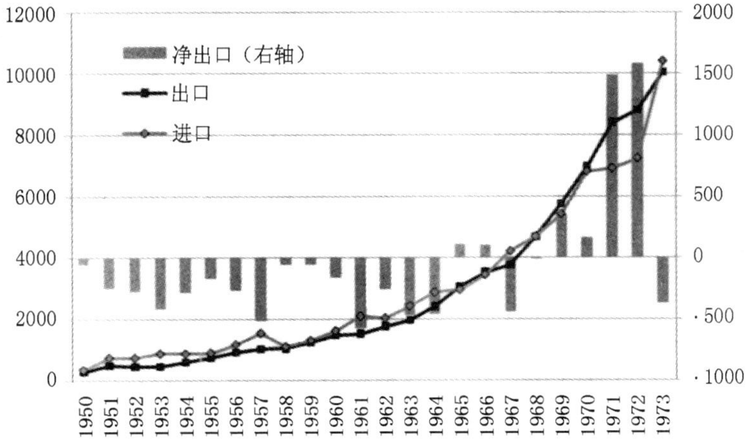

图 1 - 3　日本 1950—1973 年进出口统计图(单位:10 亿日元)

数据来源:http://www.customs.go.jp/toukei/suii/html/nenbet.htm。

出口总量增长的同时,日本产品在世界各地区和国家的进口中所占比重也在上升(见表 1 - 4)。1961 年日本出口占世界总进口比重为 3.2%,1966 年为 4.8%,到 1971 年已增至 7.0%。从各地区(国家)对日本产品进口的依赖度看,1961 年超过 5% 的有美国、非洲、亚洲其他地区,其中只有亚洲其他地区超过 10%,达到 13.8%。1971 年,除西欧、EEC、EFTA、社会主义国家之外,其他国家和地区对日本产品进口的依赖度均超过 5%。其中美国进口产品中有 17.1% 来自日本,南非、澳大利亚、新西兰的进口产品中有 13.4% 来自日本,非洲地区进口产品中有 11.8% 来自日本,亚洲其他地区的进口中对日本产品依赖度为 27.5%。这说明日本产品在世界贸易中的地位越来越重要。

表1－4 各地区(国家)总进口中从日本进口的比例(单位:%)

地区	1961年	1966年	1971年	1971年/1961年
世界	3.2	4.8	7.0	2.2
美国	7.3	12.2	17.1	2.3
加拿大	2.1	2.8	6.0	2.9
西欧	0.9	1.4	2.1	2.3
EEC	0.7	1.2	1.7	2.4
EFTA	1.1	1.7	2.6	2.2
南非、澳大利亚、新西兰	4.4	8.0	13.4	3.0
中近东	4.8	6.6	8.2	1.7
亚洲其他地区	13.8	18.5	27.5	2.0
拉丁美洲	3.8	4.5	7.5	2.0
非洲	5.0	7.2	11.8	2.4
社会主义国家	0.7	2.7	3.4	4.9

注:1. EEC指欧洲经济共同体(European Economic Community)。2. EFTA指欧洲自由贸易联盟(European Free Trade Association)。

资料来源:石井晋一郎、田中英俊、小崎睦雄等「日本の輸出構造」『財政金融統計月報』、第251号、http://www.mof.go.jp/kankou/hyou/g251/251_b.pdf。

贸易规模扩张的同时,日本出口贸易结构也不断发生变化。1961年日本出口总额中轻工业品比重达到52.2%,1971年降至25.4%。与之相对应,重化学工业品出口占总出口额比重由1961年的47.5%升至1971年代74.6%。此外,汽车、摩托车、钢铁、船舶、收音机、电视机、录音机等产品的出口增长显著,这些产品出口占总出口的比重由1961年的23%升至1971年的42.5%。同期,丝织品由27%降至

12%①。比较1961年、1966年和1971年日本出口前10位的商品，钢铁出口始终占据首位，汽车、船舶、合成纤维等为代表的重工业产品增势强劲，电视机、收音机、录音机等技术含量较高的高端消费品出口增长显著。轻工业产品在出口前10位商品中的比重下降显著，1961年尚占据近半壁江山，1971年只剩6.1%（见表1－5）。

表1－5　日本出口前10位商品变动（单位：百万美元；%）

位次	1961年			1966年			1971年		
	商品	出口额	比重	商品	出口额	比重	商品	出口额	比重
1	钢铁	380	9.0	钢铁	1293	13.2	钢铁	3542	14.7
2	棉织物	348	8.2	船舶	823	8.4	汽车	2373	9.9
3	船舶	283	6.7	金属制品	366	3.7	船舶	1849	7.7
4	服装	191	4.5	服装	340	3.4	金属制品	823	3.4
5	鳞介类	163	3.8	汽车	306	3.1	收音机	791	3.3
6	收音机	160	3.8	棉织物	286	2.9	合成纤维	751	3.1
7	金属制品	153	3.6	收音机	278	2.8	摩托车	612	2.5
8	光学仪器	106	2.5	合成纤维	272	2.8	光学仪器	574	2.4
9	人造纤维	104	2.0	光学仪器	272	2.8	电视机	499	2.1
10	玩具	83	2.0	鳞介类	268	2.7	录音机	490	2.0
前10位中轻工业品份额	-	-	45.7	-	-	26.5	-	-	6.1

资料来源：石井晋一郎、田中英俊、小崎睦雄等「日本の輸出構造」『財政金融統計月報』、第251号。http://www.mof.go.jp/kankou/hyou/g251/251_b.pdf。

四、经济国际化程度提高

在快速发展的同时，日本经济的国际化程度也在不断提升。1952年前后，日本实现了由战后统治经济向市场经济的过渡，基本

① 石井晋一郎、田中英俊、小崎睦雄等「日本の輸出構造」『財政金融統計月報』、第251号、http://www.mof.go.jp/kankou/hyou/g251/251_b.pdf。

建立起完整的市场经济体系。随后的经济发展过程中,日本在扩大开放的同时,开始谋求相应的国际经济地位,积极加入各种国际性经济组织。

关税与贸易总协定、世界银行和国际货币基金组织被称为第二次世界大战后支撑世界经贸和金融格局的三大支柱。成为上述3个组织的成员国是一国经济融入世界经济分工与循环之中的必要条件。

1952年8月日本加入国际货币基金组织(IMF)和国际复兴开发银行(世界银行)。国际货币基金组织的主要职责在于监察各国货币汇率和贸易情况,在特殊情况下提供技术和资金协助,确保全球金融体系正常运转。在布雷顿森林体系下,国际货币按照美元与黄金挂钩,其他货币与美元挂钩从而间接与黄金挂钩的"双挂钩"原则确定汇率,实行在±1%幅度内波动的固定汇率制度。日本在加入国际货币基金组织时,确定了1美元兑360日元±1%的汇率水平。在此后的20年间,固定的汇率水平对日本出口导向型经济的发展发挥了重要作用。

1955年日本正式加入世界贸易组织(WTO)的前身——关税与贸易总协定(GATT),实行"原则自由,出现问题严格管理"的贸易政策。1964年成为国际货币基金组织第八条款国①,废除了外汇预算制度,实现了经常账户下货币自由兑换。同时,日本有关贸易行为开始受关税与贸易总协定第11条约束,进一步推动了日本"贸易自由

---

① 国际货币基金组织第八条款对参加国提出如下要求:(1)对国际经常往来的付款和资金转移不得施加限制;(2)不实行歧视性货币措施或多种货币汇率;(3)在另一成员国要求下,随时有义务换回对方在经常往来中所结存的本国货币。国际货币基金组织第八条款国即满足上述第八条款的国家。通常被理解为货币在经常项目下实现自由兑换。

化”的发展。同年，日本正式加入发达国家协调经济政策促进经济社会发展的经济合作与发展组织（OECD），从而承担了《日本国政府同经济合作与发展组织之间的谅解备忘录》附件中记载的义务，即关于直接投资、直接投资的结算、个人资本、冻结资本、证券的输出入、证券交易、商业上的信贷等方面的自由化义务。

20 世纪 60 年代，以欧洲经济共同体为代表的区域经济一体化潮流使各国的经济竞争、出口竞争激化，为巩固经济发展基础，提高在世界经济中的生存和竞争能力，日本不得不在产业、贸易、财政、金融等体制上进行改革，以适应国际经济形势发展的要求。国际贸易自由化趋势和日本经济发展对放宽进出口限制的要求，使得贸易自由化、资本自由化成为日本经济国际化政策的重要内容。鉴于自由化政策对日本经济造成重大冲击的可能性，有些学者将其称为日本的第二次黑船事件①。有计划、分步骤实施的贸易自由化政策有效地缓解了外部冲击，日本贸易自由化政策不仅没有造成预期的“国内摩擦”，反而成为了日本外向型经济发展的有效动力。据统计，1960 年 4 月，日本贸易和汇兑自由化比率为 41%，1964 年 4 月达到 93%。到 1973 年 4 月，尚未实现进口自由化的产品只剩 32 个品种，其中包括 24 个农产品和 8 种工业品，进口自由化率达到 95%。

日本的资本自由化政策，主要指日本放宽外国资本在日本国内取得企业股票和设立子公司的限制，即外国资本向日本进行直接投资的自由化。1967 年至 1973 年日本共实行了 5 次资本自由化方针，1973 年 5 月第五次资本自由化方针规定，除了农林水产业、石油

---

① 黑船事件：1853年美国东印度舰队司令佩里（Perry）率领4艘军舰开到江户湾口，以武力威胁幕府开国。这些军舰船身都是涂上黑色的，所以日本人称这次事件为“黑船事件”。黑船事件后日本市场向欧美发达国家开放，日本融入资本主义世界经济循环之中。

精炼销售业、皮革产品制造业和零售业等 5 个行业外,原则上全面实行 100% 的资本自由化。资本自由化的实施,迅速促进外国资本进入日本。同时,外资进入的方式也有所变化。1965 年之前,日本引进外资的形式主要是直接借款,且大部分通过银行借入。1968 年起,以证券投资方式引进外资增加,外国直接投资也有所增加。根据经济企划厅 1978 年《经济要览》资料,1970 年到 1973 年,日本引进外资总额 141.31 亿美元,其中公司股票为 102.00 亿美元,占外资总额的 72.3% 。

1973 年日本《经济白皮书》对日本经济国际化进展进行总结,并对综合经济活动和信息文化活动的国际化指数进行测算。如果以 1960 年为 100 的话,日本 1970 年的经济活动国际化指数为 239,信息文化活动国际化指数为 267,两者综合达到了 253(见表 1 - 6)。除前文提到的贸易自由化与资本自由化外,日本还十分重视技术的国际交流,日本技术国际化率 1960 年为 45.71%,1970 年达到 62.02%,是日本国际化率最高的领域。此外,日本在人口流动、人员交流方面的国际化程度也迅速提高,从而有力地促进了日本与国外的社会文化交流,有助于进一步推动经济的国际化。

表 1 - 6 日本国际化率与国际化指数

		国际化率(%)		国际化指数
		1960 年	1970 年	
经济活动	贸易	19.57	19.13	98
	资本	1.08	3.13	290
	在留人口	0.11	0.15	136
	人的交流	0.13	0.55	431

	简单平均			239
信息文化活动	通信	1.46	1.28	88
	文化相关贸易	4.94	4.76	96
	技术	45.71	62.02	136
	人的交流	0.10	0.75	749
	简单平均	13.06	17.20	267
	简单平均			253

注:1. 国际化率 =(对外交流活动/相应国内活动)×100(%);2. 国际化指数 =(1970 年的国际汇率/1960 年的国际化率)×100。

资料来源:日本経済企画庁『経済白書』昭和四十八年度、1973 年、第 2 -40 表。http://wp.cao.go.jp/zenbun/keizai/wp-je73/wp-je73bun-2-40h.html。

第三节　不合时宜的金融经济

20 世纪 70 年代初,日本经济、贸易都已实现了腾飞,与之相对应的金融经济却发展缓慢。二战之后,日本资金奇缺,为促进经济增长、维持信用秩序,日本政府一方面通过国内国际各种渠道筹措资金,另一方面对国内金融采取了严格的限制措施,从而形成了具有日本特色的金融制度与金融体系。日本的金融体系在日本经济恢复与发展过程中发挥了重要的保障作用。然而到 20 世纪 70 年代初,随着国内外经济、金融形势的变化,日本的金融体制已经阻碍了日本经济的进一步发展。

一、政府主导的金融制度

开业管制、分业管制、利率管制和国内外资金流动管制构成日本金融管理的主要内容。金融当局对金融行业的新入者进行严格的资格审查，将不合格者排除在金融行业之外。对通过政府筛选的金融领域企业，日本采取“护送船队”[①]的方式保护其垄断利润，确保金融业的稳定。

日本对金融业务实行细致的分业管理。首先，银行业与信托业分离。有专门的信托银行处理放款信托，把现金信托与存款相区别，信托银行不能有长期金融以外的其他职能。其次，银行业与证券业分离。金融当局通过《证券交易法》确立了银行业与证券业分离的原则。根据该法规定，银行除非根据投资目的和信托契约，否则禁止经营任何形式的证券业务。对于国债、地方债、政府保证债，虽然允许银行经营，但实际上只是通过行政指导方式允许认购，不允许银行开展批发、零售和中介业务。此外，日本还在银行业务内部实现分离经营原则，典型的是实行长短期金融相分离。根据《长期信用银行法》规定，设立从事长期金融业务的专门性金融机构，允许这些机构发行金融债券筹措长期资金，不允许商业银行发行金融债券。对定期银行存款规定最长期限，1971 年，定期存款期限最长为 1 年半，1973 年延长至 2 年。

日本金融政策以促进日本经济发展作为最终目标，因此在实现重工业和化学工业现代化的过程中，金融机构向重点产业投放大量的低利息资金，这些产业由于获得了低息资金而降低了生产成本。重点产业的企业能从银行获得低息发展资金的原因在于日本金融当局对利率进行了严格限制，使银行的存款利率在高速增长时期很少变动，银行收益稳定，放款积极性高。大藏省下设的日本银行政策委

① 所谓“护送船队”的金融监管体系，是一个形象的比喻，形容战后日本金融体系犹如一只船队，政府的行政指导和各种金融监管措施都是为了保护这个船队的所有成员一个也不掉队，顺利到达“胜利彼岸”。

员会负责确定金融机构利率最高限,根据存款种类和期限确定最高利率,起初有10种之多,1970年简化为4种,即定期性存款、活期存款、纳税准备存款、其他存款。同时,日本银行可以在规定的最高限制内制定存款利率细目,进而对不同存款加以区别对待。人为的倾斜性低利率政策在配合日本产业发展的同时也逐渐显露负效应:一方面人为低利率政策违背自由竞争原则,损害了资金分配效率,限制了各产业均衡发展;另一方面,低利率政策阻碍了政府和公司债券市场的发展。建立自由竞争为基础的市场经济对日本政府主导的金融体制提出了改革要求。

二、间接金融为主的金融结构

间接金融是指资金由资金剩余部门(主要指家庭部门)向资金短缺部门(主要是企业)的流动经由银行间接实施。企业发行债券、股票等使资金直接从家庭流向企业的直接金融十分稀少。间接金融为主的资金筹措方式有利于政府对资金流通的管理和控制,政府的低利率政策和“护送船队”方式降低了金融机构的经营风险,两者同时扩张了银行的放款积极性,从而形成了超贷现象。所谓超贷,指银行体系过量放款,以至于形成负的储备资产并依靠从日本银行借入资金进行放贷。进入20世纪70年代,重工业和化学工业投资需求减缓,对银行贷款的需求降低,日本金融系统超贷现象有所缓解。超贷反映出城市银行与中央银行之间的资金关系。与银行的超贷并生的是日本企业的超借,超借反映出日本公司对从银行借入资金的严重依赖的状况。与其他发达国家的企业相比,日本企业内部资金少,外部资金中对贷款依赖程度高,对证券发行依赖度低。据统计,1970年日本间接融资占全部融资比重为87.2%,而联邦德国和美国各占

83.7%和47.2%[①]。

此外,在银行业内部还存在着城市银行与地方银行之间的流动性不平衡。超贷现象存在于城市银行,即城市银行的储备资产总是负数。而其他银行的储备资产总是正数,从而导致拆借市场上,城市银行持续借入,其他银行持续贷出。

日本著名学者铃木淑夫将20世纪50年代中期至70年代早期的日本金融结构概括为四个特征:超额贷款、超额借款、资金的不平衡和间接金融[②]。这四个特征是由投资引导的增长政策、人为的低利率政策以及经济的非国际化这三个当时经济的特点所决定和促成的。金融结构的四个特征反过来也促进了这一时期的出口和投资引导的增长模式。

进入20世纪70年代,重化学工业投资需求降低,诸如环保、民生等其他部门亟待发展。如果是在市场竞争为基础的金融系统中,资金会在竞争基础上自动注入资金需求意愿大、盈利性强的企业和行业。但是在日本政府主导的金融体系中,向专门行业提供贷款具有风险低、惯性大的特点。即使某些部门无法获得更高的盈利性,但有政策担保的安全性动机依旧刺激贷款资金流向这些部门,从而扭曲了资金流动。

三、内外分离的金融市场

日本在经济高速增长时期,为保证国内资金的充分运用,防止资本外流,避免海外金融市场的干扰,对国内金融市场和海外金融市场

① 冯绍奎等:《日本经济的活力》,航空工业出版社1988年版,第124页。

② 铃木淑夫著,徐笑波、姚钢、苏丁译:《现代日本金融论》,上海三联书店1991年版,第76页。

实行市场分割制度,对国内外之间的金融交易实行限制和管理。

如果不对资本流动加以限制,持续的低利率政策,必然导致资本外流。日本1949年12月开始实施《外汇及对外贸易管理法》(简称《外汇法》),实施外汇分配制度和外汇交易预算制度。根据这一制度,政府将有限的外汇分配给重要部门,并对外汇指定银行买入外汇的数额、国内居民的外币存款和国内居民购买外国证券的数量等加以限制。1950年制定的《关于外资的法律》(简称《外资法》)则重点管理资金流入。在日本处于收支逆差阶段,《外资法》的目的在于吸收高质量的外国资金来促进经济发展、改善国际收支。《外资法》规定,外国对日本的直接投资和证券投资都必须得到大藏大臣的批准。

在内外压力之下,日本政府1960年代起开始推行贸易、资本自由化政策,但资本自由化仅限于经常项目,对资本项目依然严格管制。1964年日本成为国际货币基金组织第八条款国,并加入经济合作与发展组织,资本交易的限制开始缓和。但是,严格限制的《外汇法》和《外资法》并没有变动,而是通过政令、省令等委任立法的形式逐步放宽对外汇和外贸的限制。这样,法律上严格限制而政令、省令的缓和或者废除限制,使得法律体制变得复杂,难于理解。而且,根据当时经济形势,随时可以恢复限制措施,行政的裁量余地很大,日本为此受到很多国家的指责[①]。

1952年开始对短期资金的限制采取"余额管制"。1960年公布《贸易外汇自由化大纲》,对短期资金的流出流入实行了一系列的放

---

① 尤宪迅:《日本的外汇和外贸管理法》,童适平编:《战后日本金融体制及其变革——复旦大学日本研究中心第六次中日学术研讨会论文集》,上海财经大学出版社1998年版,第343—344页。

松管制措施,引起短期资金流入的迅速增加。为此,1962年日本推行了"外汇存款准备金比率制度",规定外汇指定银行持有的欧洲美元、外国居民的可兑换自由日元存款等短期外汇债务必须与持有一定比率的流动性外汇资产相对应,以防止短期资金的过度流出流入;准备金比率根据需要随时进行调整。1968年开始实施"日元买入卖出管制"制度,根据银行的经营规模、外汇交易情况,日本政府核定各外汇指定银行在外汇市场买入卖出外汇的数额,控制外汇短期资金的流入、流出数额并减少将外汇资金转换成日元资金在日本国内运用。1972年设立了"外国居民可兑换日元存款增加额的准备金比率",以及"外国居民购买日本证券数额限制"。管制的松紧程度视国际收支的变化而灵活变化。

间接金融为主的体制严重限制了日本证券市场的发展。"在绝对强调间接金融优先的政策下,证券市场只是个次要的、有限的资金筹措市场"①。日本证券市场在经历了1961年以来的增资调整和停止增资以及诸种不景气之后,股票发行规模在近10年中逐渐缩小,乃至处于停滞状态。20世纪60年代后期开始,日本开始展开国际性证券交易的内外交流。1967—1968年实现对外资购买股份限制的放松,1970年实施投资信托自由化,1971年一般投资者购买外国证券自由化,1970年公布有关外国证券业者相关法律,1968年增批证券公司在海外的分支机构,在市场制度方面,1970年增批以日元计价的外债发行。这些都促进了债券发行制度的自由化。

① 小林和子:《日本证券市场的历史发展》,童适平编:《战后日本金融体制及其变革——复旦大学日本研究中心第六次中日学术研讨会论文集》,第174—175页。

第四节　动荡的国际经济环境

以模仿西方工业化模式结合日本政府强势管制为特征的“日本模式”促使日本利用战后不到30年的时间实现了工业化和现代化。1970年代初,以投资引导经济高速增长的发展模式面临历史的转折。政府保护的、封闭的金融体系面临金融自由化、国际化的冲击。正是在这一重要时刻,日本面临的外部经济形势也发生了历史性转折,尼克松冲击、布雷顿森林体系解体、日元升值等一系列冲击给日本提出了新的课题。通过货币金融领域的改革来获得与实体经济实力相匹配的金融实力、在金融国际化过程中减少国际收支波动并缓解汇率波动对实体经济的影响成为亟待解决的重大课题。

一、美元危机与尼克松冲击

第二次世界大战后,以固定汇率制度为特征的布雷顿森林体系带来了国际贸易空前发展和全球经济的稳定增长。布雷顿森林体系通过双挂钩制度(美元与黄金挂钩,其他货币与美元挂钩)确定各国的汇率平价。美元具有与黄金同等的地位,成为外汇储备中最主要的国际储备货币。

然而,布雷顿森林体系在设计上的致命缺陷,终使美元陷入“特里芬两难”的困境。所谓“特里芬两难”,是指由美国经济学家提出的由于存在着其自身无法克服的内在矛盾,从而使美元处于两难境地的情况。具体而言,布雷顿森林体系的矛盾在于:由于美元与黄金挂钩,而其他国家的货币与美元挂钩,美元虽然因此而取得了国际核心货币的地位,但是各国为了发展国际贸易,必须用美元作为结算与储备货币，这样就会导致流出美国的货币在海外不断沉淀，对美国来说就会发生长期贸易逆差；而美元作为国际货币核心的前提是必须保持美元币值稳定与坚挺，这又要求美国必须是一个长期贸易顺差国。这两个要求互相矛盾，使美元处于两难境地。

布雷顿森林体系的建立是以战后美国绝对强大的经济实力为背景的。进入1950年代，各国经济实力对比发生变化：一方面，欧洲各国经济实力增强；另一方面，美国国际收支出现持续赤字，外债余额不断增加，黄金储备逐渐减少。这样就导致各国对美元的信任降低，在国际金融市场上大量抛售美元，引起黄金价格上升，形成美元危机。1960年10月伦敦黄金市场金价猛涨至41.5美元/盎司，超过官价20%，美元大幅贬值，第一次美元危机爆发。欧美各国通过签订货币互换协议建立"黄金总库"等措施拯救美元。因美国国际收支进一步恶化，1968年3月美元危机再次爆发。美国的黄金储备流失了14亿多美元，"黄金总库"亦无力按照官价提供黄金，不得不实行黄金市场价格与官价分离的"黄金双价制"。

表1-7 1961—1972年主要发达国家国际收支(经常收支)(单位:亿美元)

	年代	日本	美国	西德	英国	法国	加拿大
年平均	1961—1965	Δ2.7	47.8	Δ1.6	Δ0.6	(5.1)	Δ7.3
上年比	1966	12.5	30.2	1.2	2.9	(0.3)	Δ10.8
	1967	Δ1.9	25.9	25.1	Δ8.2	(2.3)	Δ4.6
	1968	10.5	6.2	29.7	Δ6.9	Δ8.5	Δ0.4
	1969	21.2	4.1	19.1	10.5	Δ14.7	Δ8.5
	1970	19.7	23.6	8.7	17.0	0.7	10.8

	1971	58.0	Δ14.1	8.9	26.3	5.3	4.2
	1972	66.2	Δ59.8	7.8	3.2	2.9	Δ3.9

注：1. 法国 1967 年之前基于结算数据，1968 年起基于交易数据。2. 法国年平均数据为 1962—1965 年的平均。3. Δ 表示赤字。

数据来源：转引自日本银行百年史编纂委員会『日本銀行百年史』、1985 年、第 6 卷第 298 頁、表 1－1。

1971 年 5 月，欧洲金融市场爆发第三次美元危机，引发大规模抛售美元、抢购黄金和西德马克及其他货币的狂潮。美国国内工业生产下降 8.1%，国际收支逆差达 220 亿美元。黄金储备降为 110 亿美元，已不足其对外短期负债的五分之一。美国国际收支状况的持续恶化严重威胁着美国的国际地位和国际金融体系（见表 1－7）。

为对外维持美国的经济霸主地位，对内降低失业、控制通货膨胀、刺激经济回升，1971 年 8 月 15 日，美国总统尼克松宣布“新经济政策”，暂时停止外国中央银行用美元按黄金官价向美国兑换黄金，对进口征收 10% 的附加税。美国“新经济政策”的发布，引发国际金融市场的动荡与混乱。为防止金融市场出现混乱，日本银行总裁发表谈话称将继续维持日元兑美元汇率平价，但是仍然无法阻止东京外汇交易市场抛售美元的风潮。美国征收 10% 进口附加税对日本产业界造成极大震动，当日东京证券交易所股价大跌，NSB225 种修正指数平均下跌 210 元 50 钱。“新经济政策”对日本经济产生了巨大冲击，日本将之称为“尼克松冲击”。

“新经济政策”一出，欧洲各国关闭了外汇市场。日本银行和大藏省就是否关闭东京外汇市场问题进行商讨。日本银行认为：

（1）西欧国家的对外贸易多以本国货币计价，而日本的对外贸易基本以外币(特别是美元)计价。如果关闭外汇市场,将对贸易交易产生障碍,从而造成经济混乱。

(2)另外,一旦关闭外汇市场,外汇市场重开时,将无法维持以前的汇率平价,无论是确定新平价还是实行浮动制,都无法避免日元升值。这对出口导向的产业界将产生负面影响[①]。

最终大藏省决定东京外汇市场继续营业。8 月 17 日以后,东京外汇市场抛售美元的规模远远超出预计。为维持汇率平价,8 月 16 日到 27 日日本货币当局共买入近 40 亿美元,相当于日本当时 4 个月的进口额,外汇储备由 80 亿美元骤增至 120 亿美元。

8 月 23 日欧洲各国外汇市场重开时,多数国家采取了浮动汇率制,法国采取双重汇率制度。日元如果继续维持旧汇率平价,则相当于对欧洲货币贬值。迫于国际货币多边协调对美元共同升值的压力,8 月 27 日,大藏省决定暂时停止对汇率变动幅度的限制,28 日银行间即期汇率升为 1 美元兑换 341.30 日元,日元迈上了浮动上升的道路。

12 月 18 日西方 10 国共同签订《史密森协定》,宣布美元对黄金贬值 7.89%。黄金官价提高到 38 美元 =1 盎司,各国货币对美元的汇率波动幅度从不超过平价的 +1% 扩大为 +2.25%。12 月 19 日,日本政府宣布次日起变更基准日元汇率,由 1 美元兑换 360 日元变更为 1 美元兑换 308 日元,日元升值 16.88%。至此,布雷顿森林体系的两大支柱之一的美元与黄金挂钩,实际上已经倒塌。

---

① 日本銀行百年史編纂委員会『日本銀行百年史』第 6 巻日本銀行、1985 年,http://www.boj.or.jp/type/pub/hyakunen。

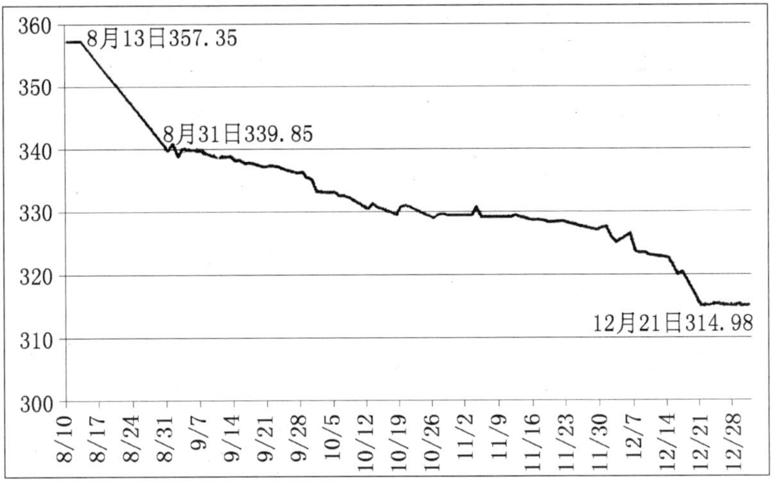

图1－4　1971年8月10日—12月31日日元对美元汇率变动

数据来源：根据 http://research. stlouisfed. org 相关统计数据作图。

二、布雷顿森林体系解体

《史密森协定》签订后，国际汇率体系暂时恢复到以美元为中心的固定汇率制度。然而美国经济在世界经济中的比重降低、赤字增加，欧洲、日本的经济实力继续增强、国际收支黑字扩大化，使欧洲货币和日元的升值不可避免。

1973年初第四次美元危机爆发，欧洲和亚洲的大量“无主美元”（指这些美元不受美国财政部控制）在毫无出路的情况下，转而大规模的冲击金融市场。1月，瑞士法郎开始实行浮动汇率制。2月1日欧洲外汇市场抛售美元，2日开始波及东京外汇市场，2月10日由于市场抛售美元，东京外汇市场关闭。2月12日美国政府宣布美元第二次对黄金贬值，幅度为10%，每盎司金价提高到42.22美元。2月14日东京外汇市场再开时，停止对汇率波动幅度的限制，转为浮动汇率制度，同日意大利里拉转为浮动汇率制度。其他西方国家为了应对美元危机的影响，纷纷取消了本国货币与美元的固定汇率，实行浮动汇率制度。3月，EC6国采取联合浮动汇率制度。各国货币完全解除了与美元的挂钩，至此，布雷顿森林货币体系彻底崩溃。

布雷顿森林体系解体后，国际货币体系混乱异常。美元贬值的同时，其他各国货币之间的比价也急剧波动，从而给世界贸易带来更多的交易成本，也对各国的金融政策提出了新的挑战。

采用浮动汇率制度，并不意味着真正由市场决定汇率水平，而只是政府无力维持汇率平价的无奈选择。各国政府依然要对外汇市场进行干预，以减缓汇率波动，引导汇率向着有利于国内经济发展的水平变动。因此，与其将浮动汇率制下的汇率水平理解为市场自由竞争下形成的均衡，不如理解为货币发行国基于本国经济利益目标的竞争均衡。对于一国货币来说，外汇市场上存在着三种力量：外汇投资者（包括投机者）、本国货币当局、外国货币当局。外汇投资者基于对市场走向的判断寻求最大收益，本国和外国在稳定汇率基础上力图引导汇率。

日本是典型的出口导向型经济，日元升值不仅对出口行业造成打击，甚至会伤害到整个经济的发展。因此，尽管存在巨额贸易黑字，日本政府仍然不希望日元升值。实行浮动汇率制度后，日元对美元迅速升值，1973年3月，达到1美元兑换265日元水平（见表1－8）。日本对外贸易基本以美元计价，在1美元＝360日元时代，企业无须承担汇率风险。实行浮动汇率制度后，在出口量不变前提下，美元贬值将直接导致出口行业的日元收入减少。在日元升值背景下，为减弱汇率波动并延缓日元升值，需要投入大量日元购买美元，相当于采取宽松的货币政策，放松银根。如果国内经济处于经济萧条期，宽松的货币政策同时也有助于扩张经济。然而，1973 年第一季度，日本工业生产同比增加两成，通胀压力增大，出现景气过热预兆，不得不转入紧缩性货币政策，连续上调存款准备金率和贴现率。经济内部的紧缩性要求和外部汇率的扩张性要求使金融政策左右为难。

表 1－8　1972 年 1 月—1973 年 10 月的日元对美元汇率

年月(月中)	月中平均	年月(月中)	月中平均
(1971.12.21)	(314.65)		
1972.1	312.23	73.1	301.96
2	304.98	2	279.10
3	302.44	3	265.26
4	303.56	4	265.52
5	304.44	5	264.73
6	303.68	6	264.70
7	301.11	7	264.41
8	301.10	8	265.11
9	301.10	9	265.49
10	301.10	10	266.33
11	301.10		
12	301.23		

注：1. 表中数据为银行间市场的即期中心汇率。2. 1971 年 12 月 21 日为《史密森协定》签订后东京外汇市场的汇率，作为参照。3. 1973 年 2 月 14 日，日元转为浮动汇率制度。
资料来源：转引自日本银行百年史編纂委員会『日本銀行百年史』、1985 年、第 6 卷第 352 頁、表 1－9。

布雷顿森林体系解体后，如何在国际货币体系重建过程中体现本国利益，也是各国决策者要思考的问题。美元已无力支撑整个国际货币体系的运作，尚无国家具有与美国匹敌的经济实力；SDR（特别提款权）即使成为各国汇率平均的基准，成为主要的国际储备货币，也无法成为国际贸易的交易货币，无法成为货币政策所需的介入货币。因此，国际货币体系有可能向着多种核心货币的方向发展。基于这种判断，日本货币当局认识到，在国际货币新秩序中，日元也可以作为国际核心货币发挥相应的作用。

三、国际区域货币合作初现端倪

中美洲地区的区域经济合作历史悠久。1948 年，哥伦比亚、厄瓜多尔、巴拿马和委内瑞拉已拟就了关税同盟计划。1959 年 5 月，拉美经济委员会正式提出建立中美洲共同市场计划，并提出建立多边支付体制。为促进中美共同市场内部贸易，节约外币，1961 年 7 月，危地马拉、萨尔瓦多、尼加拉瓜、洪都拉斯、哥斯达黎加 5 国共同设立中美洲支付机构。各国中央银行派代表组成管理委员会，下设执行委员会负责运营，由洪都拉斯中央银行负责具体事务。中美洲支付机构每周对各国的债权债务进行多边清算，对清算余额超出各国提供的信用度部分，利用美元或者可兑换货币进行结算。

中美洲支付机构设立后，有效地促进了区域产业和贸易发展。1961 年至 1970 年中美洲 5 国的出口扩大了 2.5 倍，其中区域内出口增加了 6.9 倍。区域内贸易通过结算机构进行清算的比例 1962 年为 48%，1967 年增加至 85%。

20 世纪 60 年代末，布雷顿森林体系趋于崩溃，美元币值不稳导致欧共体内部货币危机频发，1968 年美元危机使西方主要国家的外汇市场一片混乱。欧洲国家认识到需要通过集团力量与美元抗衡。同时，欧洲共同体内部汇率波动、货币政策不协调，影响到了共同市场目标的实现。因此，欧洲货币一体化建设提上日程[①]。

1970 年 10 月，魏尔纳领导的工作组向欧共体理事会及欧共体委员会提交了关于建立经济与货币联盟的最后报告。计划在 10 年内分 3 个阶段实现其目标：第一阶段，从 1972 年初至 1973 年底，目标是缩小成员国之间的汇率波动幅度，建立欧洲货币基金，支持成员国汇率稳定，加强成员国之间的货币政策协调；第二阶段，从 1974 年初至 1976 年底，主要目标是促使成员国的经济货币趋于一致，并集中成员国的部分外汇储备，把货币合作基金转换成外汇储备基金，逐步实现资本项目的自由流动；第三阶段，从 1977 年至 1980 年底，欧共体实行商品、劳务、人员和资本的自由流动，实行固定汇率制度，向单一货币方向发展，维护储备基金则向统一的中央银行发展。

1973 年 3 月，欧共体 9 国财长会议达成协议，建立汇率联合浮动集团。比利时、丹麦、法国、联邦德国、荷兰、卢森堡 6 国参与联合浮动，这些国家货币之间保持固定比价，汇率上下波动浮动为 2.25%，超出波动界限时，各成员国中央银行有义务进行干预，而对集团外货币实行自由浮动。

受欧洲货币影响，亚洲地区也开始探讨区域货币合作问题，比较有代表性的是亚洲清算同盟方案。其目的是仿效欧洲支付同盟和中美洲支付机构的模式，建立旨在扩大区域贸易、进行区域多边支付、促进区域内货币使用、密切区域内银行关系、增强加盟国金融合作的机构。实际运作由参加国中某个中央银行具体负责。如果将来设立亚洲储备银行，将由其接手业务。然而，亚洲清算同盟方案因各国存在的历史文化差异及现实经济差异而难以在整个亚洲地区推行。

---

① 钟鑫、吴华编：《欧元的诞生与影响》，经济管理出版社 1999 年版，第 29 页。

第二章　日元国际化的过程

根据国际货币基金组织(IMF)的定义,货币国际化是指某国货币超越该国国界,逐渐扩大在世界范围内的自由兑换、交易和流通,最终成为国际货币的过程。IMF 将国际货币的特性概括为三个方面:(1)自由兑换性,即该货币能及时而方便地被各国政府或居民所买卖兑换;(2)普遍接受性,即该货币在外汇市场上或政府间清算国际收支差额时能被普遍接受;(3)相对稳定性,即该货币的币值能够保持相对稳定。

从货币职能角度考察,一般货币应具有价值尺度、流通手段、支付手段和贮藏手段 4 项职能。国际货币的职能是货币国内职能的扩展,即在世界范围内执行为国际结算的计价标准、国际经贸往来的流通手段、支付手段和国际贮藏手段等职能。国际经济往来的特点决定了国际货币的流通手段职能多被支付手段所覆盖,因此一般通过货币的计价单位、支付手段、贮藏手段来考察国际货币职能(见表 2-1),其中计价单位又是支付手段的基础,通常的贸易管理是以哪种货币计价就以哪种货币支付,各项国际货币职能都应得到公共部门和私人部门在经济活动中事实上的认可。

国际货币的计价单位职能,对公共部门来说,指此种货币可以充当账面的记账单位,在国际货币体系中,这种货币有条件成为其他国家汇率选择时的“锚货币”;对私人部门来讲,在国际商品服务贸易中，以此货币来标记商品价格，其中作为重要的资源能源商品的计价单位尤为重要。在金融交易中，以此货币作为各种金融产品的计价单位。

国际货币的支付手段功能指此种货币具有国际清偿力，用以清偿国际间债权债务，成为国家之间进行官方结算和平衡国际收支差额、不同国家私人部门贸易结算的货币。国际货币应在全球范围内具有广泛的流动性，能够成为官方实施货币政策时的干预货币；私人部门在贸易交易中可直接利用此种货币进行商品和服务的买卖（交换手段）。

国际货币的价值贮藏职能，若被公共部门认可，可以作为社会财富的一般代表由一国转移到另一国，因此可构成为国家的储备货币。对私人部门来说，国际货币的价值贮藏职能表现为私人部门将之作为资产货币，在金融市场上进行投、融资。

表2－1　国际货币的职能

国际货币职能	私人部门	公共部门
计价单位	计价货币，契约货币	基准货币
支付手段	媒介货币，交易货币，结算货币	干预货币，结算货币
价值贮藏手段	资产货币	储备货币

货币国际化作为从国内货币向国际货币的发展过程，实际上是一个长期而复杂的系统进程，货币国际化的发展不可能是直线式发展，其间可能出现起伏、停滞甚至后退。由于国家特征和面临的外部经济环境的差异，导致了迈向国际货币的进程可以有多种道路可供选择。除所有货币职能同步推进国际化之外，一国可以选择对公共部门的货币职能优先国际化或者是对私人部门的货币职能优先国际

化，还可以对货币不同职能的国际化顺序和程度进行设计，以符合本国经济目标。

货币国际化的过程本身是货币的各项职能由国内向世界范围扩张的过程。一国的货币职能的作用范围一旦超出国界，就意味着货币国际化进程的开始。本书中的日元国际化是指从日元的货币职能溢出国界开始到日元最终成为国际核心货币[①]（如果未来能够实现的话）的整个过程。至于日元最终在多大范围内、多大程度上执行国际货币职能，则与日元国际化的目标相联系。按照日本财务省和日本银行的观点，在1980年代中期确定的日元国际化目标是成为与美元匹敌的国际核心货币；2000年左右日元国际化的目标缩小为成为亚洲的区域核心货币，立足东亚在国际货币体系中与美元、欧元三足鼎立；随着进入21世纪之后，随着中国经济的迅速发展，人民币在周边国家和地区的流通增加意味着人民币国际化进程开始，这成为日元实现区域核心货币的面临的新挑战。本书将2000年之前的日元直接走向国际化的过程称为日元国际化，将2000年之后日元在东亚寻求国际化突破的过程称为日元区域化。

本章对日元国际化的进程分三阶段进行考察：第一阶段（1973—1984年），日元国际化的起步；第二阶段（1985—1989年），日元国际化的扩张；第三阶段（1990—1999年），日元国际化的停滞。

---

① 所谓国际核心货币是指在国际货币体系中，执行国际货币职能最全面，在国际收支中使用最多、外汇储备中占比最大、能够支撑国际货币体系运行的一种或者少数几种国际货币。在布雷顿森林体系下以及目前为止的牙买加体系下，只有美元一种货币是国际核心货币。随着国际货币体系的发展与变革，未来可能出现几种国际核心货币并存的局面。另外，本书有时也把国际核心货币称为核心国际货币。

第一节　日元国际化的起步

一、日本关注日元国际化问题的初始

进入20世纪70年代，随着布雷顿森林体系的崩溃，国际货币体系进入浮动汇率制时代，随着日本经济实力增强，国际市场对日元的需求与日俱增，日本遂开始关注日元的国际地位问题。这一阶段对日元国际化问题研究的焦点集中于：在国内外经济条件迅速变化的动荡时期日本如何明哲保身，以及在此前提下如何在国际货币体系中适当发挥与其经济实力相称的作用。日本政府对待日元国际化的立场，由原来的抵制向容忍方向转变，但整体而言还是消极对待。

1967年5月日本经济调查协议会公布《日元的国际地位》调查报告，认为日元的国际地位与日本的经济产业发展并不相称，日元虽不能像美元、英镑那样成为国际货币体系中的关键货币，但应该考虑逐步强化日元地位。

1973年7月日本经济调查协议会公布《国际货币新秩序与日元》调查报告，报告认为："我国没有必要积极地促进日元国际化，对于外国希望使用日元的被动情况，应采取容忍的立场。"提出这一观点的背景之一是国际货币制度的变革：为解决国际清偿力不足问题，IMF在1970年代初开始设立SDR（特别提款权）；1973年初主要国家的货币开始采用浮动汇率制度。报告认为，将来的国际货币制度将是以SDR为中心的复数基轴货币体制，日元也将成为基轴货币之一来承担维持新的国际货币秩序的责任。报告认为，日元国际化是日本金融正常化、国际化的内容之一，为确保日元国际化和金融国际化的顺利、安全进行，有必要整备日本金融市场，日本政府在制定金融政策时应考虑经济国际化因素，同时稳步推进金融机关的国际化。

1973年10月第一次石油危机爆发，包括日本在内的主要发达国家的国际收支迅速由黑字转为赤字，《国际货币新秩序与日元》报告中提出的国际收支黑字这一构建新国际货币体制的前提不复存在，因此日本国内对日元国际化的讨论也未继续扩大。

1975年8月日本经济调查协议会公布的《对外交易中日元的活用——东京市场的现状与展望》调查报告指出，日元国际化成为应对日本经济内外形势变化的有效手段。报告对当时日本所处的内外经济形势进行评估，认为以美元体制为特征的国际货币秩序存在局限，美元的国际货币机能不稳；日本经济面临由高速增长向稳定增长路线的转换。受国际油价高企的影响，日本的进口额急剧增加，因交易中以使用美元为主，日本的外汇银行需要在短时间内调集数量巨大的美元来进行贸易支付，这隐含着美元升值、日元贬值的风险，如果对外贸易中以日元计价的比例增加，则有助于化解这种潜在危机。从国内经济看，日本经济发展使日本对外经济交流扩大，这种交流扩大要求日本利率市场化，内外资金交流市场化、自由化，这为日元国际化提供了前提保证。此外，日本外汇银行的短期对外债务超过了外汇储备，使得日本经济易受欧洲市场和美国银行的对外金融政策影响，处于十分不稳定的状态。在日本贸易规模持续扩大的趋势下，对外币的需求将超出外汇银行的外币借入能力，因此，迫切需要重新对日本贸易金融进行评估。

1980年2月日本经济调查协议会提交《1980年代日元的国际地位》报告，对日元在1970年代国际使用的各个方面进行详细考察，认为随着日本经济的国际地位上升、国际货币体系中浮动汇率制度的继续维持、日元计价的出口增加导致的非居民对日元需求的增长，日元在国际上的使用范围有扩大趋势。

二、作为国际计价单位的日元

日元作为国际计价单位，主要指在国际间商品、服务等进出口交易中以日元计价。其中扩展日本商品对外贸易中的日元计价尤为重要。1960 年 7 月日本开始允许非居民设立自由日元账户，这一措施使国际贸易中的日元结算更为便利，必然有助于提高国际贸易中的日元计价和支付比例。布雷顿森林体系时期日本对外贸易中日元计价部分只占很小份额，当时的汇率制度也决定了对外贸易采用日元或美元计价从外汇风险上看并没有绝对的差异，但采用美元计价可以省却不必要的交易成本。1973 年国际汇率体系进入浮动汇率时期，国际贸易中采用何种货币计价不仅直接关系到进出口商的绝对收益，而且事关国际贸易中的汇率风险。

在采用浮动汇率制度后 10 年左右的时间里，日本对外贸易中日元计价份额得到迅速提高（见表 2 - 2、表 2 - 3）。

出口中以日元计价的份额在固定汇率时期大概在 1% 左右，1970 年代基本维持在 20% 以下，1978 年到 1982 年，以接近年均 5% 的速度持续增加，4 年时间出口的日元计价率提高了近 20%。1982 年到 1984 年日本出口的日元计价比例基本维持在 38% 左右。在日本的日元计价出口中，欧洲是重要的区域。1980 年代初对欧洲的出口中日元计价部分达到了 60% 左右，是平均值的二倍。之所以能出现这样的情况，欧洲日元市场上贸易金融的扩张是一个重要的原因。这说明自由顺畅的金融市场能够促进货币国际化。

表2－2 日本贸易中日元计价比重(单位:%)

	出口		进口	
1984.6	38.6	1984年经济白皮书		
1983	39.3	34.5	(3)	
1982	38.1	38.2	n.a	
1981	34.8	31.9	n.a	
1980	28.9	28.9	2.4	
1979	24.9	24.8	2.4	
1978	19.8	19.8	1.6	
1977	18.8	18.8	1.2	
1976	19.4			
1970	17.0			
1965	0.9		0.9	
1960	0.3		0.0	

资料来源:1960、1965年数据:日本経済調査協議会『円の国際的地位』、昭和四十二年;1970—1983年数据:ジェフェリー・A・フランケル、C・フレッド・バーグステン著、高橋由人訳『円・ドル合意後の金融市場』、東洋経済新報社、1980年10月;1984年数据:『経済白書』、1984年。

进口中以日元计价的贸易虽在增加,但总体看仍然占很小的比例。20世纪七八十年代日元在出口计价中的扩张势头在进口中并未得到体现,日元在日本进口中的计价比率1960年代时稍逊于出口的日元计价比率,到1979年仍然仅有2.4%,到1983年也刚刚达到3%。相对于出口,日本在进口中普及日元面临的困难要大得多。在日本的进口中,能源、原材料、农产品等占很大份额,按照惯例,这类产品的国际贸易通常以美元作为计价和交易货币。油价上涨也直接导致了1970年代日本进口中美元计价的比例上升(见表2－3)。

由于日本对银行贷款进行数量限制，日本的进口商无法从国内银行获得足够的贷款进行交易，转而在海外金融市场进行贸易融资，这部分融资通常以美元形式存在。此外，除欧洲外，日本进口对象国大多没有开设日元远期市场，这些国家的对日出口如果以日元计价将增加出口商的汇率风险，因而他们在交易中不愿意接受日元。

表2－3　日本进出口中日元计价与美元计价比率（单位：%）

	出口		进口	
	日元计价	美元计价	日元计价	美元计价
1984年	39.5	53.1	—	—
1983年	42.0	50.2	3.0	—
1982年	33.8	60.9	—	—
1981年	31.8	62.8	—	—
1980年	28.9	66.3	2.4	93.1
1975年	17.5	78.0	0.9	89.9
1970年	0.9	90.4	0.3	80.0

转引自福田慎一『円の国際化：決済通貨としての円の役割』大藏省財政金融研究所、1994年1月。

三、作为价值贮藏手段的日元

国际货币的价值贮藏职能包括准备货币和资产货币两项。所谓资产货币指非居民的资产组合中以日元计价的金融资产。准备货币既包括外国政府或者中央银行以外汇储备形式保有的日元，也包括外国民间部门保有的日元。政府部门也好，民间部门也好，都是根据保有日元的收益和成本以及流动性这三个要素出发来判断是否增加或减少日元的保有量。

通过考察对外资产负债情况可以获知政府与民间部门持有的日元金融资产的总额。资产负债余额是在一定时点的资产或者负债的存量,资产与负债的差额称为纯资产,纯资产为正数表示资产大于负债。从 1979 年到 1983 年,日本的资产和负债的存量都在不断增加,1983 年末资产和负债分别达到了 2720 亿美元和 2347 亿美元。纯资产在一定程度上反映了经常收支情况,贸易黑字增加则纯资产增加,贸易黑字减少则相应引起纯资产下降。受 1979 年第二次石油危机影响,日本用于石油等能源的进口支付增加,导致贸易黑字减少,1979 年 3 季度开始到 1980 年 2 季度连续 4 个季度出现贸易赤字,纯资产余额从 1979 年的 288 亿美元降至 1980 年的 115 亿美元,1981 年降至 109 亿美元的谷底之后以每年 100 亿美元的速度迅速回升,这种回升主要是依靠民间部门增长获得的。

资产项目中民间部门的长期资产增加最为迅速,在 1983 年的民间部门长期资产中,包括借款 293 亿美元和证券投资 561 亿美元,二者分别反映了日元贷款和日元外债或外债投资的显著增长。

长期负债项目中政府负债和民间负债都有大幅度增加,证券投资构成了其中的绝大部分。对政府的证券投资代表了非居民购买的国债,对民间的证券投资则多为非居民对日本股票的投资。

表 2-4 日本对外资产负债余额(年末值。单位:亿美元)

	1979	1980	1981	1982	1983
资产	1354	1596	2093	2277	2720
长期资产	837	879	1171	1395	1709
(政府)	(215)	(214)	(278)	(294)	(329)
(民间)	(621)	(665)	(893)	(1100)	(1380)

短期资产	517	717	922	882	1011
（政府）	（206）	（257）	（293）	（243）	（256）
（民间）	（311）	（460）	（629）	（639）	（756）
负债	1066	1480	1983	2030	2347
长期负债	364	478	703	776	1028
（政府）	（84）	（125）	（206）	（245）	（262）
（民间）	（280）	（352）	（497）	（531）	（766）
短期负债	702	1003	1280	1254	1319
（政府）	（58）	（63）	（70）	（66）	（68）
（民间）	（644）	（940）	（1210）	（1188）	（1250）
纯资产	288	115	109	247	373

资料来源：大藏省『財政金融統計月報』1981 年、1984 年。

表 2－5 是当时各国中央银行外汇储备中美元、西德马克、日元、英镑、瑞士法郎、法国法郎和荷兰盾的份额。美元在储备货币中占有绝对主导的地位，其次是西德马克。日本在考察期内由第四位上升至第三位，但与处于第二位的西德马克仍有相当大的距离。日元在国际储备中的份额有持续增加趋势，1976 年到 1980 年的 4 年间增加一倍，此后基本维持在 4.2% 水平。非洲和亚洲的很多国家采取钉住英镑或法国法郎的汇率制度，相应地，英镑或法郎在这些国家的国际储备中应占有相当大的份额，尽管如此，日元在国际储备货币中的份额在 1978 年就已经超过英镑和法国法郎的份额之和。同时我们还注意到，作为外汇储备的日元主要为 OPEC 国家和亚洲各国所保有。

尽管日元在当时各国外汇储备中的份额仅次于美国和西德位于

第三位，但是与日本在世界生产和世界贸易中的地位并不相符。由于日本的金融市场尚未完备，短期国债、政府短期证券市场不发达，外国持有的日元外汇储备的运用手段匮乏，各国持有的日元外汇储备无法进一步增加。

表2－5 外汇储备中各国货币的比例（%，年末值）

	1976	1977	1978	1979	1980	1981	1982	1983
美元	76.5	77.9	75.6	72.8	66.7	69.4	68.5	69.1
西德马克	9.0	9.2	11.0	12.6	15.1	13.2	12.5	11.9
日元	2.0	2.3	3.2	3.5	4.2	4.1	4.2	4.2
英镑	1.8	1.7	1.7	2.0	3.0	2.2	2.5	2.6
瑞士法郎	2.3	2.4	2.3	2.7	3.2	2.8	2.7	2.4
法国法郎	1.6	1.3	1.2	1.4	1.7	1.4	1.4	1.2
荷兰盾	0.9	0.9	0.9	1.1	1.3	1.2	1.0	0.8
其他	5.9	4.3	4.2	4.0	4.8	5.7	7.2	7.8

注：表中以美元为保证发行的ECU计入美元，以黄金为保证发行的ECU排除在外。
数据来源：IMF Annual Report，1984（表12）。转引自ジェフェリー・A・フランケル、C・フレッド・バーグステン著、高橋由人訳『円・ドル合意後の金融市場』、東洋経済新報社、1980年10月、第71頁。

非居民持有的日元资产包括股票、债券和日元存款等。日本1984年《经济白皮书》公布的日元国际化进展表（表2－8）中统计了非居民持有日本资产的情况。在已发行债券投资中，股票的数额呈上升趋势，债券的变动比较剧烈，大体是1970年代提高，1980年代下降。债券典卖流量变化剧烈、有增有减，净余额不断提高，占总余额的比例先增后降。非居民持有的日元存款数额呈上升趋势，外汇银行的日元债务余额从1977年32亿美元增加到1982年的140.8亿美元，1983年稍有下降，为137亿美元。全银非居民日元账户余额及其相对全银存款的比率都十分稳定。

四、作为支付手段的日元

货币的支付手段和计价单位功能是密切联系的，在贸易中，通常支付货币与计价货币是一致的，也就是说，日本贸易中日元计价的份额实际上可以反映日元支付的比例。除了贸易支付以外，在国际金融交易中的日元支付数额也在不断增加。下面主要介绍金融交易的日元国际化情况。作为金融交际货币的日元国际化指的是非居民借入日元或者发行日元债券的活动。这其中也包括了日本进出口银行、海外经济合作基金等的日元支付及日元借款等内容。

首先看日元贷款，1975 年年末的日元贷款余额不过 500 亿日元，1980 年底就增加到 21400 亿日元，1983 年年末达到 41900 亿日元，这其中主要是中长期日元贷款。这些日元贷款的贷款对象大部分是世界银行、亚洲开发银行等国际金融机构和外国政府、官方机构等（见表 2－6）。

表 2－6　日元贷款余额（单位：亿日元）

	短期	中长期	合计
1975	0	500	500
1980	400	21000	21400
1981	1400	23300	24700
1982	1800	29900	31700
1983	2100	39800	41900

数据来源：大藏省『国際金融局年報』相关年份。

然后考察民间金融机构的日元贷款和日元外债情况。1970 年

12 月日本首次发行日元债券(第一次亚洲开发银行债券),1973 年 11 月中止发行,1975 年 4 月再次开始发行日元计价债券后,日元外债发行规模不断扩大,1984 年日元外债发行金额超过 1 万亿日元。表 2 –7 显示日本 1975—1984 年发行日元外债的情况。日元 1975 年发行公募债 2 笔,发行额 200 亿日元,1984 年发行公募债 37 笔,发行额达到 9150 亿日元,平均每笔公募债的金额也从 100 亿日元提高到了 247 亿日元。日本私募债发行开始于 1977 年,当年发行 3 笔共计 300 亿日元,1984 年发行了 34 笔共计 1995 亿日元,平均单笔私募债的金额存在减少趋势(见表 2 – 7)。

表 2 – 7 1975—1984 年日元外债发行状况(单位:亿日元)

	公募债		私募债		合计	
	件数	发行额	件数	发行额	件数	发行额
1975	2	200	—	—	2	200
1976	6	650	—	—	6	650
1977	15	2967	3	300	18	3260
1978	29	7220	11	1050	40	8270
1989	16	3330	6	672	22	4002
1980	14	2610	—	—	14	2610
1981	27	4950	13	1175	40	6125
1982	37	6630	30	1930	67	8560
1983	41	7200	32	1790	73	8990
1984	37	9150	34	1995	71	11145

数据来源:大藏省『国際金融局年報』相关年份。

1977 年欧洲日元市场规模 40 亿美元，到 1980 年上升到 170 亿美元，1983 年达到 290 亿美元。当然，这一时期的欧洲市场的总规模也从 7400 亿美元扩张到 20560 亿美元，欧洲日元市场规模由 1977 年欧洲市场的 0.6% 逐步增加到 1.4%。这一阶段，欧洲日元市场的还处于起步阶段，与欧洲美元、欧洲马克、欧洲英镑等的交易规模相比还很小。1983 年 6 月日本外汇银行海外支行面向非居民的短期欧洲货币贷款自由化，对此后欧洲日元市场的发展有一定促进作用。

1977 年 11 月，日本发行第一号非居民欧洲日元债券后，欧洲日元债券市场的规模逐渐开始扩大。1977 年到 1983 年间，日本欧洲日元债券的发行增长并不迅速，从 1 亿美元增加到 3 亿美元。日元计价外债的发行量相对更高一些，由 13 亿美元增加到 38 亿美元，增长的速度快于国际债券发行的增长速度，日元计价外债的发行较欧洲日元债券的发行在国际市场占有的份额也大一些。1984 年 4 月设定居民的欧洲日元债券的适债基准，12 月设定非居民的欧洲日元债券适债基准，进一步规范了欧洲日元交易。日元中长期对外贷款余额也不断提升，从 1973 年末的 7 亿美元提高到 1980 年 100 亿美元，1983 年达到 172 亿美元（见表 2－8）。

表 2－8 日元国际化的进展（单位：亿美元）

		1977	1978	1979	1980	1981	1982	1983 6 月末
海外日元使用	欧洲日元市场规模（年末 粗值）	40	90	150	170	240	270	290
	欧洲市场总规模（粗值）	7400	9490	12330	15240	18610	20570	20560
	（净值）	3790	4780	5780	7050	8590	9320	9450
	欧洲日元债券的发行（年中）	1	1	1	3	4	4	3
	日元计价外债的发行（年中）	13	38	18	11	25	34	38

	欧洲债券发行		178	141	187	240	316	516	485
	国际债券发行		327	343	410	419	30	780	757
	日元中长期对外贷款(年末)		7	45	79	100	106	123	172
非居民持有的日本资产	已发行债券投资(年中)	股票	-11.2	-9.2	1.9	61.4	15.1	36.2	37.8
		债券	50.3	-1.9	14.9	67.0	44.4	55.2	13.8
	债券典卖(流量)		—	—	12.3	3.7	11.3	-2.9	-10.3
	净余额		—	—	3.0	5.2	36.7	23.4	32.5
	占总余额比率		—	—	0.2	2.4	18.0	12.8	7.6
	日元存款(外汇银行的日元债务余额)		32.0	72.3	14.4	101.3	135.6	140.8	137.0

数据来源:日本経済企画庁『経済白書』、1984 年。

http://wp.cao.go.jp/zenbun/keizai/wp-je84/wp-je84-000i1.html。

第二节　日元国际化的扩张

一、日元国际化与政府鼓励

20 世纪 70 年代日元国际化虽已悄悄起步,但直到 20 世纪 80 年代中期,并未取得实质进展。进入 20 世纪 80 年代,美国经常收支特别是对日收支出现大幅逆差,美日贸易摩擦加剧。美国将日本的巨额顺差归结于其市场的封闭性和日元低估,认为日元汇率不是通过市场形成的均衡汇率,存在人为低估。在要求日本开放商品市场的同时,还要求日本开放金融、资本市场,实现金融自由化、国际化。

1983 年 11 月的美日首脑会谈决定设立专门解决这一问题的"日元·美元委员会"。1984 年 2 月至 5 月委员会连续举行六次会谈,1984 年 5 月 29 日向两个财务长官提交《日元·美元委员会报告书》并于次日正式公布。同时日本大藏省公布《金融自由化及日元国际化的现状与展望》，两份文件的公布被认为是官方推动的日元国际化的正式开始。

《日元·美元委员会报告书》由六章和四份附属文书构成。其中日本方面承诺的措施包括以下四个方面：(1)金融、资本市场自由化；(2)日本金融市场的外国金融机构准入；(3)发展欧洲日元市场；(4)促进对日直接投资。

《金融自由化及日元国际化的现状与展望》文件体现了日本官方对日元国际化问题的基本态度。随着日本内外资金交流的扩大、金融自由化的进展，特别是《外汇法》的改订使日元开始国际化进程。文件所指的日元国际化主要是"国际交易中日元的使用和持有的增加"，大体包括贸易交易中日元的使用、资本交易中日元的使用和官方外汇储备中日元的保有三方面内容。

1985 年 3 月 5 日外汇审议会向当时的大藏大臣提交了《关于日元国际化》的答辩报告，对日元国际化的现状和发展发向做出判断，并提出促进日元国际化的具体方法。报告认为，随着国际上日元需求的增多，日元国际化在资本交易方面会得到相当程度的提高；由于交易习惯、交易方力量对比等原因，贸易交易中日元的使用不会迅速扩大，但如果资本交易中日元国际化取得进展的话，贸易交易对日元的需求也可能随之缓慢推进。在资本交易和贸易交易中日元国际化程度加深的同时，发展日本短期金融市场则可能促进官方外汇储备中日元保有份额的提高。因此，金融市场特别是短期金融市场的自由化、国际化是日元国际化的基本前提。为此，报告提出了促进日本金融自由化、欧洲日元交易自由化和东京市场国际化的建议，并着重对如何推进欧洲日元债券市场自由化、中长期欧洲日元贷款自由化进行说明。

尽管日本的金融自由化和日元国际化是在美国压力下,为解决日元低估、缩减美日贸易逆差问题而被迫进行的,而且这种政策虽并未达到美方预期,但是却在事实上促进了日元国际化的进程。

日本在1980年代后半期紧锣密鼓地进行了一系列金融自由化改革,如1984年4月废除外汇期货交易的实际需要原则,6月废除日元转换规制(外币与日元兑换限制),1985年6月创设日元BA市场,1986年设立东京离岸金融市场(JOM),并于1988年5月公布《金融期货交易法》,以规范日本的金融期货交易。随着日本金融自由化、国际化的加速发展,日元国际化的速度和波及范围迅速扩大。对日元国际化起步阶段的考察,通常只看日元参与国际经济活动的绝对值即可,但是在日元国际化扩张阶段,只考察绝对值往往难以客观地评判日元国际化的程度,因此,本节着重通过日元与其他主要货币的比较来说明日元国际化的发展。

二、日本对外贸易中的日元

1980年代后半期,日本对外贸易中以日元交易的比例与日元国际化起步阶段相比,发生了一些耐人寻味的变化(见表2-9)。出口中日元交易并未延续第一阶段的持续增加势头,在1983年达到42%的峰值后逐年降低,1987年降至33.4%之后,进入小幅回升阶段,1990年恢复到37.5%的水平,仍然比1983年低了4.5个百分点。出口中美元交易的比例与日元呈现几乎一一对应的反向变化的规律,总体而言,美元计价的向下走势更为明显。考虑到日本在1980年代后半期出口贸易的急剧扩张,尽管出口中的日元计价交易比例下降,日元交易总额依然呈上升趋势。

表2－9　日本进出口交易中日元、美元计价比例(单位:%)

		1985	1986	1987	1988	1989	1990
出口	日元比例	39.3	36.5	33.4	34.3	34.7	37.5
	美元比例	52.2	53.5	55.2	53.2	52.4	48.8
进口	日元比例	7.3*	9.7*	10.6	13.3	14.1	14.5
	美元比例	—	—	81.7	78.5	77.3	75.5

注:*为年度数字

数据来源:出口:1982年前日本銀行『輸出信用統計』,1983年起通産省『輸出確認統計』;进口:1980年前通産省『輸入承認届出報告書』,1985年大藏省『報告省令に基づく報告』,1986年起通産省『輸入報告統計』。转引自:伊藤隆敏『国際金融の現状』、有斐閣、1992年。

在日元国际化的第一阶段上升缓慢的日元计价进口交易在1980年代后半期有迅速的提高。1985年比1983年提高了近1.5倍,达到了7.3%,此后每年以1到1.5个百分点的速度递增,到1990年,日本进口交易中的日元交易份额达到了14.5%。日本进口中美元计价的交易有绝对下降趋势,美元和日元计价交易的总和占进口比例的90%或稍强。

把日本和其他发达国家的本币进出口交易比例进行对比,会有新的发现。表2－10是1980年和1988年发达国家的进出口交易中本币计价的情况。毋庸置疑,美国的进出口贸易中以本币进行交易的比例是最高的,而且1988年的数值与1980年相比几乎没发生变化。日本与美国以外的发达国家相比,其进出口中本币交易的比例仍然是最低的。而且,与这些国家相比,进出口中本币交易的比例之比也是最低的,也就是说,日本扩大进口本币交易的难度要大于扩大出口交易的本币使用。

表 2-10 发达国家进出口交易中本币计价比例(单位:%)

	出口		进口	
	1980 年	1988 年	1980 年	1988 年
日本	28.9	34.3	2.4	13.3
法国	62.5	58.5	33.1	48.9
德国	82.3	81.5*	43.0	52.6
意大利	36.0	38.0	18.0*	27.0
英国	76.0	57.0	38.0	40.0
美国	97.0	96.0	85.0	85.0

注:* 为 1987 年数值。
数据来源:G. S. Tavlas and Y. Ozeki,"The Japanese Yen as an International Currency," *IMF Working Paper*,WP/91/2。

从贸易对象角度看,日本对美国出口的日元结算比例最低,1987 到 1989 年维持在 16% 左右;对 EC(欧洲共同体)市场的出口中,1987 到 1989 年的日元结算比例分别为 44.0%、43.9% 和 42.4%;对东南亚市场出口的相应比例为 41.1%、41.2% 和 43.5%。日本对 EC 地区和东南亚地区的出口中虽然日元结算的比例接近,但是美元结算的比例却有很大差异,日本对 EC 地区出口中只有不到 10% 为美元计价,而对东南亚地区的出口中有一半以上以美元结算。这反映出 EC 地区进口中本币结算比较高,东南亚地区的进口中很少用本币结算的状况。日本在不同进口对象地区的结算货币有如下表现:1987 到 1989 年 3 年间,从美国进口中约有 10% 左右为日元结算,其余为美元结算;从 EC 地区进口的日元结算比例稳定在 27% 左右,而美元结算只有 20% 左右;从东南亚市场上的进口中日元结算比例低于 EC 地区,但是有上升趋势,分别为 11.5%、17.5% 和

19.5%,3 年增加近一倍,其中从韩国市场的进口中日元结算比例高、增势强,1987 年日元结算比例为 27.2%,到 1989 年已经增至 39.3%,我国台湾地区对日出口中的日元结算比例也比较高,数值与 EC 地区相近。

三、国际金融市场中的日元

如表 2－11 所示,欧洲货币市场的存款余额中美元占据绝对比重,在 1980 年代后半期虽呈下降趋势,仍基本保持在 70% 以上,1990 年则降至 65.9%。美元在欧洲货币市场的绝对地位由以下两个方面决定:(1)原油生产国的大量石油美元存入欧洲货币市场;(2)欧洲货币市场是银行间外汇市场的重要组成部分,银行间外汇市场的媒介货币以美元为中心。

表 2－11　欧洲货币市场存款余额的各种货币份额

(单位:%,括号内单位为 10 亿美元)

年份	美元	西德马克	瑞士法郎	日元		英镑	法国法郎	荷兰盾	ECU	其他	合计
1980	74.9	12.2	5.3	1.1	(7.41)	2.3	1.4	0.8	—	2.1	(673.4)
1984	83.3	6.7	3.3	1.3	(21.84)	0.9	0.1	0.6	1.0	2.6	(1679.8)
1985	76.9	8.2	4.6	2.5	(49.45)	1.0	0.9	0.7	1.9	2.9	(1979.1)
1986	73.3	9.4	5.3	3.3	(83.20)	1.6	0.9	0.7	1.9	3.6	(2521.1)
1987	69.6	10.4	5.6	4.2	(135.82)	2.0	1.0	0.7	2.0	4.4	(3233.8)
1988	70.9	9.7	3.9	4.0	(147.50)	2.5	0.9	0.6	2.2	5.3	(3511.9)
1989	70.0	10.9	3.5	3.8	(154.12)	2.2	0.9	0.7	2.5	5.5	(4055.7)
1990	65.9	11.9	4.2	3.6	(177.93)	2.9	1.6	0.8	3.2	5.9	(4682.4)

注:表中数据为向 BIS 提交报告的银行的对居住者以外的外币债务余额。

数据来源:BIS, International Banking Development 相关年份。

日元在欧洲货币市场存款余额的比重是先增加后降低，到1990年，排在美元、西德马克和瑞士法郎之后，位列第4。从绝对值看，欧洲货币市场的日元存款余额逐年递增，1987年以前增速较快，1987年到1990年间增势放缓。从位次看，除个别年度外都位于美元、西德马克和瑞士法郎之后排第4位，数值上与瑞士法郎接近，但大概只相当于西德马克的1/3。

国际债券市场上日元债券的发行份额要高于欧洲货币市场的存款余额份额。横向看，国际债券市场上美元债券约占1/3强到一半左右，其他几种主要货币的比重相对接近，各占10%左右，日元稍有优势；纵向看，1980年代后半期日元债券在国际债券市场上份额基本排在美元之后列第二位，具体数量上是先增加，1987年后开始降低，1990年再次增加。除美元外主要货币的变动也大抵如此，这说明1980年代后半期国际债券市场的日元的债券比例变动并非由日本国内因素引起，而应是由国际货币资金供求变动引起的。另外，美元的比重变化与其他货币的变动方向恰好相反，这包含两种可能：美元债券与其他货币债券之间存在互补关系；另一种可能是，美元债券的发行受国际货币资金市场的影响比较小，即安全性相对较强。

另外还可通过国际间银行贷款中各货币的份额考察日元的资本交易扩张情况。国际间银行贷款中日元份额的变动既不同于欧洲货币市场存款余额变动，也不同于国际债券市场日元债券份额变动，有其自身的特点。国际间银行贷款中美元比重具有整体下降趋势，1989年出现反弹；英镑、西德马克和ECU（欧洲货币单位）则存在整体上升趋势，并且其变动与美元变动存在比较密切的互补关系，日元和瑞士法郎的比重变动都是在1985年达到峰值后开始萎缩，1985年日元和瑞士法郎的比重分别是18.5%和3.0%，相差十分悬殊，到

1990 年分别降至 1.7% 和 0.1%。

表 2－12　国际债券市场发行债券的各种货币份额

（单位:%，括号内单位为 10 亿美元）

年份	美元	日元	英镑	瑞士法郎	西德马克	ECU	其他	合计
1980	42.7	4.8	3.0	19.5	21.9	—	8.1	100(38.3)
1984	63.6	5.6	5.1	12.0	6.1	2.6	5.0	100(109.5)
1985	60.6	7.7	4.2	8.9	6.7	4.1	7.8	100(167.8)
1986	55.0	10.4	4.8	10.2	7.5	3.1	8.9	100(227.1)
1987	36.2	14.8	8.3	13.4	8.3	4.1	14.9	100(180.8)
1988	37.3	10.0	10.6	11.6	10.4	4.9	15.3	100(227.1)
1989	49.6	9.3	7.7	7.3	6.4	4.9	14.7	100(255.7)
1990	34.8	13.4	9.2	10.1	8.0	7.8	16.7	100(229.8)

注:1. 表中为国际债券和外国债券的发行额合计,不包括特别发行债券(对中央银行而非政府直接发行的以及由国际开发机构发行的债券)。2. 假定外国债券以发行市场国的货币来发行。

数据来源:OECD, *Financial Market Trends*, No. 27, Mar. 1984; No. 33, Mar. 1986; No. 42, Feb. 1989; No. 45, Feb. 1990; No. 59, Oct. 1991。

表 2－13　国际间银行贷款的各货币比例

（单位:%，括号内单位为 10 亿美元）

年份	美元	英镑	日元	西德马克	瑞士法郎	ECU	其他	合计
1981	92.0	0.9	1.1	1.6	0.2	—	4.2	100(91.9)
1984	66.9	4.5	16.3	2.7	2.0	3.4	4.2	100(61.7)
1985	62.5	3.4	18.5	2.1	3.0	7.1	3.4	100(48.3)
1986	67.0	6.4	16.1	3.0	2.1	2.2	3.2	100(53.1)
1987	65.1	14.7	10.8	2.4	0.7	2.4	3.9	100(87.1)
1988	64.2	17.4	6.1	2.8	0.3	3.3	5.9	100(129.3)

1989	70.0	11.3	5.3	3.5	0.4	4.9	4.6	100(126.8)
1990	57.9	17.9	1.7	6.9	0.1	8.9	6.6	100(124.1)

注:1.对外银行信用和国际间银行贷款(中期),不包括 loan negotiations。2.各种货币贷款金额分别按照时间段分别以1983、1986、1990年的年末汇率换算成美元。

数据来源:OECD, *Financial Market Trends*, No.27, Mar. 1984; No.33, Mar. 1986; No.42, Feb. 1989; No.45, Feb. 1990; No. 59, Oct. 1991。

四、国际外汇市场中的日元

这里的外汇交易主要指银行间市场的进行的外汇买卖,这不仅反映出进出口商、企业、投资者等非银行主体的外汇交易,而且包括商业银行在自身账户上进行的外汇买卖。这种银行间的外汇买卖有多少是用日元来执行的呢?

表2-14为1989年4月世界主要外汇市场上各种货币的外汇交易比例,由于每笔外汇交易都涉及两种货币的交换,因此总计为200%。表中可以看到,很多外汇市场上美元的比重都超过90%,从数额上看,总计9330亿美元(粗值18660亿美元)的外汇交易中,约有89.8%即8380亿美元是美元与其他货币执行的。成交额最高的英国、美国、日本的外汇交易中,美元交易的比重分别为89.4%、96.1%和95%。

日元外汇交易达到2530亿美元,占总外汇交易的27.1%,远远超过英镑(1380亿美元,14.8%)的交易比重。也超过了表中占外汇交易26.5%的西德马克的2470亿美元。但是,表中数据并未包括西德的外汇市场,把西德市场的外汇交易计算在内,日元的外汇交易应逊于西德马克。西德马克的外汇交易在各个外汇市场比较分散,在多数市场中能占有超过三分之一的份额。日元外汇交易则集中在日本和东南亚地区。日本外汇市场有79.9%为日元外汇交易,其次是新加坡、美国和中国香港市场，分别有28.3%、27.6%和25%的日元外汇交易。在其他规模小一些（粗值1000万美元以下）的外汇市场上，日元与英镑的份额基本相仿。

日元外汇交易除交易地点较美元和西德马克更为集中外，日本外汇市场的交易币种也相对集中。日元外汇市场上近80%的交易是本币与外币的交易，留给非美元外币的交易空间只有25%。这个数值是所有市场中最低的。这也从一个侧面说明了日本金融市场的开放度和国际化程度的不足。表2－15列出了纽约、伦敦和东京三大外汇交易市场上主要货币之间的外汇交易比例，伦敦和纽约市场上美元兑日元的外汇交易比例增加，特别是在纽约外汇市场上日元外汇交易的增幅比较大，增长速度高于英镑和马克。东京外汇市场上日元交易有所降低，其他货币的交易比例小幅增加，说明日本在1980年代后半期金融市场开放度有所提高。

表2－14　世界的外汇交易的货币构成（1989年4月）

（单位：%，括号内为10亿美元）

市场	美元	西德马克	日元	英镑	ECU	其他	总计
英国	89.4	29.0	17.4	30.6	1.7	31.9	200.0(483.0)
美国	96.1	33.4	27.6	14.4	0.3	28.2	200.0(347.5)
日本	95.0	9.6	79.9	3.7	—	11.7	200.0(290.4)
瑞士	75.0	32.4	7.8	7.6	0.7	76.5	200.0(136.0)
新加坡	94.5	28.3	28.3	17.3	—	31.5	200.0(127.0)
中国香港	93.5	20.0	25.0	12.9	0.2	48.4	200.0(119.8)
澳大利亚	96.8	15.1	9.9	8.3	—	69.9	200.0(74.4)
法国	71.9	43.8	5.3	1.9	2.2	75.0	200.0(64.0)
加拿大	94.4	11.1	6.1	5.0	—	83.3	200.0(36.0)

荷兰	67.9	38.9	2.5	3.1	1.2	86.4	200.0(32.4)
丹麦	81.4	31.9	2.0	2.7	0.7	81.4	200.0(29.5)
瑞典	100.0	23.6	3.6	1.4	—	71.4	200.0(28.0)
比利时	81.3	41.5	—	—	2.5	74.7	200.0(24.1)
意大利	59.0	26.0	1.0	4.0	10.0	100.0	200.0(22.0)
西班牙	71.2	35.6	—	1.7	—	91.5	200.0(11.8)
爱尔兰	60.0	56.4	1.8	45.5	20.0	16.4	200.0(11.0)
挪威	94.4	29.6	3.7	5.6	0.0	66.7	200.0(10.8)
芬兰	93.5	21.7	4.3	6.5	—	73.9	200.0(9.2)
巴林	96.9	40.6	15.6	12.5	—	34.4	200.0(6.4)
葡萄牙	72.7	45.5	0.0	9.1	0.0	72.7	200.0(2.2)
希腊	83.3	50.0	0.0	0.0	0.0	66.7	200.0(1.2)
总计	89.8 (838)	26.5 (247)	27.1 (253)	14.8 (138)	0.9 (8)	40.9 (382)	200.0(1866.7) (1866)

数据来源：BIS,"Survey of Foreign Exchange Market Activity", Feb. 1990。

表2－15 三大外汇市场中主要货币的交易份额(单位:%;10亿美元)

	伦敦		纽约				东京	
	1986.3	1989.4	1980.3	1983.4	1986.3	1989.4	1986.3	1989.4
美元/日元	14.0	15.0	10.2	22.0	23.0	25.2	81.6	72.1
美元/马克	28.0	22.0	31.7	32.5	34.2	32.9	7.7	9.7
美元/英镑	30.0	27.0	22.8	16.6	18.6	14.6	2.6	4.3
美元/瑞士法郎	9.0	10.0	10.1	12.2	9.7	11.8	4.0	4.3
相互	3.0	9.0	—	0.2	—	3.6	1.5	6.1
市场总交易额(10亿美元)	90.0	187.0	18.0	26.0	58.5	128.9	48.0	115.2

数据来源：BIS,"Survey of Foreign Exchange Market Activity", Feb. 1990。

五、国际外汇储备中的日元

表2－16为IMF加盟国的官方外汇储备中的货币构成，在1980年代后半期，美元在外汇储备构成中的比重降低，西德马克和日元的增加趋势比较明显。1984年到1990年，官方外汇储备中西德马克的比例由12.6%增加到19.7%，日元由5.8%增加到9.1%，日元比重接近马克比重的一半。英镑在1965年在官方外汇储备中尚有22.3%的份额，1970年降为10.4%，1975年降至3.9%，整个1980年代都未能超过3%，英镑在官方外汇储备中受到了与西德马克完全相反的待遇。其他货币在官方外汇储备中的比例只有2%甚至更少。由此可以看出，日元作为国际储备的国际化地位得到巩固。

表2－16　外汇储备中主要货币的比例（单位：%，SDR）

	1984	1985	1986	1987	1988	1989	1990
美元	70.1	65.0	67.1	67.9	64.7	60.3	56.4
英镑	2.9	3.0	2.6	2.4	2.8	2.7	3.2
西德马克	12.6	15.2	14.6	14.5	15.7	19.1	19.7
法国法郎	0.8	0.9	0.8	0.8	1.0	1.4	2.1
瑞士法郎	2.0	2.3	2.0	2.0	1.9	1.5	1.5
荷兰盾	0.7	1.0	1.1	1.2	1.1	1.2	1.2
日元	5.8	8.0	7.9	7.5	7.7	7.8	9.1
其他	5.1	4.6	3.9	3.8	5.1	6.0	6.8
合计	100.0	100.0	100.0	100.0	100.0	100.0	100.0

注：表中以美元为保证发行的ECU计入美元，以黄金为保证发行的ECU排除在外。
数据来源：IMF，“Annual Report”，1991。

接下来，我们比较不同国家和地区对日元国际储备货币地位的认同。发达国家的官方外汇储备中日元比例在1985年达到8.9%

之后,连续3年下降,1988年降至7.0%后开始上升,2000年达到9.9%。日元在发展中国家的官方外汇储备中比例变化与在发达国家正好相反,由1985年的7.0%增加到1988年的9.3%之后出现下降。亚洲国家对日元外汇储备的认同感明显高于其他国家,在整个1980年代后半期亚洲地区的日元外汇储备的比例虽有波动但基本高于20%。1987年达到最高点30%,随后开始下降,并且下降的速度比较快,1989年只有17.5%,稍高于1984年的水平。

表2-17 不同区域的外汇储备中日元比例(单位:%)

	1984	1985	1986	1987	1988	1989	1990
发达国家	6.3	8.9	8.3	7.1	7.0	8.1	9.9
发展中国家	5.2	7.0	7.1	8.5	9.3	7.0	7.4
亚洲地区	16.3	26.9	22.8	30.0	26.7	17.5	—

注:发达国家包括加拿大、美国、日本、法国、德国、意大利、英国、澳大利亚、奥地利、比利时、丹麦、芬兰、冰岛、爱尔兰、卢森堡、荷兰、新西兰、挪威、西班牙、瑞典、瑞士。发展中国家指除上述发达国家之外的IMF加盟国。

数据来源:发达国家和发展中国家参照IMF,"Annual Report",1991;亚洲各国参照G. S. Tavlas and Y. Ozeki,"The Japanese Yen as an International Currency",*IMF Working Paper*, WP/91/2。

第三节 日元国际化的困顿

一、泡沫经济崩溃

1980年代前半期,美国里根政权下的高利率政策导致美元升值,日本对美国贸易黑字增加,日本也在1983年2月进入了大规模的经济景气扩张期。然而,1985年的"广场协议"之后,日元开始急剧升值,日本经济进入"日元升值萧条",一年以后,从1986年年末开始，日本进入持续50个月的"平成景气"时期。平成景气期间，日本一般物价水平比较平稳，但是股票、地产等"资本品"价格急剧上升。这种具有"泡沫"性质的经济繁荣在1990年末1991年初出现反转，股市暴跌，房地产企业、生产性企业纷纷倒闭，银行等金融机构产生巨额不良债权。日本经济陷入长期萧条之中。

日本泡沫经济崩溃引发的萧条具有以下特征：(1)泡沫经济期间的过剩投资引起固定成本上升，企业收益下降；(2)个人消费急剧下降；(3)不良债权增加导致信用收缩；(4)日元升值导致出口行业压力增加。这几个表现又是相互关联和制约的，不同的问题对财政、货币等经济政策的变动方向和程度提出了不同甚至截然相反的要求，导致日本的反萧条政策捉襟见肘、顾此失彼。

日本经济萧条的程度之重、持续时间之久都超出了人们的预测，随着日本经济萧条的持续，外界对日本经济的恢复越来越丧失信心，在这种心理预期下，对国外投资者来说，持有日元资产的风险也愈加不确定。

1992年开始，日本金融机构接连倒闭，金融企业和一般企业的持续大规模破产，引起了金融紧缩，导致日本企业融资困难，进而导致实物资产投资收缩(见表2－18)。仅是国内金融市场的整顿就已令日本政府焦头烂额，更无暇顾及金融市场的国际化问题，日元国际化问题也被搁置起来。

货币国际化的最基本要求就是币值的长期稳定，如果存在缓慢升值趋势，这种货币就更具吸引力。日本泡沫经济崩溃后，日元对美元汇率经历了大升大降的两个极端的情况，最初是日元急剧升值，日元兑美元汇率从1美元兑159日元急剧升至79日元，到了1998年，日元迅速贬值，达到1美元兑换147日元的地位。日元汇率的剧烈波动减低了日元作为资本品的吸引力。

日元的持续升值严重抑制了出口增长,1994—1995 年日本出口增长停滞,进口猛增。这种局面下,扩大贸易中日元交易比重也更为困难。

表 2 - 18　日本泡沫经济崩溃后日本法人企业融资及投资情况（单位:万亿日元）

		1987—1990 年	1991—1996 年
融资	外部融资	71.6	20.5
	内部融资	45.2	43.0
	融资合计	116.8	63.5
投资	实物资产	76.0	60.3
	金融资产	40.8	3.1

数据来源:奥村洋彦:《日本“泡沫经济”与金融改革》,中国金融出版社 2000 年版,第 174 页。

二、日元计价单位职能停滞

表 2 - 19 是 1990 年代日本进出口中使用日元计价的情况。其间,日本出口中日元计价比例有所下降,从 1990 年代初的 40% 一路降至 1996 年的 35% ,此后基本维持在 36% 左右;进口中日元计价比例总体看,1992 年到 2001 年增长了 6.5% ,除 1994 年和 1998 年外,增长趋势比较平稳。日本对美国的出口中日元计价比例先升后降,整体下降了 3.4 个百分点,进口中日元计价比例出现戏剧性的涨一年跌一年的情况,总体看上升了 7 个百分点。对 EU(欧洲联盟)的出口日元计价减低和进口日元计价提高都表现得相对平和。

表2－19　日本对不同地区进出口贸易的日元计价比例（单位:%）

	对世界		对美国		对 EU		对东南亚	
	出口	进口	出口	进口	出口	进口	出口	进口
1992	40.1	17.0	16.6	13.8	40.3	31.7	52.3	23.8
1993	39.9	20.9	16.5	13.8	41.0	45.0	52.5	25.7
1994	39.7	19.2	19.0	13.3	36.6	38.6	49.0	23.6
1995	36.0	22.7	17.0	21.5	34.9	44.8	44.3	26.2
1996	35.2	20.6	14.5	16.4	33.3	46.1	46.3	24.0
1997	35.8	22.6	15.3	22.0	34.2	49.3	47.0	25.0
1998	36.0	21.8	15.7	16.9	34.9	44.3	48.4	26.7
2001	36.1	23.5	13.2	20.8	33.5	49.7	50.0	24.8

数据来源:財務省円の国際化推進研究会『円の国際化推進研究会報告書』、2001 年 6 月。

对东南亚地区的进出口中日元计价比例变化平稳,出口中日元计价比例减少 2.3 个百分点,进口中日元计价比例提高 1 个百分点。也就是说,前一阶段对日元贸易计价比例提高起重要作用的东南亚地区在 1990 年代对日元作为贸易计价、支付工具的国际化的贡献度减弱。1993 年以后对东南亚出口的日元计价比例减少的原因之一是这一时期急速的日元升值。经过 1993 年日元的急剧升值后,1994 年突破了 1 美元兑 100 日元大关,1995 年一度突破 1 美元兑换 80 日元的历史最高点,由于这种对日元汇率的不确定性预期,贸易交易者为减少汇率风险,而不愿在交易中以日元计价。

1995 年后半年,日元对美元汇率出现反转,恢复到 1 美元兑换 100 日元的水平,但是,受上一轮日元升值影响,一些日本出口企业将日元计价的出口改为美元计价,出口采用美元计价的企业,为避免汇率波动对收益率的影响,从国外购入原材料时也以美元计价,通过美元计价的进出口额均衡的方法，增加对汇率波动的抵抗力。这种"美元化计价"有可能阻碍日元计价的进一步发展。

把日本与其他国家进行比较，可以发现，日本以本国货币计价贸易与其他国家的本币计价贸易相比表现并不突出（表2－20）。特别是欧元启动后，日元在国际贸易计价的地位受到一定冲击。英国、法国、德国的出口中，本币计价比例都有明显下降，其中法国在欧元启动后，回升迅速。由于数据不全，无从知道其中有多大比例是因出口由本币计价转为日元计价引起的。美国、德国、法国和意大利的进口本币计价的比例在1990年代都有提升，并且提升速度都高于日元，因此，日元进口计价比例的增加是世界主要发达国家本币计价进口比例增加的表现之一，未必由日元国际化地位提高引起。

表2－20　主要发达国家进出口贸易中本币计价的比例（单位：%）

	出口					进口				
	1988	1995	1997	1999	2002	1988	1995	1997	1999	2002
日本	34.3	36.0	35.8	—	34.9	13.3	22.7	22.6	—	24.2
美国	96.0	92.0	—	—	95.0	85.0	80.7	—	—	84.0
英国	57.0	—	—	51.9	—	40.0	—	—	39.9	—
德国	81.5	74.8	72.5	—	70.5	52.6	51.5	50.7	—	73.0
法国	58.5	—	49.2	49.6	55.8	48.9	—	46.6	49.7	48.6
意大利	38.0	—	38.0	41.7	—	27.0	—	38.1	40.0	—

注：1999年法国、德国出口为1998年数据；法国、德国2002年为欧元计价数据；美国2002年进口为2003年数据。

资料来源：財務省円の国際化推進研究会『円の国際化推進研究会報告書』、2001年6月。財務省円の国際化推進研究会『円の国際化の推進－「円の国際化推進研究会」座長とりまとめ』参考資料2、2003年1月。

三、日元资本交易地位下降

1990年代，无论在货币市场还是在债券市场，美元都占有绝对优势地位。在欧洲货币市场上,1990 年日元交易规模 2399 亿美元,1997 年交易规模为 3852 亿美元,变化并不突出。1990 年到 1997 年之间日元在欧洲货币市场上的交易份额在 4%—6% 之间,马克的份额在 15% 上下,即日元在欧洲货币市场上的份额只有马克的 1/3 左右。日元在欧洲债券市场上也不尽人意,1990 年交易规模为 228.5 亿美元,1997 年则为 284.3 亿美元,日元的份额在 1990 年代前半期,在 12%—17% 之间并且在 1990 年和 1992 年的份额都高于马克,到了 1997 年则降为 4%,而马克的份额则上升到 18%(见表 2-21)。

表 2-21　日元在欧洲货币和欧洲债券市场的份额(单位:亿美元,%)

		1990	1992	1995	1997
货币市场	美元	25200(54)	23219(52)	25073(46)	29460(49)
	马克	6947(15)	7019(16)	9020(16)	7884(13)
	日元	2399(5)	1933(4)	2925(5)	3852(6)
	其他	11842(26)	12874(28)	18019(33)	19479(32)
	合计	46388(100)	45045(100)	55037(100)	60675(100)
债券市场	美元	700.2(39)	1031.7(37)	1444.1(39)	3616.8(49)
	马克	183.3(10)	338.1(12)	726.9(20)	1302.4(18)
	日元	228.5(13)	337.1(12)	645.4(17)	284.3(4)
	其他	689.3(38)	1053.9(39)	896.8(24)	2147.8(29)
	合计	1801.3(100)	2760.8(100)	3713.2(100)	7351.3(100)

注:括号内为份额百分比。
数据来源:根据罗清《日本金融的繁荣、危机与变革》(中国金融出版社 2000 年版)第 510 页资料制成。转引自李晓:《"日元国际化"的教训与人民币国际化道路的选择》,《21 世纪初期东亚货币合作与人民币国际化》,吉林大学出版社 2006 年版。

日元不仅在欧洲市场上地位无法与美元、马克匹敌,在国际货币、债券市场上的交易额也十分有限。1995 年之前,日元在国际货币市场上交易额在美元、欧元和英镑之后；真正的扩张发生在1995年之后，这一时期欧元和英镑的交易额也出现扩张，因此，到1990年代末期，日元没能与英镑拉开距离，却被德国马克远远地甩在后面（见表2－22）。

表2－22 国际货币市场货币别交易额（单位：10亿美元）

	1991	1992	1993	1994	1995	1996	1997	1998	1999	2000
总额	106.4	115.8	117.3	125.5	151.6	176.6	198.7	233.0	359.1	493.8
美元	79.6	94.1	90.8	87.8	89.7	107.6	118.5	135.3	155.8	214.7
日元	0.6	0.5	0.8	4.0	7.3	12.7	14.9	18.9	34.1	54.8
欧元	15.8	12.6	11.0	17.8	29.7	25.5	31.4	40.4	120.9	159.2
英镑	2.3	1.8	5.2	6.1	8.7	8.9	13.6	16.8	26.4	37.6

数据来源：BIS，"Securities Statistics and Syndicated Loans"。

2000年日元在国际债券市场上的交易额再次被英镑超过，沦落到第4位。2000年国际债券市场交易额是1993年的3倍，同期美元和欧元的交易额分别增长了3.7倍和3.6倍，连英镑的交易额也增长了3.1倍，而同期日元的只增长了1.7倍。1993年日元交易额2665亿美元，美元交易额8199亿美元，是日本的3倍，2000年美元交易额已经超过3万亿美元，是日本的6.7倍（见表2－23）。

表2－23 国际债券市场货币别交易额（单位：10亿美元）

	1993	1994	1995	1996	1997	1998	1999	2000
总额	1990.0	2403.9	2695.2	3081.4	3430.6	4178.8	5109.1	5996.4
美元	819.9	942.8	1014.5	1253.9	1577.8	1955.0	2467.9	3031.5
日元	266.5	380.7	436.3	463.1	444.5	462.8	497.7	452.4
欧元	495.2	625.4	748.1	837.2	852.8	1137.7	1454.6	1771.2
英镑	148. 2	170.4	175.6	225.7	266.7	322.4	391.0	452.6

数据来源：BIS，"Securities Statistics and Syndicated Loans"。

四、日元外汇交易增长乏力

1990年代，伴随世界范围的金融国际化的发展，主要外汇市场的外汇交易规模迅速扩大。伦敦外汇市场1995年交易规模比上年增加了160%，纽约、新加坡、香港外汇市场的交易规模也都比上年增加了近一半，东京外汇市场的交易规模只提高了34%。1998年，伦敦外汇市场规模是1989年的3.46倍，纽约、新加坡、香港的对应倍数分别是3.05、2.52、1.76倍。

东京外汇市场的交易规模在近10年的时间里只增长了1.60倍。1989年日本东京外汇市场日成交额已经接近美国纽约外汇市场，10年过后，前三大外汇市场之间差距反而加大。伦敦外汇市场以6370亿美元的日成交额遥遥领先，纽约外汇市场的日成交额也达到了3510亿美元，东京外汇市场的日成交额只有1490亿美元。

日元外汇交易多集中于东京外汇市场，德国马克、英镑等货币的外汇交易则相对分散，并且在交易规模大、增长速度快的伦敦和纽约外汇市场上，德国马克的交易比例都高于日元交易比例，因此马克的外汇交易量的增长速度必然高于日元。也就是说，经过近10年的发展，日元外汇交易量非但没能超越德国马克，反而与之差距在不断拉大。据BIS统计，截至1998年4月，世界主要外汇市场成交量近2兆日元，其中美元占87%，其次是德国马克占30%，日元占21%，英镑占11%。其间，新加坡外汇市场的交易规模发展迅速，与东京外汇市场的差距迅速缩小，1998年两者只相差100亿美元（见表2－24）。

表2－24 世界主要外汇市场的规模比较(单位:10亿美元)

	东京	伦敦	纽约	新加坡	香港
1989年4月	111	184	115	55	49
1992年4月	120(8)	290(58)	167(45)	74(35)	60(33)
1995年4月	164(34)	464(160)	244(46)	105(42)	90(50)
1998年4月	149(－8)	637(37)	351(44)	139(32)	79(－12)

注:数据为现货、期货和掉期交易合计。括号内为与上年相比的增长率。

数据来源:BIS,“Central Bank Survey of Foreign Exchange and Derivatives Market in April 1998: Preliminary Global Data”;BIS,“Triennial Central Bank Survey of Foreign Exchange and Market Activity 2001”。转引自李晓:《“日元国际化”的教训与人民币国际化道路的选择》,《21世纪初期东亚货币合作与人民币国际化》。

五、日元国际储备比例减少

据IMF统计,缘于美国经济的良好表现,美元的外汇储备地位在1990年代得到加强(见表2－25)。1991年美元外汇储备占世界外汇储备的比例已经下降到51.3%,由于美国经济在1990年代保持了比较平稳的增长,对美国经济的安心导致投资者对美元信心大增,美元外汇储备也随之增长。到2000年,美元在世界外汇储备中的比重回升至68.2%。与此同时,日元在官方外汇储备中的份额却不断下降。1991年世界外汇储备中,日元占8.5%,而到了2000年,这一比例只剩下5.3%。IMF统计认定的发达国家的外汇储备中,日元比例从9.7%降至6.5%,发展中国家的外汇储备中日元比例更低,从6.7%减至4.7%。整个1990年代,发达国家日元外汇储备在其总外汇储备中的比例基本低于发展中国家,发展中国家对美元外汇储备更加偏好。这可能与发展中国家选择钉住美元汇率制度比较多有关。

1990年代,日元外汇储备不但在世界外汇储备中比重降低,在有些年份甚至绝对数值也出现减少。1992 年日元外汇储备较 1991 年减少 341600 万 SDR,相当于 1991 年日元外汇储备的 6.8%;1995 年日元外汇储备较 1994 年没有任何增加;1997 年再次出现下降,较 1996 年减少外汇储备 319700 万 SDR,降幅为 5.2%(见表 2-26)。

表 2-25　1991—2000 年外汇储备中日元比重(年末值,%)

	全世界		发达国家		发展中国家	
	美元	日元	美元	日元	美元	日元
1991	51.3	8.5	43.6	9.7	63.3	6.7
1992	55.3	7.6	48.8	7.6	64.4	7.7
1993	56.7	7.7	50.2	7.8	64.3	7.5
1994	56.6	7.9	50.8	8.2	63.0	7.6
1995	57.0	6.8	51.8	6.6	62.4	7.0
1996	60.3	6.0	56.1	5.6	64.4	6.5
1997	62.4	5.2	57.9	5.8	66.2	4.7
1998	65.9	5.4	66.7	6.6	65.3	4.5
1999	68.4	5.5	73.5	6.5	64.6	4.7
2000	68.2	5.3	73.3	6.5	64.3	4.4

资料来源:IMF,"Annual Report",2001。

表 2-26　1992—2000 年外汇储备中日元金额(单位:百万 SDR)

	1992	1993	1994	1995	1996	1997	1998	1999	2000
金额	46817	53023	59030	59048	61733	58536	59511	66655	73880
变化率	-6.8	13.3	11.3	0.0	4.5	-5.2	1.7	12.0	10.8

资料来源:IMF,"Annual Report", 2001。

第三章　日元国际化的内部动因和外部约束

本书第二章在简要介绍国际货币和货币国际化的基本概念以及国际货币的主要职能之后，对日元国际化过程和程度进行了说明。应该说，虽然日元已经是公认的国际货币，但是日元国际化并未使日元成为国际核心货币。

日元国际化有其内在的动力，主要是受到汇率与贸易的双重促进，同时日本政府也根据国际国内的实际情况予以推动，但是日元国际化的意愿受到了美元体制的强有力约束，使日本既想获得日元国际化的好处又不想承担日元国际化的成本的目标难以实现。

第一节　汇率与贸易的双重促进

一、日元的自由兑换

1993 年 IMF 将传统的“资本项目”改为“资本与金融项目”。其中，资本项目指涉及资本转移与非生产、非金融领域资产的收买与放弃。金融项目包括直接投资、证券投资、其他投资和储备资产。因此，通常所说的资本自由化实际上是包括国际收支平衡表中的资本项目、直接投资、证券投资和其他投资的自由化。

日本在1964年开始适用国际货币基金组织协定第八条款，标志日本实现了经常项目的可自由兑换。资本项目的自由化则到1980年修订《外汇法》时才真正实现。1950年日本制定了《外资法》对资金流入加以限制。1964年日本加入经合组织后，对资金流出实行"原则禁止、个别情况批准"的制度，但对于外汇指定银行买入外汇的数额、国内居民外币存款和国内居民购买外国证券的数量等加以限制。

1968年开始，日本分阶段放松外国对日本直接投资的限制。1969年开始分4阶段实行对外投资自由化。直至1972年，日本对外直接投资原则上实现了完全自由化。同年，日本废除了作为资金流出入管制的"外汇集中制度"。

日本的资本项目自由化进程并非一味地放松管制，根据国内外经济形势变化也存在管制加强的情况。比如，实行浮动汇率制度后如何维持汇率稳定成为日本的新任务，除通过货币政策和货币当局买卖外汇之外，对资本流动特别是短期资本流动的管制受到日本政府青睐。具体的管制内容包括：通过对贸易结算中的"提前支付"管制、"外国对日本证券投资净增额管制"和"外国居民日元存款增加额的准备金比率管制"等来阻止短期资本流入，通过对贸易结算中"延迟付款"的管制、国内机构对外证券投资净增额管制和国内居民外汇存款余额管制等来限制短期资本的流出。

直到1980年废除《外资法》、修订《外汇及对外贸易管理法》，颁布《新外汇法》，日本的外汇交易才从"原则禁止"转为"原则自由"，但"在特殊情况下"政府有权进行管制。根据《新外汇法》规定，除非在汇率急剧波动以及其他非常时期，本国居民对外证券投资和外国居民对日本证券的投资都不再需要大藏大臣的批准，只有外国非居民在日本发行债券还需得到大藏大臣的批准,从而基本实现了证券投资的自由化。

表 3-1 日本资本流动规模(单位:百万美元;%)

	长期资本		短期资本		资本流动/经常收支
	资产	负债	资产	负债	
1960	145	61	-2	-17	2.3
1961	266	225	15	36	4.8
1962	292	439	-11	96	7.0
1963	236	743	-8	99	7.9
1964	399	541	-8	224	3.9
1965	2031	440			5.6
1970	3392	3120			4.8
1975	10817	13141			7.1
1980	81815	17273			25.6
1990	120766	77180			23.2

注:资本流动=长期资本+短期资本(绝对值),1970 年以后资本流动=长期资本(绝对值)。

资料来源:日本银行《经济统计年报》。转引自童适平:《日本金融监管的演化》,上海财经大学出版社 1998 年版,第 118 页。

资本项目自由化之后,日本资本流动规模迅速扩大(见表 3-1),长期资本的资产项目在 1964 年加入经合组织后,第二年就扩大到上年的 5 倍,1975 年增至 108 亿美元,1980 年增加至 818 亿美元,1990 年达到 1208 亿美元。1980 年之前,长期资本负债项目的增长不如资产项目增加得快,资本项目完全自由化之后,对外直接投资增加,日本发行的股票债券对外筹资额增加等因素导致长期资本的负债项目迅速增加。与 1980 年相比,1990 年长期资本的负债项目增加了 600 亿美元。随着资本项目的自由化,日本的国际资金往来不断扩大,从而也有助于扩大日元的国际使用。

日本的货币自由兑换并非对所有资金往来全无限制。实行浮动汇率制度后,日元面临急剧升值局面,如何维持汇率稳定成为日本的新任务。除通过使用货币政策令货币当局买卖外汇之外,对资本流动特别是短期资本流动的管制受到日本政府青睐。具体的管制内容包括:通过对贸易结算中的"提前支付"管制、"外国对日本证券投资净增额管制"和"外国居民日元存款增加额的准备金比率管制"等来阻止短期资本流入,通过对贸易结算中"延迟付款"的管制、国内机构对外证券投资净增额管制和国内居民外汇存款余额管制等来限制短期资本的流出。

二、货币因素——日元升值

随着日本经济在国际经济中份额的增加,到 1970 年代初,日元汇率已经严重偏离其购买力平价,升值压力巨大。虽然日本政府对资本项目下货币兑换采取的管制措施,对资金流入具有一定延缓作用,但日元升值已成定局。

(一)基于购买力平价的均衡汇率

购买力平价理论认为人们之所以需要外国货币是因为其在货币发行国国内具有对一般商品的购买力。同样,外国人需要本国货币,也是因为其在本国具有购买力。因此对两国货币价值的评价主要取决于对两个国家货币购买力的比较。

购买力平价理论的主要观点为:

(1)两个国家的货币在本国所具有的购买力之比决定两国货币的汇率。

(2)物价或货币购买力的变动是汇率变动的原因,外汇变动程度由两国相对的物价与购买力变动决定。

(3)发生通货膨胀时,货币购买力降低,对应着货币贬值。

(4)购买力平价决定的汇率是均衡汇率。

在购买力平价标准基础上,形成了"一价定律",即同种商品同一时间在不同国家市场上的价格经汇率折算为同一种货币后应该价格相等。如果用 p 表示本国价格,p_f表示外国价格,e 代表直接标价法汇率[①],则有公式:

$$p = e \times p_f \tag{3.1}$$

购买力平价是决定两国汇率水平的最基本因素,能够反映汇率的长期变动趋势。假定二战后确定的 1 美元兑换 360 日元的汇率水平是当时的均衡汇率(事实上对日元有些低估),经过近二十多年的经济发展之后,日本的生产能力已今非昔比,根据购买力平价计算的日元汇率远高于原来的汇率平价。布雷顿森林体系动荡阶段,日元汇率虽几次大幅度升值,但是仍与均衡汇率水平相距甚远,对日元升值的预期增加了日元对国际投资者的吸引力。从日元浮动开始到 1977 年,日元基本处在快速升值的过程中(见图 3 - 1)。从日元汇率变动的长期动向看,符合购买力平价理论。

(二)利率平价理论与日元汇率变动

利率平价理论从金融市场角度分析汇率与利率之间的关系,与购买力平价说相比,是一种短期的分析。购买力平价理论是从两国商品的相对价格角度考察汇率水平,利率平价理论则是从资产价格角度研究汇率。

---

① 直接标价法:以一单位外币对应本币数量的形式表示的汇率。单位外币对应本币数额增加,汇率数值增加,表示外币升值;单位外币对应本币数额减少,汇率数值减少,表示本币升值。

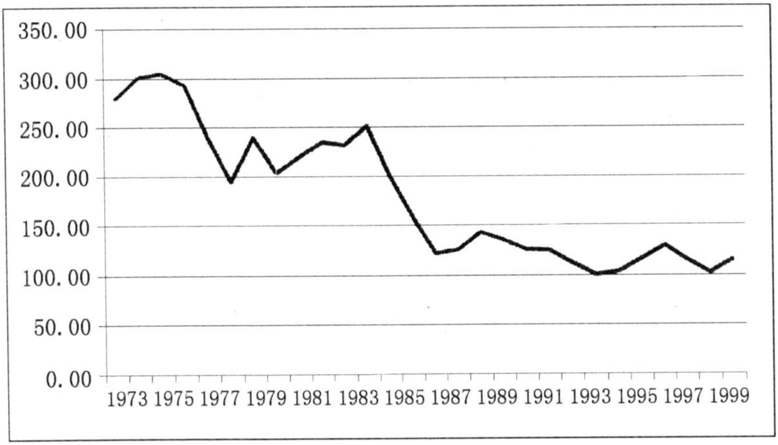

图 3－1　日元兑美元汇率

注：银行间市场 15 点 30 分中间值，1994 年后为 17 点值。
资料来源：日本統計局『日本長期統計』。

古典利率平价理论的主要观点是：货币短期存款利率之间的差额是决定远期汇率的最基本因素，以百分比表示的远期汇率等于两个金融中心之间的利差；远期汇率趋于围绕它的利率平价上下波动；能获得足够利润的机会使套利者把资金转移到具有更高利率的金融中心；在不兑换纸币条件下，银行利率变化直接的影响是使远期汇率重新调整。利率平价成立要求两国的金融市场必须高度发达并且紧密相联，资金可以在两个市场之间自由移动。

传统利率平价理论忽略了外汇交易成本、外汇投机、外汇风险、外汇供求等因素对套利行为的影响，它假设套利者对远期外汇的超额需求具有完全弹性。现代利率平价理论则考虑到套利者对远期外汇超额需求的不完全弹性。

假定本国利率水平为 r，外国同期利率水平为 r^*，S 为即期汇率,F 为远期汇率,期限与利率期限相同,且 S、F 皆为直接标价法下的汇率,投资者使用 1 单位本国货币在本国投资,到期收入为:$(1+r)$;如果在外国投资,先将 1 单位本币兑换为 1/S 单位外币,投资到期后,外币收入为 $(1+r^*)/S$,再按约定远期汇率换回本币,得到:$(1+r^*)F/S$。

令两国收益相等的利率平价方程为:

$$(1+r)=(1+r^*)\frac{F}{S} \tag{3.2}$$

令 f 表示远期的升水(或贴水),即一国的远期汇率超过(低于)即期汇率的比率,则有:

$$\frac{F}{S}=\frac{F-S}{S}+1=f+1 \tag{3.3}$$

利率平价可以表达为:

$$f=r-r^* \tag{3.4}$$

在计算过程中忽略二阶小量 r^*f。

3.4 式表明,本国利率与外国利率的差额等于直接标价法下本国货币远期的升水或贴水。本国利率高于外国利率的时候,投资者趋于将外国货币换成本国货币进行投资。套利者在比较金融资产收益率的时候,考虑两种资产由于汇率变动所产生的收益变动,为避免汇率损失,往往将套利与掉期相结合进行。在本币利率高于外币利率情况下,大量的掉期外汇交易导致本币现汇汇率升高,期汇汇率降低。抛补套利的不断进行将加大期汇汇率与现汇汇率的差额,直至本外币资产提供的收益率相等,此时本币远期升水正好等于国内外的利率差。

图 3－2 中纵轴为国内外利率差,横轴为汇率远期升水和贴水,

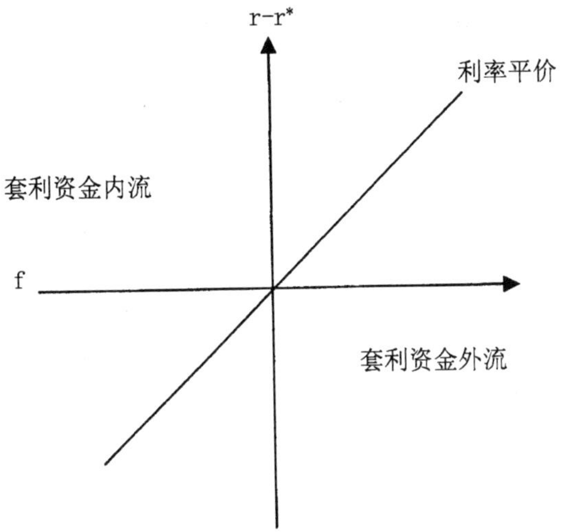

图3－2　利率平价与国际资金流动

坐标轴的45度线即为利率平价线。在利率平价线左上方，表示国内外利率差大于远期升水，套利资金流入国内；在利率平价线的右下方，表示国内外利差小于远期升水，套利资金外流。

利率平价理论对短期汇率波动具有一定的解释力，日元长期升值的过程中，也经常存在贬值的时候。

（三）日元升值对日元国际化的促进作用

这里借用3.1式来分析日元升值引起的国际商品市场上交易货币的变化。根据3.1式，本币升值，e值减少，外币价格不变时，相同商品对应的本币价格下降。因此，相同数量的日元在升值后可以在国际市场上购买到更多的商品。

在对日本的出口贸易中，外国出口商若选择日元结算，则可以获得合同签订期到交货期的日元升值收益。配合延期付款条款，外国出口商还可以进一步获得交货期到付款期的日元升值收益。

在实际操作中,有一些条件限制了日元计价的扩大。日本进口中原油等资源性产品存在美元计价的国际惯例,原油出口国汇率多采用钉住美元制,单独调整对日本出口的计价货币反而会引发汇率风险。原油出口国结成垄断组织,并在石油危机中增强了垄断定价能力。与垄断利益相比,扣除风险因素后的日元升值收益不值一提。因此,对日本出口的原油等初级产品转为日元计价的可能性很小。

只有当利润率低、日元升值收益相对利率的比例足够大时,外国出口商才会有动力将结算货币从美元转成日元。只有利润率条件还不够,只有那些具有良好的外汇交易能力、有能力将获得的日元投资于外汇市场、并从中获利的出口商,才可能真正地改变交易货币。

日元升值导致美元计价的日本出口品价格上升,出口价格弹性大的商品,价格升高导致出口量下降。如果日元价格不变,将减少出口商收入。如果改为日元交易,汇率损失将由商品的进口方来承担。日元升值时,出口商有足够的动力将结算货币改为日元。在国际贸易中,通常出口商较进口商有更多的选择结算货币的权力,垄断性产品的生产商较竞争性产品的生产商有更多的定价权。日本以发达的科技及研发力量为依托的行业的出口具有一定的垄断性特点,因此在日元改为浮动汇率制后,这类商品的出口中日元结算迅速增加。

在没有日本参与的第三国贸易中,进出口商不会因日元升值而受到损失或得到收益,自然不会在贸易中扩大日元的使用。从统计结果上看,日元贸易计价的增加的确主要源于日本的对外贸易。

三、实体因素——结构升级与贸易顺差

(一)经济增长方式的调整

1973年10月,石油输出国组织决定削减10%的石油供应,并将

石油价格由每桶 3.01 美元提高到 11.65 美元,第一次石油危机爆发。日本当时的能源结构对石油依赖度最高,并且对石油的海外依存度高达 99.7%,石油价格大涨增加了日本的进口成本,造成了国内通货膨胀。日本经济陷入二战后最严重的萧条之中。

为应对石油危机,日本企业开始进行“减量经营”。所谓“减量经营”指企业生产活动中尽可能地减少利息负担,降低库存,减少雇佣和抑制生产能力扩大。“减量经营”并非意味着生产萎缩,而是伴随着投入减少的生产效率提高。“减量经营”的同时,企业增加了在微电子技术方面的投入,生产过程中大量采用机器人、电子计算机等新设备,在“减量”的同时实现了“增质”。伴随着“减量经营”,部分企业实现了设备的更新换代,部分产业实现高级化。

日本政府为促进产业结构的高级化,于 1978 年制定《特定萧条产业安定临时措施法》。该法将平炉、炼铝、纤维、造船、化肥等 14 个行业确定为萧条产业。当时,这些产业的平均开工率只有 60%—70% 左右。根据《特定萧条产业安定临时措施法》,政府对这些行业的设备报废提供财政支持;对衰退产业提供优惠贷款,帮助安置工人和转产;允许萧条产业结成卡特尔组织。

同时,日本举国上下开始节能化运动:将能源消耗高的行业转向低能耗高附加值的产业;实行“阳光计划”,开发新能源;在国民经济各部门增加省能投资等。

多种有力措施的综合实施,使日本在这次全球性的经济危机中并未出现生产萎缩,只是生产率有所下降。日本成为发达国家中受危机影响最小、最快走出危机的国家(见表 3－2),并且同时完成了产业结构的调整,产业发展重点逐渐转向知识密集型产业(见表 3－3)。

表3－2 1965—1985年主要国家的经济增长率(单位:%)

	1965—1973	1973—1980	1981	1982	1983	1984	1985
加拿大	5.2	3.1	4.0	-4.4	2.8	5.4	4.0
法国	5.5	3.1	0.5	1.9	0.7	1.3	1.0
联邦德国	4.7	2.7	0.1	-0.9	1.0	2.6	2.3
意大利	5.2	2.7	0.2	-0.5	-0.4	2.6	2.3
日本	9.9	4.2	4.2	3.1	3.3	5.8	5.0
英国	2.8	1.2	-1.4	1.5	3.4	1.8	3.3
美国	3.2	3.0	3.4	-3.0	2.9	7.2	2.5
七国平均	4.7	2.8	1.9	-0.6	2.3	4.6	2.8

资料来源:世界银行:《1986年度报告》。转引自孙执中:《荣衰论——战后日本经济史(1945—2004)》,人民出版社2006年版,第142页。

表3－3 日本产业结构变化(单位:%)

	产业结构(名义国内生产总值)		就业结构	
	1970年	1985年	1970年	1985年
全产业	100	100	100	100
物质生产部门	52	41	53	43
农业、水产业、矿业	7	4	18	9
制造业	36	30	27	25
建设业	8	8	8	9
网络部门	31	33	26	29
电气、煤气、水道	3	3	1	1
运输、通讯	7	6	6	6

商业	14	14	17	19
金融、保险、房地产	7	9	3	4
知识服务部门	18	25	21	28
管理	4	6		6
医疗、健康	2	3		4
教育	3	4		3
娱乐	4	4		7
家务替代	1	2		3
公务、其他	3	6		5

资料来源:日本经济企划厅:《走向21世纪的基本战略》,载《东洋统计经济月报》1978年8月,第44页。转引自孙执中:《荣衰论——战后日本经济史(1945—2004)》,第142页。

1984年发表的《经济白皮书》对日本产业结构调整进行了总结。与社会成熟度高、社会流动性低下的欧洲等国相比,日本的技术密集型产业比例增加,生产高附加值化效果明显。其原动力有二:一方面是节能技术和省资源技术的开发;另一方面是以微电子行业为中心的先进技术改革。在1981年工业生产份额中,加工组装业超过金属化工业成为日本产业的主力。

与此同时,日本进一步开放市场,促进与欧美国家进行水平分工,并巩固了贸易黑字大国的地位。

(二)日本贸易顺差增大

1970年代以来,日本的国际贸易规模逐年扩大。即使在两次石油危机期间,日本的出口额也未停止增长,进口额则呈现出“大升小降”的规律(见表3-4)。

从贸易余额看,1973年和1974年,受石油危机影响,日本原油进口成本大幅度上升,导致进口出现了43.9%和73.7%的增长。出

表3-4 1970—1985年日本进出口总额(单位:百亿日元)

	出口	进口	贸易余额	出口增长率(%)	进口增长率(%)
1970	695	680	16	—	—
1971	839	691	148	20.7	1.7
1972	881	723	158	4.9	4.6
1973	1003	1040	-37	13.9	43.9
1974	1621	1808	-187	61.6	73.7
1975	1655	1717	-62	2.1	-5.0
1976	1993	1923	71	20.5	12.0
1977	2165	1913	252	8.6	-0.5
1978	2056	1673	383	-5.0	-12.6
1979	2253	2425	-171	9.6	44.9
1980	2938	3200	-261	30.4	32.0
1981	3347	3146	200	13.9	-1.7
1982	3443	3266	178	2.9	3.8
1983	3491	3001	489	1.4	-8.1
1984	4033	3232	800	15.5	7.7
1985	4196	3108	1087	4.0	-3.8

资料来源:日本財務省『貿易統計』。

口虽也有13.9%和61.6%的增长率,但从结果上看,贸易收支出现了3700亿日元和18700亿日元的贸易赤字。1975年,再次出现6200亿日元逆差。1979年和1980年,受第二次石油危机影响,日本进口额再次大幅飙升,导致这两年出现了17100亿日元和26100亿日元的贸易逆差。除受石油危机影响的年份之外,日本的对外贸易始终处于顺差状态，并且顺差的数值呈上升趋势。1982 年之后增速更快，到 1985 年，日本贸易顺差突破 10 万亿日元。

贸易规模扩张有利于提升日元在国际贸易交易中的计价比例。结合表 2－3 的数据，1970 年日本对外贸易中，62 亿日元的出口和 20 亿日元的进口为日元计价和结算。浮动汇率制后，日本对外贸易中日元结算数额增长迅速。1975 年以日元结算的出口和进口额分别为 2895 亿日元和 155 亿日元，1980 年出口、进口的日元结算额分别为 8492 亿日元和 768 亿日元，1984 年两者分别达到了 14662 亿日元和 900 亿日元。

表 3－5 日本出口前 10 位商品的变化（单位：%）

位次	1978 年		1983 年		1988 年		1994 年	
	商品名称	比重	商品名称	比重	商品名称	比重	商品名称	比重
1	汽车	15.9	汽车	17.8	汽车	18.4	汽车	14.6
2	钢铁	12.1	录像设备	4.6	办公设备	7.0	半导体零件	7.4
3	船舶	7.4	船舶	4.1	半导体零件	4.7	办公设备	7.4
4	光学仪器	3.5	光学仪器	3.7	摄像设备	4.6	汽车零件	4.4
5	金属制品	3.2	普通钢铁	3.6	光学仪器	4.1	光学仪器	4.0
6	收音机	2.7	办公设备	3.5	汽车零件	3.4	发动机	3.5
7	摩托车	1.9	通讯设备	3.4	普通钢铁	3.4	船舶	2.9
8	化纤制品	1.8	音响设备	3.1	发动机	2.5	摄像设备	2.7
9	录音机	1.7	半导体零件	2.5	通讯设备	2.5	普通钢铁	2.2
10	办公机械	1.7	织物类	2.5	音响设备	2.4	通讯设备	2.2

资料来源：日本财務省『貿易統計』。转引自强永昌：《战后日本贸易发展的政策与制度研究》，复旦大学出版社 2001 年版，第 36 页。

国际贸易中日元国际化加深，同时也是日本产业结构高级化引起出口结构优化、出口的国际竞争能力增强的结果。从表 3－5 可以看出，汽车始终是日本第一大出口商品。在日本省能、节能技术开发的基础上，日本的小型化、节能化汽车受到欧美国家的青睐，1990年代之前，出口比重不断上升。

随着国际产业结构调整和国际分工变化，日本由1980年代前期提倡的发展出口加工业战略转为利用技术优势、向外出口零部件和关键设备的贸易方式。1988年，出口前10位的商品中即包括了汽车零部件和发动机，两种出口之和占当年日本出口总额的5.9%，1994年进一步提高到7.9%。

日本成为贸易黑字大国的同时，贸易摩擦也在不断增加。从最初的纺织品贸易摩擦到随后的钢铁、船舶贸易摩擦，到彩电、汽车、半导体零件贸易摩擦。日本贸易摩擦的产品由劳动密集型向资本密集型，进而向技术密集型转变。欧美等国为缓解与日本的贸易摩擦，要求日本限制出口，开放市场，进而敦促日元升值，使日本调整宏观政策方向发展。

（三）日元升值未能降低日本的出口优势

国际收支理论认为，国际收支顺差在外汇市场上表现为外汇的供给大于需求，因此外币贬值，本币升值；国际收支逆差表现为外汇供给小于外汇需求，因此外币升值，本币贬值。日本贸易顺差成为促进日元升值的因素之一。

按照汇率理论，货币升值导致外币计价的出口品价格上升，从而降低商品的海外需求，导致出口减少。日本的情况却与传统的理论不一致，强日元伴随着强出口，极大地推动了日元国际化的发展。

分析日元升值对贸易的影响，还需借助进出口商品的需求弹性理论。根据这一理论，货币升值期仍然能保持顺差需要具备下述条件：必要条件——进出口需求弹性之和小于1；充分条件——因升值引起的出口价格上涨的变动率与需求量减少的变动率之差大于二者之积。

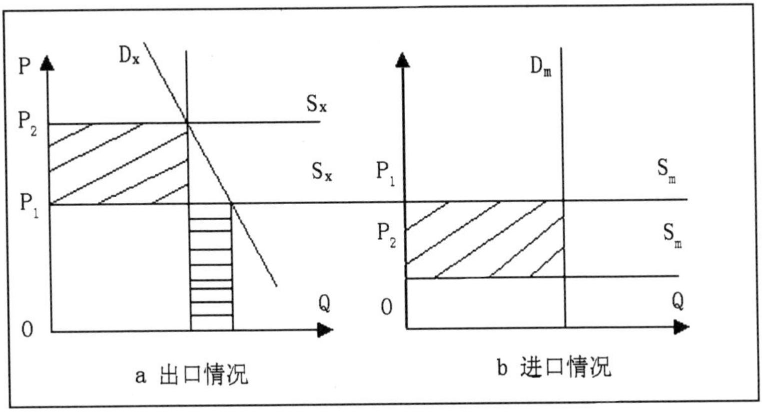

图3－3　汇率升值对进出口的影响

图3－3中，P表示价格，Q表示产量，D_x表示出口需求，D_m表示进口需求，S_x表示出口供给，S_m表示进口供给。可以看出，当出口需求弹性小于1时，随着出口价格的上涨，厂商生产者剩余的增加（图a斜线阴影部分）明显比减少的（横线阴影部分）大，表明出口厂商的收益不减反升。在进口方面，由于日本对原油的资源性产品的进口需求弹性趋于零，随着进口价格的下降，消费者剩余是增加的（图b中的阴影部分），表明货币升值对消费者是有利的。综合进出口两面的作用，出口顺差扩大的同时，社会总体福利是增进的。

通常高附加值的商品需求弹性小，产品差异化小的商品需求弹性小，维持生产生活必需的初级产品需求弹性也比较小。日本资源短缺，能源矿产的进口比重大，进口需求价格弹性小。产业升级后的日本出口商品多是有高技术含量的差异化产品，出口需求价格弹性小。满足了进出口需求弹性小于1的条件，因此在日元急速升值的同时，日本出口能够保持强劲增长，顺差得以扩大。

四、金融因素——金融自由化

(一)平衡预算向赤字预算的转变——债券市场的先行发展

第一次石油危机后，日本政府为刺激经济，实行减税政策，政府税收减少。日本经济在石油危机后很长一段时间里，处于"滞涨"状态，为刺激经济，政府加大财政投资力度，大规模增加财政投资。经济进入低速增长时期，社会福利开支加大。日本政府面临着收入减少、支出增多的局面。

从1975年起，日本开始大量发行国债，由平衡财政走向赤字财政。1974年末，日本国债余额为10万亿日元，1983年日本国债余额超过100万亿日元，1985年达到135.20万亿日元(见表3-6)。日本的国债依存度由1965年度的14.94%扩大到1975年的25.3%，1979年达到34.7%，1980年代仍高达20%左右。

表3-6 日本国债发行情况(单位:万亿日元)

	政府债务余额(A)	国债余额(B)	B/A
1982	122.11	93.51	0.77
1983	140.18	110.01	0.78
1984	153.27	122.38	0.80
1985	165.38	135.20	0.82
1986	177.48	144.26	0.81
1987	197.39	151.91	0.77
1988	205.09	156.84	0.76
1989	211.02	160.20	0.76
1990	221.70	166.29	0.75

1991	226.35	172.21	0.76
1992	241.06	179.01	0.74
1993	258.38	187.32	0.72
1994	285.53	204.20	0.72
1995	312.74	221.46	0.71
1996	343.68	242.04	0.70
1997	368.60	257.16	0.70
1998	426.98	298.42	0.70
1999	477.76	335.14	0.70
2000	522.10	372.92	0.71

资料来源:日本银行网站统计资料。www.boj.or.jp。

在主要西方发达国家中,日本国债依存度最高(见表3－7)。大量国债的发行促进了日本债券市场的发展。1975年,日本债券市场国债的零售额为50.9兆日元。1986年,猛增至2619.8兆日元,11年增加了50.46倍。债券市场重心向国债发展,国债占债券市场交易量一半以上①。

表3－7　1980年主要国家财政的公债依存度比较(单位:%)

国别	公债依存度	备注
日本	33.5	最初预算
美国	7.6	最初估计
英国	16.8	预算额
法国	7.2	预算额

资料来源:日本财务省"金融统计月报"。转引自胡坚:《日本金融市场》,第85页。

① 参见胡坚:《日本金融市场》,中国大百科全书出版社1995年版。

日本债券流通市场分为证券交易所市场和场外交易市场。截至1980年代中期,在日本能进行债券买卖的证券交易所有3家——东京、大阪和名古屋交易所。日本债券的交易流通主要在场外市场(又称店头交易)进行,在交易所内交易的债券比较少,交易所更重要的作用是公布债券流通行情况。

日本债券可以分为国债、政府保证债、地方债、事业债、金融债和外国债。日本外国债的含义比较广泛,发行人、发行场所、计价货币中有一项属于外国,则可称为外国债。日本企业在外国发行的债券也可称为外国债。

按计价币种划分日本的外国债券又可分为以日元计价的外国债券和以外币计价的外国债券两类。

(1)以日元计价的外国债券。外国政府或者法人在日本国内发行的以日元计价的债券称为日元计价的外国债。随着日本金融国际化、自由化,日本逐渐成为国际上主要的资金筹措市场,以日元计价的外国债也随之增多。

以日元计价的外国债的发行人既有世界银行、亚洲开发银行等国际组织,也有澳大利亚、丹麦等国家,还有外国的一些地方自治政府和外国民间企业。

(2)以外币计价的外国债券。1971年7月开始,日本准许本国的投资者投资以外国货币计价的外国债券。

以外币计价的外国债券包括:在欧洲市场发行以运用欧洲资金为目的的债券,外国法人在日本国内以日本投资者为对象发行的以外国货币表示的债券,日本法人发行的以外国货币表示的外国债。

外国债发行和交易规模的扩大,是日元国际化的重要标志。随着日本债券市场与国际金融市场联系日益紧密,日本市场上外国债券的交易额由1981年的2.8兆日元上升到1986年的536.3兆日元,5年间增长了190.54倍。从东京证券交易所的外国债券发行方式看,普通债券和认股权证方式发行的债券中,外国债的发行规模大于国内债的发行规模。

（二）企业融资向直接融资转变——股票市场快速发展

进入1980年代后,日本企业融资结构发生变化,间接金融比例降低,直接融资增加。银行调配资金的能力被削弱,取而代之的是证券市场上依据市场规律对资金进行配置。企业直接融资的增加,促进了证券市场的快速发展。

1965年东京证券交易所股票发行合计625亿日元,1970年达到6562亿日元。随着1970年代股票上市条件的放宽,股票市场发行规模迅速扩张,1980年达到9983亿日元。1980年代上半期,股票发行规模比较稳定,80年代后半期,随着股价狂升,股票发行规模也急速扩张,1989年达到了8.5兆日元的顶峰,1990年回落至3.4兆日元,此后因泡沫经济崩溃,日本股票发行也趋于缓和(见表3-8)。

表3-8　东京证券交易所上市企业的资金筹措(单位:亿日元)

	股票					债券					
	合计	股东配股	公募	私人配股	认股权证行权	普通债券		可转换公司债		认股权证	
						国内	国外	国内	国外	国内	国外
1965	625	619	5	1							
1960	3543	3203	337	4							
1965	1141	1116	2	24		3200	—	—	39		
1970	6562	5191	1327	44		5053	—	960	252		
1975	9807	7630	2124	54		13944	2679	4080	1046		
1980	9983	843	8423	717		10325	1712	1040	5106		

1985	7631	1655	4370	317	1290	5895	15005	18615	12978	100	6803
1986	8025	489	3556	273	3707	6150	15536	27060	4141	1160	19386
1987	28985	4166	13261	1018	10540	8200	11112	51540	9797	300	30848
1988	45334	7492	24279	764	12799	8730	7482	64680	8167	—	35025
1989	85294	6895	56460	891	21048	5800	8054	67700	1532	3850	91599
1990	33994	7511	17553	2833	6112	18280	14430	27025	5862	9150	28448
1991	7510	1953	1169	1016	3371	23147	37438	10285	2214	3815	35903

注:认股权证行权为现金支付部分。

资料来源:东京证券交易所《证券统计年鉴》相关年份。

从上市企业的股票发行方式看,1960 和 1970 年代主要以股东配股方式发行。股东配股方式有利于企业人员稳定,增强企业的凝聚力。1980 年代开始,股票的公募发行额超过股东配股额,企业更加注重从社会上募集资金。公募方式可以为企业迅速筹集到大量资金,有助于企业规模的迅速扩张。日本经济的持续发展积累了大量财富,形成了一定比例的社会闲置资金,这些资金通过股票市场重新投入到经济扩大再生产中,促进了股票市场的发展。

从日本的股票流通市场看,1990 年末日本的 8 家证券交易所共有上市企业 2071 家,上市股票数为 3383 亿股,股票市值总额为 394 兆日元。市值总额虽较 1989 年末的 630 兆日元减少了 37%,仍为 1980 年的 4.9 倍,1985 年的 2 倍。

为促进股票市场的自由化发展,日本各证券交易市场都降低了股票买卖手续费。1988 年和 1989 年日本证券交易市场还开设了股票指数远期交易和股票指数期权交易。

随着日本经济实力扩大,企业自有资金日益增多。只有放开金融市场,让这些资金在金融市场上投资于各种金融商品,才能满足投资者的获利要求。经济增长带来的剩余资金除投资于日本金融市场外，还大量投向海外市场。1980年代中期以后，日本展开正规的、大规模的对外直接投资。日本对外直接投资促进了日本金融市场的国际化发展，增强了日本企业的资金管理和运用能力，从而促进了日本金融市场的进一步自由化发展。

（三）东京外汇市场迅速发展

外汇交易市场有狭义和广义之分，广义的外汇交易市场包括对顾客市场和银行间市场两部分（见图3－4）。对顾客市场为具有外汇交易权限的银行及银行顾客（包括个人、企业等）进行外汇买卖活动。银行间外汇市场的交易者包括有外汇交易权限的银行、外汇经纪商和中央银行。由于银行间外汇交易市场的交易数额大、资金流动频繁，所以银行间外汇市场汇率能够反映外汇供求情况。中央银行执行货币政策、进行公开市场操作也只在银行间市场进行，而不涉及对顾客市场。狭义的外汇市场即指银行间外汇市场。

1970年代初，虽然东京外汇市场的经营业务种类和范围都有很大发展，但还只是个区域性外汇市场，并未像纽约和伦敦外汇市场那样，成为真正意义上的国际性金融市场。由于日本企业习惯于在月末和企业结算期间进行外汇结算，出口换汇时间比较集中，导致东京外汇市场的交易量具有季节性波动的特征。

实行浮动汇率制后，日元升值导致外国短期资本大量流入，扩大了外汇市场资金供给渠道，这样外汇市场上供求活力明显增加。1980年日本修改了《外贸和外汇管理法》，改变了过去只有经过政府批准的外汇银行和经纪商才能经营外汇业务的规定，所有银行都具有经营外汇业务的权利，此后，外汇市场有了较快发展（见表3－9）。

外汇市场交易主要包括现货交易、期货交易和互换交易3种。

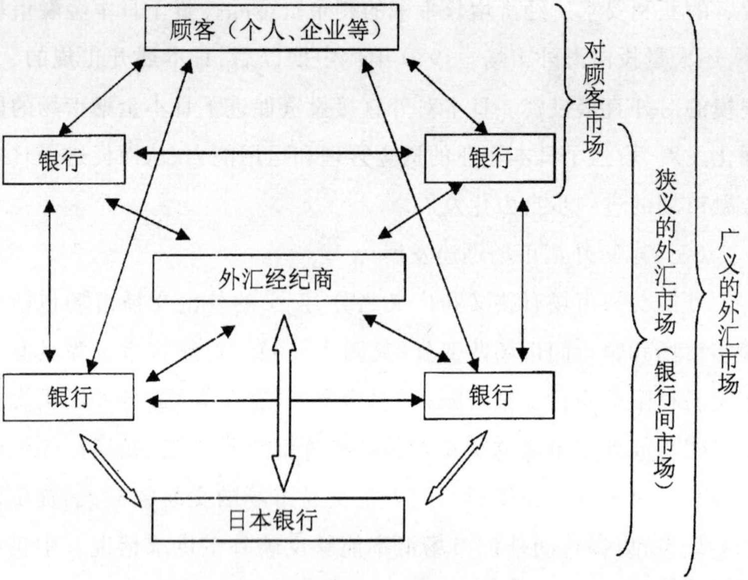

图 3－4　日本外汇交易市场结构

1970 年东京外汇市场上现货、期货、互换业务的交易额分别为 48 亿美元、42 亿美元和 26 亿美元，交易总额 116 亿美元。1980 年 3 项业务的交易额分别增加至 2118 亿美元、668 亿美元和 3006 亿美元，交易总额达到 5792 亿美元，总交易额增加了 49.3 倍。随着日本官方推动的金融自由化开始，东京外汇市场交易更为活跃。

表 3－9　东京外汇市场交易额（单位：亿美元）

年份	总额	现货	期货	互换
1970 年中	116	48	42	26
1975	734	229	260	246
1976	985	350	286	349
1977	1473	623	246	604

1978	2815	1179	348	1289
1979	4450	1722	518	2210
1980	5792	2118	668	3006
1981	9921	2964	777	5279
1982	12136	3653	633	7850
1983	11542	3397	901	7244
1984	13325	3663	804	8859
1985	14072	4458	44	9570
1986	25307	8749	16558	
1987	37780	13667	24113	
1988	42758	13589	29169	
1989	54657	18514	36143	
1990	59625	24975	34669	
1991	46706	16988	29718	
1992	40172	14079	26094	
1993	40171	14810	25361	

资料来源:黒田巌編『我が国の金融制度』(新版)、日本銀行金融研究所、1995 年。转引自阎坤:《日本金融研究》,经济管理出版社 1996 年版,第 144 页。

第二节　日元国际化的官方推进

日本和美国 1984 年 5 月共同设立的日元·美元委员会发表题为《日元·美元汇率、金融资本市场问题——日美共同特别合作委员会报告书》的报告书①。同时,日本大藏省发表《金融自由化及日

① 以下简称其为《日元·美元委员会报告书》或者《报告书》。

元国际化的现状与展望》的文件。1985 年 3 月,大藏省咨询机构外汇审议会根据前两份报告,发表了《关于日元国际化》的答辩。这几份文件的出台,标志着日元国际化由民间自发性质向官方推动的方向转变。

一、加速日元国际化的决定性文件

(一)日元·美元委员会的成立背景

1980 年代以来,日美贸易顺差连年增加,美国对日本贸易赤字不断攀升,日美贸易关系成为当时全球经济失衡的一个缩影(见表 3-10)。1977 年至 1978 年,美国的经常收支赤字占 GNP 的比例为 0.7% 左右,1982 年以后赤字扩大,1983 年达到 407 亿美元,占 GNP 的比例为 1.3%。美国认为,日本贸易黑字是造成美国经常收支赤字的主要原因。

表 3-10　日美贸易收支情况(单位:亿美元)

	美国				日本			
对世界	对发达国家	对发展中国家	对日本	对世界	对发达国家	对发展中国家	对美国	
1981	-396.8	-146.8	-250.0	-180.8	87.4	223.3	-153.8	133.1
1982(A)	-426.9	-268.9	-158.0	-189.7	69.0	195.7	-136.3	131.5
1983(B)	-693.9	-366.4	-327.5	-216.7	204.6	272.1	-86.8	181.4
B-A	-267.0	97.5	-169.5	-27.0	135.6	76.4	49.5	59.9

注:1. 美国出口为 FAS 价格,进口为 CIF 价格,数据来源于商务部统计。2. 日本出口为 FOB 价格,进口为 CIF 价格,数据来源于海关统计。

资料来源:畠山蕃『日米金融摩擦の経緯と諸論点——「日米ドル委員会」での討議を中心として』『財政金融統計月報(国際収支特集)』大蔵省,386 号,1984 年 6 月。

至于日本贸易顺差的原因,美国则认为是日元汇率低估造成的。

理论上，贸易收支与汇率之间存在相互调节的关系。逆差国货币倾向于贬值，进而增加出口；顺差国货币倾向于升值，进而减少出口；汇率达到均衡时，两国贸易均衡得以实现。美国认为日美贸易不能自动实现均衡的原因在于日本政府人为低估了汇率水平。

美国的一份报告罗列了支持这种观点的证据：(1)日本对外国资金流入设限；(2)日本贸易顺差增大时，对外投资得到促进；(3)日本贸易顺差增大时，日本政府扩大了外汇储备。

而日本方面对此予以否认，对经常收支与汇率之间的关系进行了如下分析：(1)国际资本交易自由情况下，汇率不只受经常收支变动的影响。对经济整体发展状态的信任(经济增长率、资源禀赋水平、生产增长等)，对经济政策的信任，政治、军事的稳定性，商品市场的预期收益率，利率等影响到资本交易的因素都会对汇率产生影响。(2)从日本经常交易和资本交易的变动看，资本交易对经常交易的比例上升，经常收支对日元汇率的影响力降低。(3)基于上述原因，美国把日美汇率偏差归结为经常项目失衡的原因不妥。

为解决日美两国贸易、汇率领域的矛盾，达成共识，1983 年 1 月，日本和美国的财务长官共同发表声明，决定设立由两国议长为共同委员长、由两国副财长共同领导的日元・美元委员会。

(二)日元・美元委员会报告书内容

日元・美元委员会就日本金融资本市场自由化、改善市场准入条件、扩大欧洲市场、促进直接投资交流等方面进行了讨论。1984 年 5 月，委员会提出了《日元・美元委员会报告书》。报告书内容主要分三部分：(1)对日元对美元汇率的近期变动及变动原因的认识；(2)日本方面关心的事项，包括欧洲美元问题、美国对日本金融开放问题、国际金融机构的合作问题、日本直接投资问题和美国购买日本国债问题;(3)美国方面关心的事项,包括日本金融资本市场的自由化问题、日本金融资本市场对外国金融机构开放问题、欧洲日元与银行市场的发展问题和日本直接投资政策问题。

在日元对美元汇率问题上,双方认为日本经济持续增强的对外机能、稳定的增长趋势、良好的通胀水平支撑了日元的强大。处于世界经济第二位的日本应该承担更多的责任,委员会表示,对日本出台日元国际化和金融资本市场自由化措施、日元表现得更为强势充满期待。

对于日本关心的日本金融机构在美国的待遇问题,美国承诺给所有外国金融机构以国民待遇,承诺外国银行在美国金融市场上的业务范围与美国国内银行相同。对于美国限制日本对美直接投资问题,美国表示将提高政策的透明性。

日本财务省提出,美国货币当局购买日本国债有助于提高日元国际化程度和提升日元货币价值,美国货币当局则以没有购买外国债券的权限为由予以拒绝。

报告书中花了大半篇幅来说明日本将做出的努力:(1)逐步实现利率自由化。日本金融市场上还存在着一些管制,经济国际化发展和国债的大量发行使金融自由化不可避免。如果不放开利率,资金将从管制利率商品向自由利率商品流动,这种非基于自由市场因素的流动会妨害金融经济的正常运作,并对资本国际流动和汇率水平造成影响,因此日本需要放宽现有的利率管制,实行完全的利率自由化。日本方面承诺,在条件允许的情况下,逐步废止定期存款利率上限。从放宽大额存款利率的自由化开始,逐步放开小额存款利率,直至完全实现自由化。(2)降低外国金融机构进入日本金融市场的准入门槛。给予外国金融机构国民待遇,这必将有助于提高日本金融市场效率。日本同意给美国金融机构以国民待遇,日美双方在现有及新设金融业务中,互相给予国民待遇。(3)加强离岸金融市场建设。日本当时的大藏省和财务省[①]在欧洲日元市场建设问题上有分歧。财务省认为完全自由化的欧洲日元市场有助于推进日元国际化。日元国际化也应从欧洲日元市场建设着手。大藏省认为迅速推进欧洲日元市场建设将对日本财政金融政策、汇率以及国内金融制度造成恶性影响,而且欧洲货币市场对一国货币国际化有多大的促进作用尚无定论。因此,大藏大臣指定外汇审议会负责分析特定范围内欧洲日元市场自由化的妥当性问题,并于1年内提出建议。(4)促进直接投资。日美双方同意互相给予现有及新增直接投资国民待遇。报告书涉及的日本金融自由化和日元国际化政策基本在1年之内便付诸实践(见表3-11)。

表3-11　日元·美元委员会报告书概要及实施情况

实施内容	实施时间
欧洲日元市场的补充	
1. 非居民欧洲日元债券的发行	
对外国民间企业的许可	1984年12月
债券发行基准的放宽	1985年4月
2. 居民发行欧洲日元债券基本限额的放宽	1984年4月
3. 欧洲日元债券主要承销业务的对外开放	1984年12月
4. 废止对居民购买欧洲日元债券利息收入源课税	1985年4月
5. 欧洲日元大额可转让订单发行(CD)	1984年12月
6. 欧洲日元贷款	1983年6月

① 2001年日本省厅重编时,大藏省职能被编入财务省之中。2001年之前大藏省和财务省为两个不同政府机构。

(1)面向非居民的短期贷款自由化	1984年6月
(2)面向居民的短期贷款的自由化	1984年6月
(3)面向非居民中长期贷款的自由化	1985年4月
(4)面向居民的中长期贷款的自由化	1989年7月
金融、资本市场的自由化	
1. 定期储蓄利率上限的撤销	
(1)CD发行单位的下调(3亿日元—1亿日元)	1985年4月
(2)CD发行期限的缩短(最低3个月—1个月)	1985年4月
(3)市场利率联动型大额储蓄业务的许可	1985年4月
(4)大额储蓄利率管制的放宽撤销	1985年4月
(5)小额储蓄利率自由化的研讨	1985年4月
2. 日元结算的银行承兑票据市场运行(BA)	1985年6月
3. 外国货币兑换日元管制的撤销	1984年6月
4. "武士债券"发行及营销规则的进一步弹性化	1984年7月
5. 日元结算的对外贷款管制的撤销	1984年4月
外国金融机构对日本市场的准入	
1. 信托业务的准入	1985年9月
2. 东京证券交易所会员的准入	1985年12月

资料来源:加藤雅巳『日本の國際金融と對外関係』、東洋經濟報社、1992年、第192頁。转引自刘玉操:《日本金融制度研究》,天津人民出版社2000年版,第328页。

二、加速日元国际化的配套文件

(一)日本金融自由化及日元国际化的现状与展望

在日元·美元委员会公布报告书的同时,日本大藏省提出了"日本金融自由化及日元国际化的现状与展望"①。在"现状与展

① 以下简称"现状与展望"。

望”中提出为促进日元国际化，应将交易重点由经常交易向资本交易转变。

“现状与展望”分析了日元国际化的优点：(1)扩大国际贸易中的日元交易除有利于回避外汇风险外，还因运用、筹集海外日元资金机会增多而提高日本企业的资金效率；(2)日本金融机构拥有充裕的日元资金、充分的日元交易信息、丰富的日元交易经验，在与外国金融机构竞争过程中具有优势，可以在国际金融交易中发挥更重要的作用；(3)非居住者积极参与市场有助于日本金融市场深化，为将来成为世界金融中心奠定基础。

尽管具备上述优点，“现状与展望”仍然对日元国际化持保守态度。在促进日元国际化措施方面，提出应以交易当事人的自由选择为基础，自然地推进。政府的任务是为交易者创造自由选择的政策环境，同时还应注意日元作为国际货币在使用过程中给外汇汇率、国内金融政策、国内金融制度等带来的影响。

“现状与展望”提出从以下几方面着手改善日元国际化的政策环境：

(1)经常交易方面，通过建设日元计价的 BA 市场，扩充日元资金的筹措、运用途径。

(2)资本交易方面，“现状和展望”重点探讨了资本交易方面促进日元国际化的具体措施，除了介绍刚刚实施和即将实施的资本自由化措施外，还对促进资本自由化流动、推进欧洲日元市场和东京离岸金融市场建设进行展望。

(3)官方储备方面，为激励各国增持日元储备，扩充日元资产的运用手段，需要进一步扩充、完善短期金融市场。并且讨论建立短期国债市场，在建立短期国债市场时还应注意它与财政制度制定的关系。

“现状与展望”重点探讨的资本交易方面促进日元国际化的具体措施包括以下内容：

(1)1985 年 4 月实施的自由化措施。1985 年 4 月,大藏省采取了一系列促进日元自由使用的措施,包括撤销远期外汇交易的实际需要原则,日元计价贷款自由化,日元计价外债的发行、经营弹性化,放宽对居住者的欧洲日元债券管制等。

(2)即将实施的促进资本流动的措施。为防止短期资金大量流入造成汇率剧烈波动,日本对银行即期外汇头寸进行限制。鉴于日本金融市场和东京外汇市场的深度增加,1985 年 6 月开始废除这一限制。日本政策当局还进一步探讨如何放宽日元计价外债发行、销售规则,并废除对上市公司非居住者总持股比例的限制。

(3)稳妥推进欧洲日元市场发展。逐步推进短期欧洲日元贷款的自由化,放宽对欧洲日元 CD 的限制,放宽对非居住者发行欧洲日元债券的限制,1984 年 12 月起允许外国从业者作为欧洲日元债券的主要承销者。

(4)建设东京离岸金融市场。离岸金融市场是指主要为非居民提供境外货币借贷或投资、贸易结算、外汇黄金买卖、保险服务及证券交易等金融业务和服务的一种国际金融市场,亦称境外金融市场。其特点可简单概括为:市场交易以非居民为主,基本不受所在国法规和税制限制。日本有关当局通过“现状与展望”对东京离岸金融市场建设及其对日本国内市场自由化以及东京离岸金融市场在欧洲日元市场中的地位问题进行了积极探讨。

(二)“关于日元国际化”的答辩

1985 年 3 月外汇审议会在其提交的“关于日元国际化”的答辩中,提出从金融自由化、欧洲日元交易自由化和东京金融市场国际化等方面着手促进日元国际化。

答辩内容共分为三部分：

1. 关于日元国际化问题的意见

审议会认为，日元的国际化进展与日本日益提高的国际经济地位和日益增强的经济国际化发展不相适应。日本应该在消除日元国际化障碍、创建日元国际化环境方面有所作为，更加积极地推进日元国际化。为此，日本政府应该采取以下3方面的措施：

（1）促进金融自由化发展。日本的金融自由化与日元国际化之间有密切的关系。通过金融自由化，为非居民提供良好的日元资产投资环境，增加非居民日元资产的便利性，有助于扩大日元国际化规模，进一步实行利率自由化、完善并开放短期金融市场。

（2）欧洲日元交易的自由化。根据国际惯例，欧洲货币市场通常对非居民直接的欧洲货币交易不加管制，加之非居民之间的欧洲日元交易对国内经济的影响比较小，因此应该迅速推进非居民之间欧洲日元交易的自由化。与居民相关的欧洲货币交易对国内金融市场有直接的影响，应配合国内金融市场自由化的进展，早日实现有本国居民参与的欧洲日元交易的自由化。

（3）东京金融市场的国际化。东京金融市场作为国际日元交易中心，有必要开展欧洲日元交易。东京金融市场开展欧洲日元交易具有下述优点：第一，是东京金融市场发展成为国际金融中心的契机；第二，随着东京金融市场欧洲日元交易的开展，在国外没有分支机构的银行也可以参与国际性交易，从而强化日本金融机构的国际竞争力；第三，有助于提高日本企业的资金筹集及运用的效率。因此审议会建议日本当局从制度层面进一步完善离岸金融市场环境的建设。

2. 欧洲日元债券的自由化

随着国际上日元交易增多，对欧洲日元债券市场的需求性不断增高。从国内日元市场与国际日元市场平衡发展的角度看，有必要进一步发展欧洲日元债券市场。

(1)本国居民发行欧洲日元债券。1984 年 4 月，日本允许居民在一定条件下发行欧洲日元债券。出于对国内投资者的保护，日本居民发行欧洲日元债券的标准比照日本国内无担保企业债券的发行条件确定。与外国居民无担保外币计价外债的发行标准相比，日本的发行条件更加苛刻。利用互换交易，外币计价债券同样可以调配日元资金，债券之间的计价差别变小，日本严格的发行条件不利于欧洲日元债券的发展。

(2)非居民发行欧洲日元债券。1984 年 12 月放宽非居民发行欧洲日元债券的发行条件后，交易活跃，投资者增多，促进了欧洲日元债券流通市场的形成。1985 年 4 月，日本政府进一步放宽了非居民欧洲日元债券的债券发行标准。

(3)债券评级的作用。成立日本的债券评级机构有助于日本欧洲日元债券市场的规范和健康发展，审议会对设立日本债券评级机构持欢迎态度。

(4)欧洲日元债券商品。欧洲市场上变动利率债券的发行促进了国际债券投资多样化发展。欧洲日元债券市场只允许发行 5 年期以上债券产品的固定利率，日本欧洲债券市场的发展应该顺应国际欧洲市场的发展潮流与时俱进。

此外，审议会还建议逐步废除非居民取得的居民欧洲日元债券利息征收源泉税，建议讨论是否延续居民欧洲日元债券的三局指导[1]方式。

3. 中长期欧洲日元贷款等的自由化

随着国际日元资金需求的增加,日本产业界等居民提出了增加日元资金筹措手段的要求。随着外国银行面向非居民贷款自由化政策的实施、企业发行欧洲日元债券政策的放宽,日本对本国银行中长期欧洲日元贷款业务的管制变得更加困难。为此应该根据国内金融市场自由化的进展,逐步推进中长期欧洲日元贷款的自由化。首先直接实现面向非居民的贷款自由化,再根据国内金融市场发展情况,逐步放开面向居民的贷款。

欧洲日元贷款的自由化将促进欧洲日元市场的扩大,从而提高对中长期欧洲日元的需求。目前,只有欧洲日元存款、短期欧洲日元CD(大额可转让定期存单)等短期筹资手段,中长期欧洲日元的筹措手段十分缺乏。为促进市场的健康、健全发展,审议会建议准许发行中长期欧洲日元CD(大额可转让定期存单),并讨论了中长期欧洲日元贷款自由化和中长期欧洲日元CD(大额可转让定期存单)的自由化问题。

三、官方立场的暧昧与犹疑

透过上述3个文件,不难窥知日本官方对日元国际化问题的犹豫和顾虑态度。

1. 日本政府对日元·美元委员会与日元国际化的态度

美日两国对设立日元·美元委员会抱有不同的期待。美国主要

---

① 指大藏省对日本的银行系统中进行海外证券交易的分支机构的经营活动进行规制。具体执行由大藏省的银行、国际金融、证券三局联合指导,因此得名。

关注日本金融市场的开放和自由化问题,希望通过金融市场自由化来实现日元汇率的完全自由浮动,改变日元低估状态,其根本目的是为了解决对日贸易逆差问题。日本的关注点则在于美国开放金融市场,让日本对美国的直接投资能更加顺畅地进行,扩大日本对美国直接投资的自由化。美国提出的金融自由化要求,与日本谋求与其实体经济实力相称的金融大国地位意愿相一致,因此未遭到日本的过分反对。至于日元国际化问题,首先无法得到美国的支持,对日本来说,也只是追求金融大国地位的一环,在实际执行中被排在其他政策目标之后。

一国货币被其他国家官方持有被称为外汇储备,外汇储备中又有很大部分被用来购买货币发行国的国债。日本提出由美国直接购买日本国债的建议,美国以货币当局没有相关权限为由,拒绝了日本的建议。

日元·美元委员会报告中对日元国际化有直接推动作用的内容包括:废除外汇期货交易的实际需要原则、撤销对即期外汇的多头限制、日元计价对外贷款的自由化、设立日元计价的BA(Bank Acceptance银行承兑汇票)市场、扩大欧洲日元市场等。其中前两项内容涉及的限制措施是出于节约外汇目的而设立的。1980年代中期,随着贸易顺差的不断积累,日本已经有充足的外汇储备,两项限制措施对日本金融经济稳定的作用减弱,且制约了日本国际金融交易的扩大,因此日本同意废除这两项限制。

在实现日元国际化的方式上,美国认为应从欧洲日元市场自由化开始。对美国来说,欧洲日元市场自由化有助于促进日元完全自由浮动,通过市场力量搜寻均衡的日元汇率水平,从而纠正日元低估。但由于欧洲日元市场上巨额的不受管制的日元往来,会增加日本汇率管理的难度，容易造成汇率的剧烈波动，从而对日本经济产生负面影响，因此，日本对欧洲日元市场自由化持犹豫态度，选择了逐步稳妥推进的方式。

2. 日本政府对“关于日元国际化”的答辩与日元国际化的态度

由于日本在日元·美元委员会报告书中提出，欧洲日元市场对促进日元国际化的效果没有定论。因此日本政府责成外汇审议会对此进行研究，并在一年内给予解答。所以，外汇审议会提交的“关于日元国际化”报告，虽然以日元国际化为题，但实际上主要是对日本提出的欧洲日元市场自由化问题做出判断。

日本对欧洲货币市场上的日元资金流动持极其慎重的态度。答辩认为，随着日本国际经济地位的显著提高，从国内和国外两方面看，都对日元国际化提出要求。促进日元国际化发展既是日本的责任也是日本经济发展之必需。欧洲货币市场是最为活跃的国际金融交易场所，允许日元在欧洲货币市场上流动，是促进日元国际化发展的重要一步。

尽管对发展欧洲日元市场持支持态度，但是审议会在提出欧洲日元市场自由化建议时，措辞仍十分谨慎，始终强调根据国内经济情况和国内金融市场自由化的进展逐步实行欧洲日元市场自由化。在推进日元国际化的具体措施上，审议会强调东京离岸金融市场对日本建设国际金融中心的作用。

1990 年代初，日本泡沫经济破灭，日本经济陷入持久的衰退之中。快速推行的金融自由化政策积累的种种弊端同时释放，日本政府忙于整顿国内金融体系，已经无暇顾及日元国际化问题，因此日元国际化问题被日本政府搁置起来。

货币国际化是经济国际化的产物和集中表现。从历史上看，一国往往是先有经济国际化(包括生产、贸易、金融等方面的国际化),然后才有货币国际化。货币国际化反过来又对经济国际化起强大的推动和支撑作用。一国货币国际化,从根本上说,是该国强大的综合经济实力在货币形态上的反映。总体经济实力强大,在世界经济、政治中的地位重要,对世界经济政治发生影响的范围和作用就比较大,从而该国货币在国际上的使用程度就比较高。但是,货币国际化的程度并非与经济实力发展完全一致,政府对货币的国际使用作出限制或者采取支持政策对货币国际化进程影响重大。

货币国际化本身是一项漫长而复杂的经济过程,其进展不仅受国际经济环境的制约,而且牵涉到货币发行国产业、政府、企业、家庭等各个方面,更对实体和虚拟经济的发展产生重大影响。同时货币国际化要求货币发行国的金融和经济高度开放和自由,对政府的金融监管能力提出更高要求。日本政府的矛盾心态——既想获得成为国际核心货币后的收益,又不想承担货币国际化过程中的成本——是日元国际化进展缓慢的最重要原因。

第三节　美元体制的持续问题

布雷顿森林体系解体后,美元并未如预测那样走向衰落,国际货币体系中美元的核心地位也并未因欧洲货币和日元的崛起而产生根本性改变,频繁爆发的国际经济危机和金融危机也没能撼动美元的绝对优势地位。日元国际化无法达成日本官方的预期目标,很重要的一个原因是对国际货币体系中美元的稳固地位估计不足。

奥田宏司将布雷顿森林体系解体后的国际货币体制称为美元体制,即美元本位制及在其基础上形成的以美元为核心的国际信用连锁形式的国际金融体系[①]。美元体制得以维系的原因可以从内外两个方面来理解:从美国角度看,美元作为既定的国际货币享受着国际货币的种种收益;从国际角度看,国际货币惯性的存在增加了美元作为国际货币的退出成本。

一、美元体制下的美元地位转换

在提出美元体制后的20多年里,奥田宏司系统研究了欧洲货币市场[②]、跨国银行与美元体制[③],发展中国家债务危机与IMF及世界银行[④]、美元体制与国际货币[⑤]以及美元体制与欧元、日元[⑥]等涉及美元体制的重要问题。奥田宏司认为1971年至今的美元体制在不断变化中得以存续。1990年代以来的美元体制,一方面随着德国马克的强势及欧元的启动在欧洲有所后退,另一方面随着1994年的墨西哥金融危机和1997年的东亚金融危机破坏了新兴经济体的经济稳定。总体来看,1990年代美元体制较80年代有所强化。

1. 美元成为各国货币兑换的媒介货币

布雷顿森林体系下,单位货币兑换黄金量以及不同货币之间的比价都需通过美元来间接确定。根据双挂钩原则,确定某种货币与黄金的比价,须通过该种货币与美元比价和美元与黄金比价来确定

---

① 奥田宏司『ユーロ・カレンシー市場と短期諸金利体系の成立—国際金融市場統合化の一側面』、杉本昭七編:『現代資本主義の世界構造』、大月書店、1980年、第八章。

② 奥田宏司『ユーロ・カレンシー市場と「ドル体制」』、『土地制度史学』、第116号、1987年7月。

③ 奥田宏司『多国籍銀行とユーロ・カレンシー市場』同文館、1988年。

④ 奥田宏司『途上国債務危機とIMF、世界銀行』同文館、1989年。

⑤ 奥田宏司『ドル体制と国際通貨』ミネルブァ書房、1996年。

⑥ 奥田宏司『ドル体制とユーロ、円』日本経済評論社、2002年。

(见图3-5),美元在其中执行货币的价值尺度职能。根据IMF第四条规定,美元作为基准通货,各国的法定汇率应为本国货币对美元的汇率比价。因此,在外汇市场上,美元成为不同货币确定比价关系的媒介货币(见图3-6),美元交易在外汇市场交易中占据最大份额。

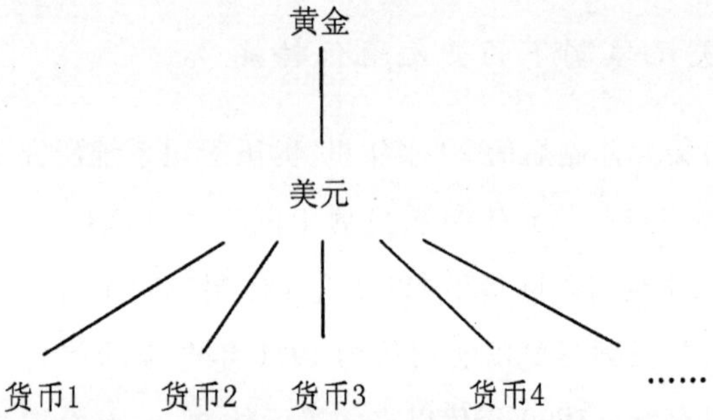

图3-5 布雷顿森林体系下以美元为核心的平价关系

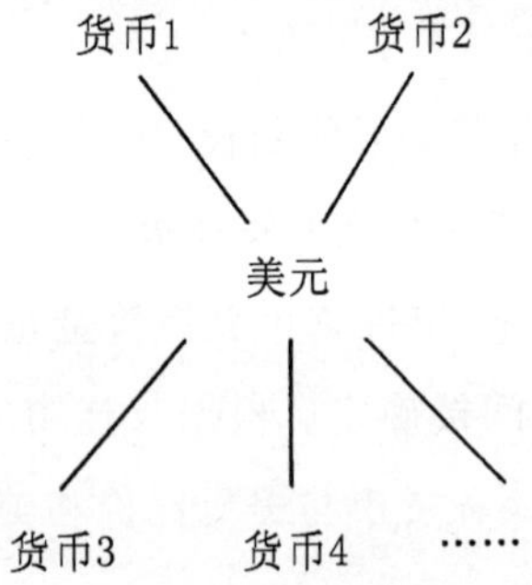

图3-6 外汇市场中的美元核心

美元在外汇市场中的交易与美元对黄金比价没有直接关系,布雷顿森林体系解体后,外汇市场上以美元为交易媒介的传统得以保持。随着金融自由化、国际化的发展,外汇市场的交易规模迅速扩张,进一步巩固了美元作为国际核心货币的地位。

2.美元取代黄金成为世界性支付手段

布雷顿森林体系时期，黄金是国际经济交往中的最终支付手段。美元作为国际支付手段的基础是美国保有足够的黄金储备，能够随时按照金平价将美元兑换为黄金。20 世纪 60 年代发生的美元危机，最重要的原因在于美国的国际收支赤字增加而同时黄金储备下降，外界对美国用黄金储备收回美元的能力持怀疑态度，进而抛售美元。

布雷顿森林体系解体后，各国货币价值与黄金脱钩，黄金不再作为国际经济往来的支付手段，日益扩大的贸易交易只能从现有的不兑换纸币中选择最可行的支付手段。美元作为国际货币，价值尺度功能得以强化，在外汇市场上的媒介货币身份助其顺利成为取代黄金的世界性支付手段。

3. 美元始终是最重要的国际储备货币

国际储备一般指一国货币当局为平衡国际收支、维持本国货币汇率稳定以及应付紧急需要而持有的在国际间可以被广泛接受的可自由兑换资产。根据国际货币基金组织规定，国际储备由黄金、外汇储备、特别提款权（1970 年以后）以及在国际货币基金组织的储备头寸构成。其中黄金和外汇储备占全球国际储备资产的 90% 以上。1950 年代到 1970 年代，黄金储备在国际储备资产中地位降低，1980 年代有所回升，之后进一步下降，1995 年全球储备资产中只有 3.3% 为黄金储备。与此相对应，外汇储备在全球储备资产中的份额与黄金此消彼长，1970 年外汇储备占储备资产的 47.8%，1980 年为 38.5%，1990 年增至 66.5%，1995 年达到 91%（见表 3－12）。

虽然美元在全球外汇储备中的比重从 1970 年代到 1980 年代末逐步降低，但即使在最低点时仍占据外汇储备的半壁江山。排在第二位的西德马克在最多时也未超过外汇储备总量的20%。进入90

表3-12 全球储备资产构成(单位:%)

	1950	1960	1970	1980	1990	1995
黄金储备	69.0	61.1	40.4	57.8	28.5	3.3
外汇储备	27.6	33.1	47.8	38.5	66.5	91.0
储备头寸	3.4	5.8	8.4	2.2	2.7	3.7
特别提款权	—	—	3.4	1.5	2.3	2.0

资料来源:根据 IMF 统计资料编列,转引自:http://xmujpkc.xmu.edu.cn/gjjrx/inter-finance/8/8-1-2.htm。

年代之后,美元外汇储备的比重再次回升,从1990年的51.3%增加至2000年的68.2%。

理论上讲,布雷顿森林体系中,如果哪个国家的黄金储备足够多,这个国家的货币就可以在制度上替代美元成为联结各种货币以及货币与黄金的纽带。在美元体制下,美元作为国际核心货币替代了布雷顿森林体系中的黄金,取代美元的任务变得更加复杂和艰巨。

二、美国的国际货币收益

从经济角度看,美国利用美元作为国际货币的收益包括获得国际铸币税、获得通货膨胀税、缓解外部均衡对内部均衡的制约、节约外汇等。此外,美国作为国际货币的发行国还可获得提升国际政治地位、增加在国际事务中的发言权等收益。

1. 获得国际铸币税收益

铸币税并非真正的税种,而是理论上对货币发行收入的界定,是指货币发行当局在货币发行活动中获得的收益。在纸币发行条件下,可以理解为发行货币的票面价值减掉货币发行的材料、人工、运输、管理等成本后的差额。由于纸币发行成本与票面价值相比非常低，通常直接将铸币税理解为货币发行额。国际铸币税指国际货币（特别是关键货币）的发行国取得的发行收入，数额上等于用发行货币取得的国外资产所产生的收益减去外国人持有这一货币进行投资而由发行国支付的利息与货币管理费用的差额。美国凭借美元在国际货币体系中的核心地位，获得了巨额的国际铸币税，美国几乎可以无限制地通过发行美元纸币来购买外国商品和服务。

许多学者利用不同方法对美国的国际铸币税进行了估算，最直接的方法通过计算国外的美元货币流通量进行估算。据 Frankel 的估计，当前被外国居民、企业和政府持有的美元数量至少占到流通中美元总量的 60%，按照这一数字进行推算，每年美国可以向其他国家征收高达 120 亿美元的铸币税①。宋芳秀、李庆云②根据 Frankel 的估计，估算了传统意义上的美国铸币税，即货币发行铸币税（见表 3－13）。截至 2004 年美国共获得 4551.44 亿美元的国际铸币税。2000 年之前，美国每年获得的国际铸币税都在快速增加。

表 3－13　传统意义上美元的国际铸币税（单位：亿美元）

年份	经过季节调整的基础货币	国外的基础货币量（传统铸币税）	传统铸币税增量
1977	1103.24	661.94	—
1980	1420.04	852.02	190.08
1985	2035.61	1221.37	369.35

① 何帆：《美元与美国霸权》，博士咖啡网站，http://doctor－cafe.com/detail1.asp?id＝2856。

② 宋芳秀、李庆云：《美元国际铸币税为美国带来的收益和风险分析》，载《国际经济评论》2006 年第 7—8 期，第 54 页。

1990	2932.93	1759.76	538.39
1995	4345.72	2607.43	847.67
2000	5848.2	3508.92	901.49
2001	6354.14	3812.48	303.56
2002	6813.03	4087.82	275.34
2003	7198.53	4319.12	231.3
2004	7585.74	4551.44	232.32

注:传统铸币税增量根据表中传统铸币税的当年值减上年值得到。2000 年及以前的传统铸币税增量与原表中数据有出入。

数据来源:转引自宋芳秀、李庆云:《美元国际铸币税为美国带来的收益和风险分析》,载《国际经济评论》2006 年第 7—8 期,第 54 页。

各国持有的美元一般会通过购买美国国债方式回流,美国只需支付较低的利息。而美国发行国债筹得资金会得到比较高的收益,两者之差也构成国际铸币税收益。据宋芳秀、李庆云估计,1980 年美国的国际铸币税收益为 144 亿美元,1995 年接近 1000 亿美元,2001 年达到 1966 亿美元(见表 3 - 14)。

表 3 - 14 美元的国际铸币税收益(单位:亿美元)

年份	1977	1980	1985	1990	1995	2000	2001	2002	2003
国际铸币税	133	144	291	733	970	1686	1966	2267	2619

数据来源:引自宋芳秀、李庆云:《美元国际铸币税为美国带来的收益和风险分析》,载《国际经济评论》2006 年第 7—8 期,第 55 页。

钟伟、沈闻一[①]用三种方法估算了美国政府获得的国际铸币税收益。第一种算法根据境外流通的美元现钞来估算,美国由此得到

① 钟伟、沈闻一:《崛起中的人民币:如何改写 21 世纪国际货币格局》,载《学术月刊》2004 年第 10 期,第 108—112 页。

每年大约250亿美元的巨额铸币税收益，二战以来累计收益在2万亿美元左右。第二种算法是以境外债务和贸易入超的总和粗略估计铸币税的大小。据统计，美国累计经常项目逆差从1973年到2003年第二季度已达3.5万亿美元，2003年美国经常项目逆差约占美国GDP的6%，美国是靠外国购买美国国债、公司债和股票等吸收国际资本的方式来为经常账户赤字进行融资。第三种视角将美国基于霸权地位获得的美元发行溢价和发展中国家的损失等因素一并考虑。

2. 获得通货膨胀税收益

通货膨胀税是通货膨胀条件下的一种隐性税收。政府增发纸币如果超出经济生活的正常需要，引起物价上涨，政府即在铸币税之外获得一部分通货膨胀税。Obstefeld① 对铸币税和通货膨胀税进行了区分：政府通过印刷纸币购买私人部门生产的商品所获得的实际资源为广义的铸币税，可以进一步区分为狭义的铸币税和通货膨胀税：

$$S_t = \frac{M_t - M_{t-1}}{P_t} = \pi_t m_{t-1} + (m_t - m_{t-1}) \qquad (3.5)$$

其中 M_t 为第 t 期的货币存量； P_t 为第 t 期的价格指数，这是指政府通过增加公众希望持有的名义货币余额而获取的实际资源的数量；$\pi_t \equiv (P_t - P_t - 1)/P_t$；$m \equiv M/P$。3.5式第二个等号后的第一项为通货膨胀税，表示价格上升时，为了使持有的实际货币余额保持不变，货币持有者向政府缴纳的税收数量；第二项为给定通货膨胀率时，公众愿意改变实际货币持有量的意愿。

---

① Maurice Obstfeld, "Notes on Seigniorage and Budget Constraints," Textbook for Economics 202B, Economic Department, University of California Berkeley, Fall 1998.

宋芳秀、李庆云对美国得到的国际通货膨胀税收益估计结果如下(见表3-15):

表3-15　美国的国际通货膨胀税(单位:亿美元)

年份	1977	1980	1985	1990	1995	2000	2001	2002	2003
国际通货膨胀税	116	243	143	536	382	783	777	504	833

数据来源:引自宋芳秀、李庆云:《美元国际铸币税为美国带来的收益和风险分析》,载《国际经济评论》2006年第7—8期,第55页。

3.缓解外部均衡压力

经济学理论中将宏观经济目标界定为稳定物价、充分就业、经济发展和收支平衡,其中前三个目标为内部均衡目标,收支平衡为外部均衡目标。

传统意义上的外部均衡是指一国国际收支净额即净出口与净资本流出的差额为零,即:国际收支净额=净出口-净资本流出=0,衡量的是一国在特定的时间段内对所有其他国家的交易支付。浮动汇率制度下,汇率的频繁、剧烈波动将会对国内贸易、投资、生产造成负面影响,因此,维持汇率稳定也成为政府关注的外部均衡目标之一。窦祥胜[①]认为,在开放经济条件下,国际收支不仅关系到商品、劳务和资本的输出入,而且还涉及异国的货币、汇率、国民收入和整个宏观经济。所以,国际收支平衡的本质在于,它是否有利于促进本国经济的正常发展,是否有利于货币供求的平衡,是否有利于外汇供求平衡和实际汇率水平的基本稳定,是否有利于实现内部和外部经济的

① 窦祥胜:《国际资本流动与宏观经济运行分析》,厦门大学博士学位论文,2001年,第117页。

共同平衡。

内外均衡目标在政策制定者那里并不具有同等地位。通常，外部均衡目标是内部均衡目标的辅助。各个经济体的决策部门在制定政策时不可避免地把宏观经济目标进行排序，无论是效率优先（增长第一位）还是公平优先（关注失业率和通胀率），在现存的国际经济政治环境中，任何一个经济体都很难把实现和维持外部均衡作为首要目标；同样道理，在现行国际货币体系下，把汇率维持在实际有效汇率水平也不会成为政策制定者的首要目标。

美国作为国际核心货币发行国，在制定宏观经济政策时，可以较少考虑纠正外部失衡而更多关注内部均衡目标的实现。

浮动汇率制度下，贸易收支的不平衡可通过汇率变动自动调节。一国如果持续巨额的贸易逆差，则需动用国际储备来维持进口，国际储备降低将产生汇率贬值预期，国际金融市场上该国货币卖出增加，从而该国货币贬值，通过贬值降低该国出口商品的外币价格，从而扩大出口，直到恢复贸易平衡。对于美国来说，贸易赤字未必引起美元贬值，即使汇率有所下降也远未达到平衡贸易收支所需的程度。原因在于，美元是国际贸易中最重要的交易货币，通过印制美钞即可完成贸易支付。货币发行量增加引起的通货膨胀效应由全世界共同买单。各国通过对美顺差获得的大量美元储备仍然要投向美国，美国通过发行国债实现美元回流，利用资本项目顺差弥补经常项目逆差。

纵观二战之后世界经济不平衡发展的历史，美国始终是主角，发生变化的只不过是由哪些国家来向美国提供商品和劳务，由哪些国家来购买美国的债券而已。正是因为美元的国际核心货币地位，使得美国可以不负责任地将财政、货币政策同时用于维持内部均衡。

4. 有助于节约外汇

外汇储备主要来源于贸易顺差、外国直接投资及外币贷款。美国是贸易逆差国和对外投资国，因此外汇储备来源极其有限。

外汇储备主要用于国际支付和稳定币值。如果某国货币成为国际货币，具备国际交易货币、国际储备货币职能，则可相对降低外汇储备量。储备外汇并非没有任何代价，外汇储备相当于持有外币表示的债权，相当于为货币发行国进行储蓄。美元作为最重要的国际交易货币和国际储备货币，基本没有保有外汇的必要。

三、美元体制的惯性效果

所谓美元体制的惯性是指在美元体制运行过程中形成的一种制度惯性，这种惯性的存在增加了制度的退出成本。从宏观角度看，钉住美元或者将美元作为主要篮子货币的国家缺乏转换汇率制度的激励，并且面临较高的制度变迁成本；从微观角度看，国际交易中转换交易货币引起的管理成本过高。

1. 退出钉住制的成本过高

美元体制下，IMF 成员国拥有宽泛的汇率制度选择空间，除浮动汇率制度外，还有接近固定汇率制的钉住汇率制度和处于固定与浮动中间的有限灵活汇率制度等。采用钉住汇率制度，特别是钉住单一货币的国家最多（见表 3 - 16）。采用钉住汇率制度的国家中，钉住美元的最多。中东地区的产油国，因国际石油交易以美元计价，这些国家的主要收入来源是石油，多采用钉住美元的汇率制度，亚洲地区除日本外，也多采用钉住美元的汇率制度。

由于汇率制度转换的成本非常大，一国的汇率制度通常是稳定的，不会轻易改变。即使存在一种汇率安排优于现行汇率制度，在考虑是否转换汇率制度时，货币当局还需权衡货币转换的成本与收益。

表 3－16　IMF 成员国汇率制度安排

年份	1981	1985	1990	1995	1998
国家总数	144	149	154	180	182
1. 钉住汇率	94	95	85	66	64
A. 钉住单一货币	58	51	44	55	47
B. 钉住一组货币	36	44	41	22	17
2. 有限灵活汇率	17	12	13	14	17
A. 单一货币	9	5	4	4	4
B. 合成货币	8	7	9	10	13
3. 更加灵活汇率	33	42	51	100	101
A. 按一套指标调整	4	5	3	2	—
B. 管理浮动	19	21	23	44	56
C. 独立浮动	10	15	25	54	45

资料来源：转引自付丽颖：《现行国际汇率制度下发展中国家汇率制度选择》，东北师范大学硕士学位论文，2003 年。

如果转换成本过大或者成本不可控时，货币当局通常会维持现状。小川英治[①]从理论和实证角度对国际货币制度的稳定性进行了研究。认为欧元启动和投机攻击导致的国际货币危机说明现行国际货币体系存在缺陷，但是基于核心货币的惯性存在，国际货币体系改革任重道远。

只有在发生货币危机、无力维持原有汇率制度时，一国才可能放弃固定汇率制度转向浮动。而实行浮动汇率制度的国家转向固定汇率制，通常有两种情况：汇率波动严重影响到经济增长，通过稳定汇

① 小川英治『揺れるドル、複数基軸通貨体制の可能性』、プレジデント、2009 年 2 月 16 号。

率来扩大贸易；国内出现恶性通货膨胀，意图通过稳定货币外部价格来稳定货币内部价格。

2.转换交易货币的成本

Swoboda① 总结了能够提供交易媒介职能的货币应该满足的条件：(1)可接受性高；(2)外汇市场规模大；(3)买卖成本、信息成本低；(4)不可预期的汇率变动风险小；(5)该货币发行国为贸易、外汇交易自由化的国家。美元满足上述所有条件。因此，国际上重要的资源性产品和初级产品都是以美元计价，并且此类商品的国际贸易价格与国际金融市场上对应的金融产品（如期货、远期交易）价格高度相关。这类商品转换交易货币须在商品市场和金融市场同时进行，因此难度最大。与美国进行的国际贸易中，基本以美元计价，除具有绝对竞争优势的产品外，很难改用出口国或者第三国货币计价。

对于美国之外第三国之间的一般商品贸易，转换交易货币会引起进出口商以本国货币表示的收益变动，带来经营上的不确定性。因此在美元体制下，国际贸易的交易者不会轻易放弃美元交易。

此外，贸易企业如果在国际贸易中采用多种货币，就需要同时保有一定数量的各种外汇。如果把所有交易都集中到一种世界货币上来，可以降低保有外汇的总量，减少经营中的流动成本，并且能降低外汇交易成本。因此，只要世界货币汇率波动引起的损失低于持有多种外币的成本，贸易企业就不会改变美元交易习惯。

四、发达的美国金融市场

国际货币特别是国际核心货币能为货币发行国带来如此多的利

---

① Alexander K. Swoboda, "The Euro-Dollar Market: An Interpretation", Essays in *International Finance*, No. 64, Princeton University, 1968.

益,美国当然要尽力维持和巩固现有的美元体制。在没有足够的政治权威时,货币制度的选择是由所有的货币活动参与者的行动共同决定的。美国不能直接指挥别国央行的行动,也无法决定微观主体的经济决策,所以通过建设发达的金融市场创造更多的美元投资工具、给美元以更广阔的投资空间便成为防止美元被抛售的法宝。

美国金融市场在市场规模、市场结构、市场自由度、金融工具创造与金融监管等方面都较其他国家更为成熟和完善,因而美国金融市场成为世界上最发达的 。美国货币市场注重信用工具创新、完善结构,在传导的时效性和准确性方面优于其他货币市场。这得益于布雷顿森林体系崩溃后美国金融市场的积极创新。

随着主要发达国家实行浮动汇率制度,以银行为代表的美国金融机构为求得生存和发展,开始了大量的金融创新。如创造可变利率的债权债务工具;开发期货、期权等金融衍生产品;积极采用计算机和现代通信技术的最新成果;降低金融市场的管理成本;提高运作效率等。1973 年,美国放宽资本流动限制后,石油输出国组织的大量美元流入美国证券市场,扩大了美国证券市场规模。

进入 1980 年代,以投资银行为代表的非银行金融机构迅猛发展,与商业银行展开激烈竞争。证券市场的创新和信息通信技术的发展降低了企业直接融资成本,资金供给者在证券市场上可以获得更高的收益率。美国直接融资比重上升,到 1980 年代中期已经达到总融资规模的 60%—70%。

被轻率开发出来的金融衍生工具虽蕴含着巨大的风险,但是依然吸引着追求高收益的投资者。发达和自由的美国金融市场容纳了巨额的美元投资,为稳固美元的国际核心货币地位做出了巨大贡献,直接影响了日元国际化目标的实现。

第四节 对日元国际化的评价

一、货币国际化的条件

1. 货币国际化的内部经济条件

首先,货币发行国应具有强大的经济实力。

强大的经济实力是货币国际化的物质基础,只有支撑该货币的经济体的实力达到一定量和质的积累,其发行的货币才具有可靠的基础[①]。在不兑换纸币的条件下,货币的购买力不以货币实物本身价值决定,而是由货币发行当局强制赋予,货币发行当局根据经济发展需要,确定既能促进经济发展,又不至于引起通货膨胀的适度货币发行量。

对于外国的货币持有者来说,对货币发行国经济发展的信心决定其放弃还是增加对该种国际货币的使用。如果货币发行国经济实力强大,且发展势头良好,其货币也将走向强势,从而给国外的货币持有者带来汇率上的好处。反之,如果货币发行国经济实力弱小,或者走向衰落,外国投资者将不持有或者减少持有这种货币。经济发展水平越高,国力越强大,经济结构和产品结构越多样,抵御货币国际兑换带来的风险的能力就越强,该国际货币作为国际清算货币和国际储备货币的地位就越稳定。

其次,货币发行国应具备完善的市场机制。

市场机制是通过市场价格的波动、市场主体对利益的追求和市

---

① 刘力臻、徐奇渊:《人民币国际化探索》,人民出版社 2006 年版,第 62 页。

场供求的变化来调节经济运行的机制，是市场经济机体内的供求、竞争、价格等要素之间的有机联系及其功能。这主要表现为商品市场、劳务市场、资本市场和金融外汇市场的健全完善，合理地反映价值规律要求的价格体系的建立，以及微观企业经营机制的正常运作。

一国对宏观经济的调节应主要通过市场机制来进行，财政、货币等宏观经济政策不应对微观经济主体进行直接限制，应该通过市场运行规律间接实现政策目标。完善的市场机制有助于国家经济政策的顺利实施，增加政策的透明度，便于外国货币持有者对政策效果进行有效判断。

第三，货币发行国应保持稳定的价格水平。

货币发行国保持稳定的价格水平意味着整体物价水平平稳变动，不存在剧烈的通货紧缩或者通货膨胀。对价格可以从两个方面加以理解：以一定货币量表示的商品的价格和以一定实物量表示的货币的价格。通常我们所说的物价变动是商品价格的变动，通货紧缩或者通货膨胀虽然也是以物价水平来衡量，实际上更加关注的是货币的价格（更准确地说，是货币的对内价格）。通货紧缩意味着单位货币可以换得更多的商品，货币的对内价格上升；通货膨胀则表示货币的对内价格下降。

如果货币发行国通货膨胀严重，货币对内价格不断下降，单位货币在国内换得的商品和服务数量下降。为减少这种损失，外国投资者则倾向将这种货币换成外币进行消费，这种货币的国外持有量将下降。因此，通货膨胀严重的国家发行的货币无法成为国际货币。

货币国际化要求一国的财政政策、货币政策能够创造一个有助于本国货币国际化的宏观经济环境，并能适应国际、国内经济周期的变动，实行以经济手段为主的有效宏观调控，以保持币值的相对稳定。

第四,货币当局应具有独立的货币政策。

货币政策是政府利用货币政策工具调整货币供应量来实现其经济目标的行为。货币政策独立性意味着货币政策不受其他政府部门的影响、指挥或控制。通常包括以下两层含义:一是货币政策目标的独立性,即货币发行当局可以自行决定货币政策的最终目标;二是货币政策工具的独立性,即货币发行当局可以自行运用货币政策工具来实现其目标。

如果货币当局过多地受其他部门干扰,货币政策目标不清晰不固定,反映到外部经济上,货币的汇率变动难以预计,这必将增大货币持有者的汇率风险。

此外,货币发行国应建立发达的金融市场。

金融市场是指资金供应者和资金需求者双方通过信用工具进行交易而融通资金的市场。广而言之,是实现货币借贷、资金融通、办理各种票据和有价证券交易活动的市场。

金融市场是一个庞大而复杂的市场系统,可以分成3大类:传统金融市场、外汇市场和金融衍生产品市场。传统金融市场是围绕着资金筹措与运作而开展金融商品交易的场所,外汇市场进行通货之间的交易,金融衍生产品市场用以管理、调节传统金融市场和外汇市场交易衍生出来的资产组合的内在风险。

2. 货币国际化的外部经济条件

首先,货币发行国经济应具有高度的开放性。

国际货币发行国应具有高度的经济开放性。完全封闭经济条件下,一国与其他国家没有经济往来,不存在一国货币在他国使用的情况,货币国际化无从谈起。只有在开放经济条件下,国与国之间发生贸易往来，出于国际交易和支付的必要，某国的货币才可能被外国持有和使用。国际经济交往广泛、在世界贸易和世界投资中所占比重大的国家，其货币在国际上能得到更广泛的认同。强有力的出口和国际投资地位，能直接推动该国货币在国际上被广泛使用。

其次，货币发行国应维持货币可兑换性。

货币自由兑换指取消对外汇支付、转移或交易的限制。刘光灿等引用《现代经济词典》对货币自由兑换的定义：一国通货的持有者可以为任何目的而将所持有的通货按照汇率兑换成另一国通货的权利。在通货完全自由兑换的情况下，即使在国际收支出现逆差时，也应保证持有任何国家通货的任何人享有无限制的通货兑换权①。

货币自由兑换通常分为经常项目可自由兑换和资本项目可自由兑换。经常项目可自由兑换指一国不对其国际收支中经常性交易项目实行汇兑限制，资本项目自由兑换指国际收支资本项目下的有关交易所需的汇兑可以不受限制地进行。

再次，货币发行国应具有健康的国际收支结构和充足的国际清偿手段。

国际收支结构指国际项目之间的规模结构和具体项目的顺、逆差情况。从经常收支与资本收支（指资本与金融项目）看，存在着平衡与失衡的多种组合（见表 3－17），每种组合的给外汇储备造成的结果还取决于两种收支的数量关系。进一步看，经常收支内部存在贸易收支、服务收支、转移支付等项目，资本收支的内部还有直接投资、证券投资、其他投资的划分。这些更为细致的国际收支项目的结

① 刘光灿、蒋国云、周汉勇：《人民币自由兑换与国际化》，中国财政经济出版社 2007 年版，第 2 页。

构关系能够更好地反映出国家对经济的管制方向和经济中蕴含的潜在风险。

表3-17　国际收支基本结构

国际收支结构		资本收支		
		平衡	顺差	逆差
经常收支	平衡	=，=	=，+	=，-
	顺差	+，=	+，=	+，-
	逆差	-，=	-，+	-，-

注：=表示平衡，+表示顺差，-表示逆差。栏中第一个符号表示经常收支情况，第二个符号表示资本收支情况。

充足的国际清偿手段是指政府要拥有足够的黄金、外汇储备以及从国外融资的能力，以应付随时可能发生的汇兑要求，从而使该国国际收支保持动态平衡，以维持外汇市场和汇率的相对稳定。充足的国际清偿力能够增加货币持有者的信心，只要货币持有者相信货币发行当局具备按照当前汇率水平收回货币的能力，就不会发生恶意兑换。如果货币持有者认为当局不具备回收其发行的货币的能力，则可能出现集中抛售货币的情况。在外汇储备不足的情况下，将引发汇率剧烈震荡。这样不仅无法实现货币国际化目标，反而会危及实体经济的稳定与发展。

此外，合理的汇率和汇率体制是货币国际化的重要条件。

合理的汇率是指汇率水平从长期看符合购买力平价标准，能够真实地反映货币发行国在世界经济中的地位。没有人愿意持有存在贬值趋势的货币，人们愿意持有具有升值趋势的货币，但又忌惮持有过程中的汇率波动。出于经济增长要求，没有哪个国家愿意降低自己的出口水平，因此存在货币升值压力的国家对汇率低估持欢迎态度,不会容忍货币迅速升值至均衡水平。汇率低于购买力平价水平的货币,其汇率短期变动风险似乎更高。只有将汇率维持在均衡汇率附近,才能有效降低汇率变动风险,同时降低政策成本。汇率的长期稳定能够降低国际经济交往中的信息成本,增进交易效率。以货币实际代表的价值量为基础、与该国国际收支平衡相一致的汇率,能够客观地反映外汇市场的供求,正确引导外汇资源的合理配置,也是实现货币国际化后保持外汇市场稳定的必要条件。

为增加货币的国际使用,货币发行国应该选择有助于货币持有者自由使用和买卖货币的宏观环境。固定汇率制度无法反映各国之间经济实力的变化,因而从长期看,必然导致汇率偏离均衡水平,增加维持汇率的政策成本。固定汇率制度下货币国际使用的增加,存在两种可能:出于对货币发行国经济的信任,出于对与这种货币维持固定比价的锚货币的信任。布雷顿森林体系瓦解后的国际经济实践证明,实行有管理的浮动汇率制是真正实现货币国际化的重要条件。

日本在1970年代初在实体经济上已经初步具备了货币国际化的基本条件,此后日元国际化也开始向前推进。从金融经济角度看,日本还存在央行独立性不足、金融市场发展滞后等问题,从而使日元国际化进程受阻。

3. 货币国际化的非经济条件

除经济条件外,政治、文化、历史等因素也会影响货币国际化的进程。

国际货币的发行国应该具有强大的政治影响力和号召力,并且能够在国际协调与合作中处于优势地位,这样,才有利于增加外国对本国货币的接受性。在经济政策协调中,也才更容易推行有利于本国的经济政策,让其他国家共同分担货币国际化成本。二战后,以美元为核心的国际货币体系的建立即是美国政治实力的体现。

历史因素也会对货币选择产生影响。1945 年,法国将其非洲属国的货币统一为非洲殖民地法郎。1960 年代殖民地独立运动时期,独立的国家并未创造自己的货币,而是将殖民地法郎分解为两种货币:西非货币联盟使用非洲金融共同体法郎;中部非洲的关税和经济联盟的六国使用中非金融合作署法郎。这样在事实上延续了法郎圈的存在。

地理上的接近和语言文化上的相似性也有助于扩大货币的使用范围。欧洲在地理上不存在天然屏障,自古以来各民族之间的交往就十分频繁,在文明发展与进步中呈现出地区融合的趋势。在欧洲一体化进程的推动下,单一货币最终得以实现。

从政治、地理、历史、文化角度看,日元国际化进程尚有漫长而艰难的路要走。

二、从货币选择理论看日元国际化

1. 国际贸易中计价单位的选择

国际货币首先作为进出口贸易和国际资本交易中标记商品价格和订立契约时计算价格的工具被使用。如果这种货币在本国外的其他国家间进行贸易或投资时被广泛采用,则说明它的国际化程度更高。国际记账单位选择的相关理论从贸易品性质、利率函数特征、两国汇率波动特征角度分析了国际贸易中企业的微观决策。

国际贸易中计价货币的决定,关系到进出口交易双方的汇率风险分担,与交易双方的议价能力有关。而交易者的议价能力又受到贸易品的特性、非价格竞争力、交易者的市场支配能力、金融上的便利性等因素影响。

Grassman 认为商品交易存在的原动力在于买方需要卖方的产品，或者说，通常是买方对商品的需求意愿大于卖方对商品的销售意愿①。因此在讨价还价过程中卖方处于优势地位。卖方有权力将商品按照自己的货币进行定价，改变计价及支付的货币种类无疑增加了买方讨价还价的成本。从日本贸易中计价货币的数据也可以看出这一点，日本出口贸易中日元计价的比例远高于进口贸易中的日元计价比例。

McKinnon 认为国际贸易中的双方都偏好用自己所在国货币进行交易，但只有一方能够如愿②。因此他根据出口方的议价能力将贸易商品区分为第一类贸易品和第二类贸易品，来考察国际贸易中不同货币的计价情况。所谓第一类贸易品指具有产品差别化特征，生产者可能具有价格支配能力的商品，工业制成品是这一类贸易品的典型；第二类贸易品是差别化小、生产者不具有价格支配力的商品，主要是石油、矿产、粮食等产品。McKinnon 认为，由于第一类贸易品生产者的价格支配力比较强，通常以生产者所在国的货币来计价；而第二类贸易品在国际市场上通常以美元（个别的用英镑）计价。在第一类贸易品的交易中，如果是出口到美国的，也常常用美元计价。其原因在于美国市场对外国的出口企业来说是十分具有吸引力的，因此出口者之间存在较强的竞争性，同时美元金融市场、资本市场十分完善，出口商可以在这些市场上自由地运用得到的美元。所以说，贸易计价货币的选择，与当事国的贸易结构、金融市场、资本

---

① S. Grassman, "A Fundamental Symmetry in International Payment Patterns", *Journal of International Economics*, No. 3, 1973, pp. 105 - 116.

② 何国华：《西方货币国际化理论综述》，载《经济评论》2007 年第 4 期，第 156—160 页。

市场的发达程度有密切关系。

日本的贸易中,大量进口第一类贸易品,出口中有一定份额的第二类贸易品。在与发达国家的贸易中,第二类贸易品占主体,并且与美国的贸易交易量大,第一类贸易品的进口多来源于发展中国家。根据日本贸易的上述特征,日美贸易以美元计价;日本从发展中国家的进口贸易大部分是以美元计价的第一类贸易品,其余部分因发展中国家技术水平落后,贸易品的垄断性,有可能转向日元计价;日本对发展中国家的出口最可能使用日元计价;日本与发达国家的基于水平分工的贸易使双方在确定计价货币时势均力敌,但是由于美元霸权的存在,难以完全实现采用生产者计价,而是存在着出口国货币与美元之间的货币竞争(见图3－7)。

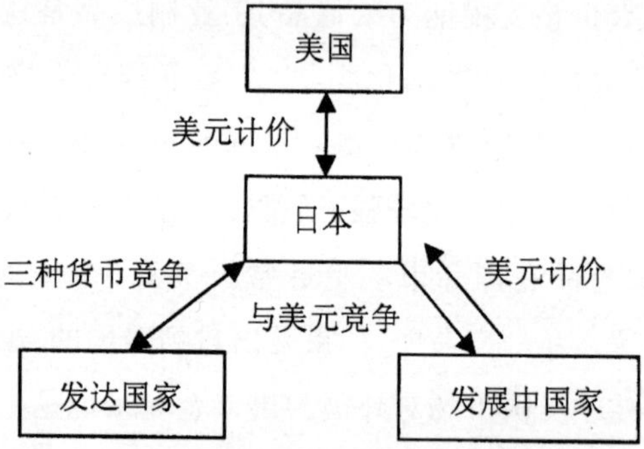

图3－7　日本贸易中计价货币的选择趋势

根据不同生产者边际成本的差异,可以考察出口价格对汇率变化的调整程度。利用利润函数特征来判断国际贸易中的计价货币选择问题,是将微观经济定价因素作为考察贸易计价的主要依据。

大井博之等人总结了局部均衡、一般均衡理论研究中得出的内

生出口贸易中计价货币的选择标准(见表3－18)[①]:

表3－18　出口计价货币的选择标准

	高/大	低/小
1. 出口对象国货币对本国货币的方差与出口对象国货币对美元的方差相比	第三国货币	PCP
2. 商品差别化程度	PCP	LCP
3. 进口国的进口中出口国所占比重	PCP	LCP
4. 出口国规模	PCP	LCP
5. 本国货币供给的方差与外国货币供给方差相比	LCP	PCP

资料来源:转引自大井博之、大谷聡、代田豊一郎『貿易におけるインボイス通貨の決定について—「円の国際化」へのインプリケーション—』、『金融研究』2003年9号、第106頁。

(1)在有第三国货币可以作为贸易计价货币的情况下,如果不选择LCP(当地货币定价)计价方式,则在本国货币和第三国货币之间,对出口对象国汇率的方差小者将被选择为计价货币。

(2)贸易品的差别化程度越高,企业越倾向于使用PCP(生产者货币定价)计价方式。

(3)出口对象国的进口中,本国出口所占份额越高,选择PCP(生产者货币定价)计价方式的可能性越大。

(4)经济规模越大,选择PCP(生产者货币定价)计价的可能性越高。

---

① 大井博之、大谷聡、代田豊一郎『貿易におけるインボイス通貨の決定について—「円の国際化」へのインプリケーション—』、『金融研究』2003年9号、第106頁。

(5)本国的货币供给方差比外国高则选择 PCP 计价方式;反之,本国货币供给的方差低于外国,则选择 LCP(当地货币定价)方式。

2. 国际基准货币的选择

国际基准货币的选择是指一国在确定本国汇率水平或者与其他国家进行外汇交易时所参照或使用的货币。如何选择国际基准货币与这个国家选择何种货币进行国际储备和进行外汇干预密切相关。

通常选择在贸易、资本、金融交易等方面依存度高的对象国的货币作为国际基准货币。在采用固定汇率制度或钉住汇率制度的国家中,很多国家与被钉住国在历史上是殖民地与宗主国的关系,钉住国与被钉住国之间存在密切的商品贸易、资金往来、人员交流关系,甚至在语言文化方面也有较强的共通性。

一国在选择国际基准货币时,这种货币根据贸易品篮子测算的货币购买力,即货币对外价值的稳定是一个十分重要的条件。在开放经济条件下,面对同等程度的国际冲击,小国经济受到的影响相对较大。如果采用浮动汇率制,汇率的频繁、剧烈波动,不仅影响正常的对外贸易往来,而且对发展中国家吸引外部投资也十分不利。如果选择对外价值稳定的货币作为锚货币,采取固定或者钉住汇率制度,将在很大程度上降低国际经济往来时的汇率风险,增加外国投资者信心。资本自由流动条件下,固定或钉住汇率制度要求钉住国采用与被钉住国一致的货币政策,在两国经济调整目标出现矛盾时,被钉住国能否在制订汇率政策时适当顾及钉住国的经济承受能力也是货币制度选择时要考量的一个方面。在钉住一篮子货币的汇率制度中,每一种篮子货币都不同程度地发挥着国际基准货币的职能。在货币篮子中的比重越大,则相对发挥国际基准货币的程度就越高。

目前为止,日元并没有被任何一个国家钉住。与日本经济贸易关系最为密切的亚洲地区，是日元最可能发挥国际基准货币职能的地区。目前的亚洲货币合作研究，已进展到对亚洲特别是东亚国家和地区的汇率合作层面，一个重要的研究内容就是东亚地区逐渐采用钉住一篮子货币的方式实现最终的东亚货币合作，而对于货币篮子的构成，特别是对于日元是否加入货币篮子以及如果加入日元在其中的地位如何，是这种合作方式将要面临的一个难点。

3. 国际储备货币的选择

采用固定汇率制度或钉住汇率制度的国家不可避免地要进行外汇干预，采用浮动汇率制度的国家也需要对汇率进行控制和调整。或者说，为防范国际收支出现大幅赤字引起金融动荡甚至危机，为保证国际收支调节顺畅地进行，也需要保有一定额度的国际流动性。因此各国货币当局以干预市场为目的而使用的国际货币或者为应对国际收支赤字所持有的国际货币便成为国际储备货币。

采用固定或钉住汇率制度的国家，必然把其钉住的锚货币作为最重要的国际储备货币和干预货币。因此，这种货币在其外汇储备中占有的份额也比较高。

在银行间外汇市场上发挥媒介货币功能、占有份额大的货币，通常被各国政府用来当做货币政策调节的干预货币。国际金融市场上占有份额大、运动迅速、交易便利的货币，在各国政府进行外汇储备资产组合时会受到更多青睐。

从资产组合理论的观点看，一国的外汇储备本身就是一种为弥补国际收支逆差而存在的短期流动资产的组合。因此，一种货币的收益性和货币价值的稳定性成为其能否成为国际储备货币主要的衡量标准。

第四章　日元区域化的经济基础

日元国际化在经过了近 10 年的停滞之后，在 20 世纪末重新被日本政府摆上桌面。其主要背景有三：东亚经济区域化发展、亚洲金融危机和欧元启动。在新的国际、区域环境下，日本的日元国际化策略也有所改变。在直接挑战美元的日元国际化进程受阻后，日本开始关注日元在东亚地区的角色问题，从而日元国际化开始了以东亚为重心的区域化转向。此后的日元国际化与日元区域化进程是重合的，因此本书将 1999 年之后的日元在东亚的国际化称为日元区域化。本章介绍日元区域化的区域实体经济背景，日元区域化的金融经济背景将在下一章说明。

地理上的接近、文化上的相似，使日本与东亚地区自古以来就有着紧密的经济联系。即使在日本“脱亚入欧”、“脱亚入美”的过程中，日本与东亚的经济关系也在向前发展。二战后，日本与东亚地区的经济联系愈加密切，1980 年代后半期亚洲地区的日本跨国公司投资迅速发展，日本跨国公司的海外经营进入了追求全部生产过程最优配置的阶段。伴随亚洲区域生产由垂直分工向水平分工模式转化，日本跨国公司在亚洲的生产、流通、销售基地的分布更加合理化。日本的产业升级带动了整个东亚地区的产业升级运动，形成了以日本为“头雁”、新兴工业化经济体[①]为两翼、中国等发展中国家为第三层次的“雁行模式”。本章首先对“雁行模式”为代表的东亚经济发展理论的发展脉络进行梳理，其次对日本与东亚地区的贸易、投资关系进行说明，并在此基础上介绍日元国际化在东亚地区的进展。

第一节　东亚经济发展理论

一、“雁行模式”理论

1. 单个产业的“雁行模式”

1930年代日本著名经济学家赤松要在《当代日本产业结构研究》一书中提出了“雁行模式”理论。最初的“雁行模式”用来描述后起国的特定产业从产生、发展到走向衰落的过程。赤松要对日本棉纺工业从进口发展到国内生产，再发展到出口的历史进行了考察，认为后进国家的产业发展应遵循“进口—国内生产—出口”的模式，使其产业相继更替发展。日本工业化初期，主要出口丝绸、棉纱、棉布等消费品，换取发达国家的纺织机械等生产资料，以此装备本国的纺织品生产；继之，日本对进口纺织机械进行替代性生产，以此带动日

① 新兴工业化经济体是指经济发展程度介于发达国家和发展中国家之间的经济体，又称“半发达经济体”、“半工业化经济体”。这一定名是在1970年代末期的《经济合作发展组织报告书》里提出的。总的说来，所谓新兴工业化国家是指具有一定资本主义基础的发展中国家在较短的历史时期内克服了社会经济的落后性并在工业化进程中一定程度上接近于发达国家水平的国家和地区，具体指十个发展中国家（地区），即：东亚地区的韩国、中国台湾省、中国香港和新加坡；拉丁美洲的巴西和墨西哥；欧洲的葡萄牙、西班牙、希腊和南斯拉夫。本书中如未做特殊说明，仅指亚洲的四个新兴工业化国家和地区：韩国、中国台湾、中国香港和新加坡。

本机械工业发展；机械工业的发展又依次带动钢铁、机电等产业发展；日本以在外贸中获取的外汇购买先进技术并予以消化、吸收和推广，逐渐建立起自主技术基础和研究开发体系。日本各产业顺次起飞的这一进程就被形象地称作"雁行模式"。赤松要认为产业的发展大多经历从海外进口—国内生产替代进口—向海外出口的过程。进一步的研究发现，不只在一个行业，而且一国的产业结构变动、主导产业的演变也呈现出这样的规律，所以"雁行模式"又被用来描述一国的产业结构变动规律。

后来，日本学者山泽逸平将赤松要的"雁形产业发展形态"理论进行了扩展，提出了引进→进口替代→出口成长→成熟→逆进口五个阶段，从而更加详尽地展示出后进国家如何通过进口先进国家产品和引进技术，建立自己的工厂进行生产以满足国内需求，不仅可供出口，而且后来居上取代"领头雁"地位并最终实现经济起飞的过程。

图 4－1 中，左侧为赤松要的 3 阶段"雁行模式"，右侧为山泽逸平的 5 阶段"雁行模式"图：

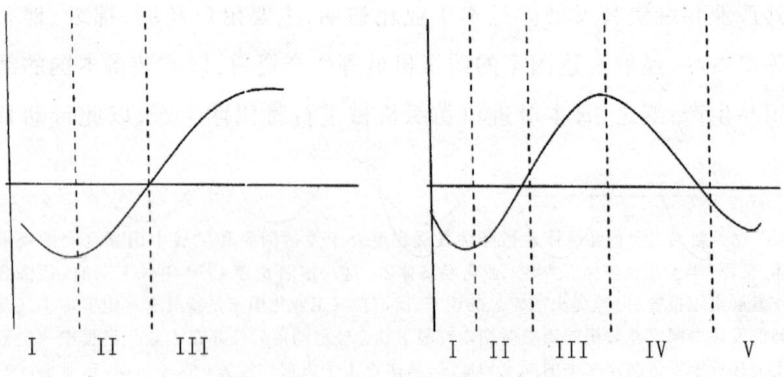

图 4－1　单个产业的"雁行模式"图

区域Ⅰ表示一国开始从海外进口某种产品，进口量逐渐增加。

区域Ⅱ表示国内开始实行进口替代，随着国内生产的增加，进口数量开始下降。

区域Ⅲ表示进口替代过程结束，开始向外国出口商品。

区域Ⅳ表示产业进入成熟阶段，产品出口量下降。

区域Ⅴ表示逆进口数量，本国产量不足以满足消费需要，开始再次从海外进口。

2. 产业间的“雁行模式”

二战后，日本学者进一步发展了“雁行模式”，用其解释一个国家产业变迁的过程。国内各产业生命周期均经过上述各阶段，即单个产业的发展过程依然遵循“雁行模式”。从一个国家的产业结构上看，经历了由消费资料生产转向生产资料生产，或由轻工业转向重工业的发展过程。从生产要素密集性来看，产业发展经历了由劳动密集型产业向资本密集型产业，进而转向技术密集型产业发展的过程（见图4－2）。

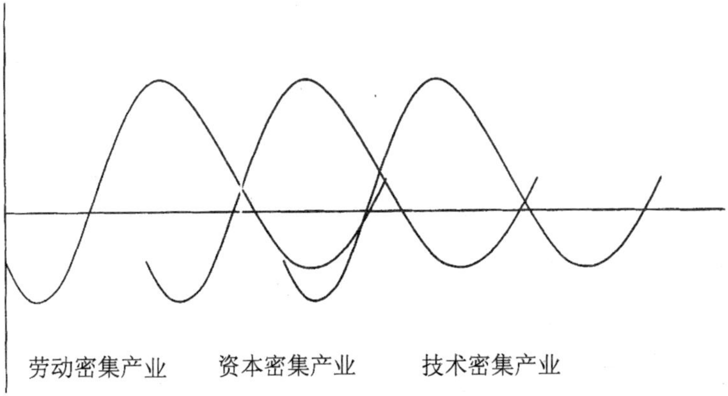

图4－2　产业间的“雁行模式”

3. 区域的“雁行模式”

二战后,小岛清首先将“雁行模式”引入对东亚区域经济发展关联性方面的研究,此后的“雁行模式”被用来描述基于国际直接投资的东亚国家间产业分工和产业传递的格局,也被用来描述东亚国家经济依次起飞的现象。“雁行模式”被表述为这样一个过程:各国家之间基于发展阶段不同,先进国家向落后国家依次转移在先进国家处于相对劣势而在落后国家处于相对优势的产业,从而实现比较优势在整个区域内的转移。

1980年代以来东亚地区的经济发展遵循着“雁行模式”的轨迹:率先实现工业化的日本依次把成熟了的或者具有潜在比较劣势的产业转移到“亚洲四小龙”,后者又将其成熟的产业依次转移到东盟诸国(泰国、马来西亚、菲律宾、印度尼西亚等)。80年代初,中国东部沿海地区也开始参与东亚国际分工体系,勾勒出一幅以日本为“领头雁”的东亚经济发展的雁行图景,在它们之间形成了技术密集与高附加值产业—资本技术密集产业—劳动密集型产业的阶梯式产业分工体系。这样东亚各国和地区在产业分工链条的位置和经济发展阶段就形成了具有东亚特色的“雁行模式”。在这一队“大雁”中,日本处于“头雁”位置,负责为雁群把握方向。

二、边际产业扩张理论

小岛清根据1960年代末日本对外直接投资情况提出了边际产业扩张论,认为对外直接投资与国际贸易是互补关系,而不是替代关系。对外直接投资促进国际贸易发展的条件是对外直接投资应该从本国已经处于或即将处于比较劣势的产业依次进行。“边际产业”具有双重含义,对于投资国来说,它位于投资国比较优势顺序的底部,而对于东道国来说,则位于比较优势顺序的顶端。

小岛清用直接投资曲线的扩展模型来描述日本作为先导国向东亚地区进行产业扩展的雁行发展的区域扩散过程：日本的雁行发展的产业结构中重心由 X 产业向 Y 产业转移，X 产业通过海外投资向新兴工业化经济体（后续雁）转移，新兴工业化经济体成为 X 产业的先导国。日本的产业结构重心向 Z 产业转移的同时，新兴工业化经济体的产业构造向 Y 产业转移，日本和新兴工业化经济体通过直接投资促进东盟各国及中国的 X 产业的发展（见图 4－3）。

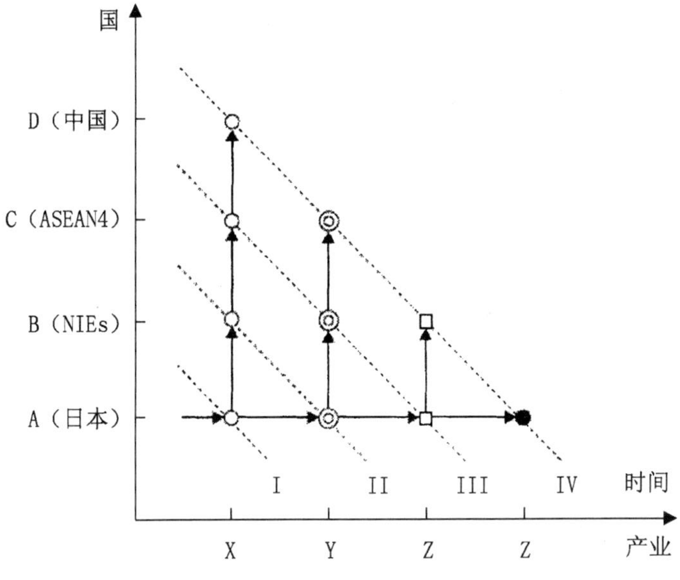

图 4－3　直接投资前线的扩展

资料来源：转引自小島清『雁行型経済発展論』第一卷、文真堂、2003、第 214 頁。

三、“后雁行模式”的提出

根据上述分析，我们可以将“雁行模式”理论归结为三个模型：

模型 1（基本）：后起国特定产业的生命周期一般由三个阶段构

成,即:进口—国内生产(进口替代)—出口(后又扩展为五阶段,加上“成熟”和“反进口”两个阶段);

模型2(变形1):国内各产业生命周期均经过上述各阶段,但次序由消费资料生产转向生产资料生产,或由轻工业转向重工业进而转向技术密集型产业;

模型3(变形2):随着比较优势动态变化,通过直接投资等方式在国际间出现产业转移,东亚的后起国追赶先行国的进程具有“雁形模式”的特征。

其中模型1反映了后进型国家向先进型国家发展时出口变动的基本规律;模型2可以解释东亚地区各国的贸易关联;模型3能够解释东亚地区各国的产业关联。

小岛清的边际产业扩张论则综合了“雁行理论”的3个模型,对东亚地区的出口和直接投资双重增长给出了合理解释。

由于东亚地区各经济体基于传统雁行分工体系之上的经济相互依存程度的加深,加之地缘上相近,文化传统上相亲,因此,二战以后,在东亚地区实际上形成了一个以日本为核心的非制度性经济圈。

“雁行模式”与边际产业扩张论在国际垂直分工为主的时期有很强的解释力。但是,1980年代以来,随着国际水平分工体系的发展,世界贸易、投资关系发生了巨大变化,经济水平相近的发达国家之间的相互贸易与投资不断增加,超过了发达国家与发展中国家的贸易投资增长。“雁行模式”现有的3个模型无法解释这一现象。

从东亚来看,日本泡沫经济崩溃后,长期的经济萧条制约了日本“头雁”作用的发挥,日本与东亚地区基于垂直分工的贸易投资链条被打破,水平化分工不断增加。中国经济的迅速崛起加速了新兴工业化经济体与中国沿海地区的产业链条传递,同时吸引日本对中国的直接投资和贸易,“雁行模式”的飞行形态被打破。

有学者将东亚的新分工格局称为“后雁行模式”,其含义包括两个方面:第一,由于东亚地区的经济发展水平和技术水平的差异性和层次性依然存在,东亚区域分工与经济发展本质上仍然是传统“雁行模式”的延续;第二,东亚区域国际分工体系逐步向新的水平型网络化国际分工体系过渡。这种分工体系的表现是:东亚各经济体之间的水平分工加强,基于水平分工的产业内贸易交易扩大;东亚区域内经济相对发达国家通过对经济相对落后国家的直接投资构建区域网络化生产体系,通过跨国公司行为扩大东亚区域的产品内贸易。在接下来对日本与东亚的贸易、直接投资关系的分析中,“雁行模式”向“后雁行模式”转换的证据无处不在。

第二节　日本与东亚的贸易联系

随着东亚区域雁行国际分工体系的逐步建立,东亚地区各经济体之间的相互依存程度日益加深。纵观整个东亚地区,就对外贸易来看,东亚区域内相互出口由1980年代后期的30.2%增加到90年代前期的38.3%,同期的相互进口由28.2%增加到34.5%。1994年,整个东亚地区内部相互贸易的比重已占全部贸易的43%。而东南亚金融危机之所以能在短时间迅速波及其他东亚国家(地区),也充分反映了东亚地区各经济体之间经济关系的紧密程度。

一、日本与中国的贸易联系

中日两国1972年9月宣布邦交正常化以来,经济交往日益频繁:1974年1月,双方签订协议,相互给予最惠国待遇;之后两国贸易迅速发展,1973 年双边贸易额为 20 亿美元,1978 年突破 50 亿美元,1981 年突破 100 亿美元。1995 年日本对中国贸易占其贸易总额的 7.4%,1999 年增加到 10.0%。

1. 日本对中国贸易增长迅速

中国改革开放以来,日本对中国的进出口贸易增长迅速,据日本统计局数据,1980 年日本对中国出口达到 11.15 亿美元,1990 年受泡沫经济崩溃影响,只有 8.8 亿美元,1991 年恢复至 19.1 亿美元,1995 年突破 20 亿美元,1999 年达到 26.57 亿美元。1980 年,日本方面统计的从中国进口额为 9.8 亿美元,1990 年增加到 17.30 亿美元,1995 年为 33.81 亿美元,1999 年达到 48.75 亿美元(图 4 - 4)。

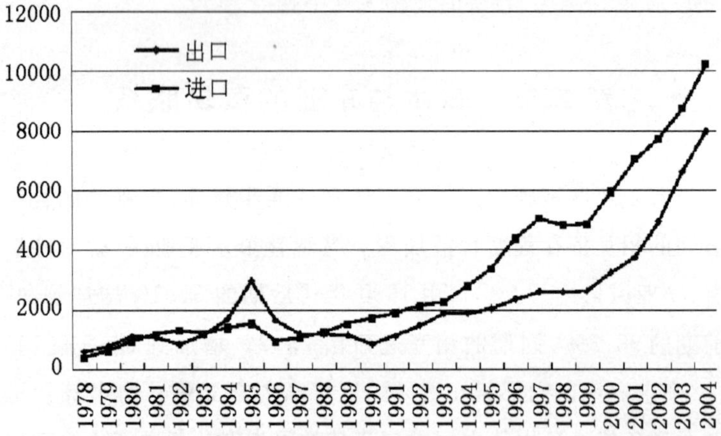

图 4 - 4 日本对中国贸易增长(单位:10 亿日元)

资料来源:根据日本统计局网站数据作图。

中国对日本出口增长速度高于日本对中国的出口增长,因此从 1980 年代后期开始,日本对中国贸易始终处于逆差状态,在 1997 年亚洲金融危机之前逆差额不断增多。1997 年金融危机中,中国保持了人民币汇率的稳定，而东亚各危机国家汇率发生贬值，贬值后这些国家的出口竞争力增强，挤占了一部分中国的出口，因此在危机之后，日本对中国的贸易逆差有所降低。

2. 日本与中国的贸易结构

日本对中国的贸易结构能够反映出两国经济发展水平的差异。表4－1中，日本对中国的出口商品主要集中在统计表右半部高附加值的制成品和机器设备，日本从中国进口的商品则主要为统计表左半部的初级产品。

日本对中国出口最多的商品类别始终是化学制品、原料制品、一般机械和电气设备。1988年日本对中国这四类产品的出口额分别是1206亿日元、4291亿日元、2250亿日元、2761亿日元；到2000年，日本这四类产品对中国的出口额达到了4299亿日元、7505亿日元、6397亿日元和8990亿日元，分别为1988年的3.6、1.7、2.8和3.3倍。

1980年代，日本从中国进口最多的商品类别发生了变化，1988年日本从中国进口最多的商品类别为食品、原材料、矿物性原料和原料制品，2000年则变为了食品、原料制品、一般机械和电气设备。与1988年相比，2000年日本从中国进口的食品、原料制品、一般机械和电气设备分别增长了2.78、2.79、104.7和72.8倍，此外，运输设备增加了310倍。日本从中国进口商品的结构变化反映了中国国内产业结构升级的成果。中国的产业升级导致中日两国的产业内贸易增加，国际贸易由垂直分工向水平分工转变。

与日本从中国进口快速增加形成鲜明对比的是，2000年日本从中国进口的原材料和矿物性原料的数额较1988年有所下降。这反映了随着中国经济增长，国内工业化水平提高，对原材料需求的增加。

表 4－1 日本对中国进出口贸易结构(单位:亿日元)

出口	总额	食品	原材料	矿物性原料	化学制品	原料制品	一般机械	电气设备	运输用机器	其他
1988	12139	32	344	12	1206	4291	2250	2761	672	571
1989	11647	34	258	37	1082	4418	2175	2547	503	593
1990	8835	37	300	97	1088	2773	1487	2006	449	599
1991	11568	37	360	115	1443	3584	2016	2566	737	708
1992	15103	41	441	252	1362	3959	3611	3056	1463	918
1993	19113	33	414	399	1171	5342	5076	3460	2187	1030
1994	19137	55	477	340	1391	4723	4779	4180	2056	1137
1995	20620	88	582	279	1921	5225	5726	4520	873	1404
1996	23824	130	745	415	2224	5642	6957	5032	990	1688
1997	26307	133	812	831	2671	6383	6332	5867	1302	1975
1998	26209	123	829	318	3015	6308	6164	6172	1151	2130
1999	26574	114	718	236	3418	6450	5633	6772	906	2328
2000	32744	150	866	232	4299	7505	6397	8990	1270	3035
进口	总额	食品	原材料	矿物性原料	化学制品	不同原料制品	一般机械	电气设备	运输用机器	其他
1988	12642	2281	1692	2713	792	2396	39	124	2	2603
1989	15343	2679	1858	2886	972	2428	60	345	11	4105
1990	17299	2767	1573	4130	941	2392	101	546	16	4833
1991	19137	3287	1543	3181	1001	2910	175	773	33	6233
1992	21448	3528	1362	2897	891	2691	175	999	57	8848

1993	22780	3578	1168	2341	825	2781	308	1364	65	10352
1994	28114	4822	1324	1967	961	3758	425	1931	110	12816
1995	33809	4408	1281	1968	1243	5020	892	3098	220	15679
1996	43997	5474	1599	2614	1519	5269	1868	4712	316	20625
1997	50617	6095	1789	2925	1779	6504	2640	5996	394	22494
1998	48441	5991	1447	1931	1716	5789	2681	6705	378	21804
1999	48754	5982	1435	1538	1523	5505	2686	7102	451	22532
2000	59414	6331	1617	2326	1761	6679	4084	9023	620	26972

资料来源:根据日本财务省网站统计数据制表。

二、日本与东亚新兴工业化经济体的贸易关系

日本与东亚新兴工业化经济体(NIEs)贸易关系极为紧密,这四个经济体都是日本重要的贸易伙伴。1999年,日本与中国台湾、韩国、中国香港、新加坡的贸易总额分别达到4.73万亿日元、4.43万亿日元、2.71万亿日元和2.47万亿日元;与NIEs的贸易总额占日本当年贸易额的17.3%。

1. 日本对东亚新兴工业化经济体的贸易增长

1980年代以来,日本对新兴工业化经济体的贸易规模迅速扩大,1979年日本对新兴工业化经济体出口3.71万亿日元,进口1.74万亿日元。1999年上升至10.24万亿日元和4.10万亿日元,是1979年的2.76和2.36倍。1999年日本对韩国、中国台湾、香港和新加坡的出口分别为1979年的1.9、3.4、3.1、3.2倍,进口的对应倍数为2.5、2.7、1.4、1.9倍(见表4-2)。

由于日本对四地区①贸易出口比进口的基数大，出口贸易的增长速率又高于进口，导致日本对四地区的贸易逆差不断扩大（见图4－5）。日本对四地区的逆差增长速度远远高于与中国的逆差增长。

1999年日本对四地区总逆差为6.14万亿日元，其中对韩国逆差0.78万亿日元，对中国台湾逆差1.85万亿日元，对中国香港逆差2.30万亿日元，对新加坡逆差1.24万亿日元。需要注意的是，香港和新加坡是世界上最重要的转口贸易港，日本对这两地的出口被分散至世界各地，日本从这两地的进口也来自世界各地，真正在这两地生产或者消费的部分实际上很少。

表4－2 日本对新兴工业化经济体的贸易（单位：百亿日元）

年份	总出口	总进口	韩国		中国台湾		中国香港		新加坡	
			出口	进口	出口	进口	出口	进口	出口	进口
1979	370.6	174.1	136.0	73.2	95.3	53.9	80.6	14.5	58.8	32.6
1981	458.7	188.2	124.6	74.8	118.8	55.6	116.8	14.8	98.4	43.0
1983	494.9	193.1	142.7	80.0	120.9	62.3	125.7	15.9	105.7	34.9
1985	538.8	235.2	169.4	97.7	120.5	81.1	156.5	18.3	92.5	38.1
1987	572.5	272.8	192.2	117.0	164.5	103.4	128.7	22.7	87.1	29.7
1989	725.7	373.1	228.1	178.8	212.2	123.1	158.2	30.6	127.2	40.6
1991	900.9	368.2	270.4	166.3	246.0	128.1	219.8	27.8	164.7	46.0
1993	895.0	299.8	212.4	129.7	245.6	107.8	252.5	22.1	184.4	40.1
1995	1039.5	387.1	292.8	162.2	271.0	134.7	260.0	25.7	215.8	64.4

① 本节中，四地区代指韩国、中国台湾、中国香港、新加坡这四个亚洲新兴工业化经济体。

1997	1223.6	425.6	315.3	176.3	333.5	151.1	329.8	27.2	245.0	71.0
1999	1024.4	410.2	260.6	182.4	327.6	145.6	250.7	20.3	185.4	61.8

资料来源:根据日本财务省贸易网站统计资料制表。

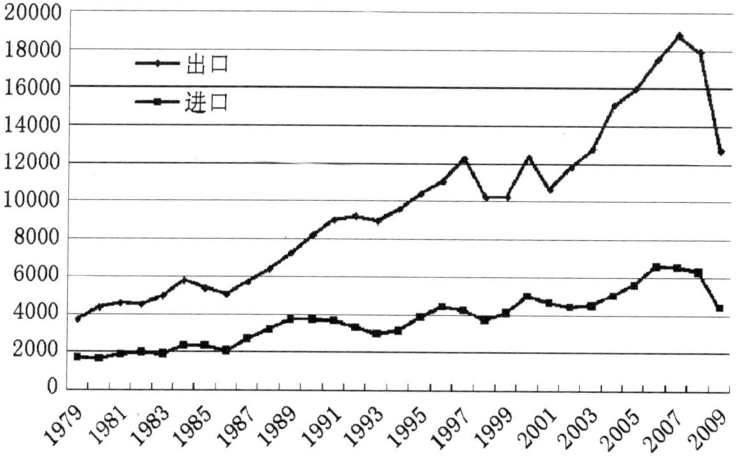

图 4－5　日本对新兴工业化经济体的贸易增长(单位:10 亿日元)

资料来源:根据日本统计局网站数据作图。

2. 日本与东亚新兴工业化经济体的贸易结构(见表 4－3)

从出口贸易结构看,日本对四地区出口额最多的产品类别是原料制品、一般机械和电气设备[①],此外,化学制品的出口增长比较突出。1979 年日本对四地区出口原料制品、一般机械、电气设备和化学制品额为 1.27 万亿日元、1.32 万亿日元、1.91 万亿日元和 0.64 万亿日元,2000 年对四地区的这四类产品出口额增至 1.53 万亿日

① "其他"项目包含的商品类别比较多,通常数额比较大,但因其无法反映贸易背后的国际产业分工关系,故在本书中,不将其列入贸易结构的比较之中。

元、2.64 万亿日元、4.13 万亿日元和 1.37 万亿日元。除原料制品只增加两成之外,其他三类都基本增加了一倍。

从进口贸易结构看,日本从四地区的进口在商品类别上相对平均,1988 年食品和原料制品的进口量都超过了 5500 亿日元。电气设备进口 3460 亿日元,列第三位。此后,食品和原料制品的进口都有所缩减。2000 年进口最多的商品类别是一般机械和电气设备,进口额分别达到了 1.26 万亿和 1.30 万亿日元,是 1979 年的 9.8 和 3.75倍。

从产业分工角度看,日本与新兴工业化经济体的水平化分工进展迅速,双方在高技术含量的一般机械、电气设备产业进行了大量的产业内贸易。

表 4-3　日本对新兴工业化经济体贸易结构(单位:10 亿日元)

出口	总额	食品	原材料	矿物性原料	化学制品	原料制品	一般机械	电气设备	运输用机器	其他
1988	6382	86	92	30	635	1266	1318	1916	401	639
1989	7257	101	112	72	724	1413	1543	2149	394	747
1990	8187	108	117	123	825	1477	1772	2367	503	895
1991	9009	114	105	111	870	1614	2041	2602	577	975
1992	9199	116	107	110	871	1569	1990	2695	741	1000
1993	8950	104	91	122	814	1428	1844	2794	757	994
1994	9562	105	95	138	909	1442	2033	3107	662	1072
1995	10395	111	99	153	1084	1590	2192	3456	528	1181
1996	11037	117	114	104	1136	1618	2486	3482	610	1370
1997	12236	139	124	75	1319	1782	2594	3875	777	1552

1998	10224	118	126	56	1164	1495	1969	3316	634	1347
1999	10244	121	107	57	1205	1420	2086	3367	424	1457
2000	12356	115	112	57	1374	1529	2640	4130	553	1845
进口	总额	食品	原材料	矿物性原料	化学制品	原料制品	一般机械	电气设备	运输用机器	其他
1988	3205	557	134	176	152	573	128	346	27	1112
1989	3731	558	145	209	190	684	178	460	31	1276
1990	3748	568	142	282	200	654	221	456	40	1184
1991	3682	608	125	227	178	676	232	492	47	1098
1992	3316	602	110	174	155	561	221	458	43	993
1993	2998	555	89	130	146	487	244	470	39	837
1994	3174	519	92	107	168	492	341	593	49	813
1995	3871	515	96	149	185	538	648	864	50	825
1996	4440	578	97	284	210	549	797	950	55	919
1997	4256	405	110	242	258	596	741	941	59	905
1998	3756	376	85	170	239	489	721	837	53	785
1999	4102	378	75	252	236	444	954	947	63	753
2000	5008	335	83	403	299	493	1264	1298	70	763

资料来源:根据日本财务省贸易网站统计资料制表。

三、日本与东盟的贸易关系

东南亚国家联盟[①](简称东盟,ASEAN)的前身是由马来西亚、菲

① 目前成员国有越南、老挝、柬埔寨、缅甸、泰国、马来西亚、新加坡、印度尼西亚、菲律宾、文莱。

律宾和泰国于1961年7月31日在曼谷成立的东南亚联盟。1967年8月,印度尼西亚、泰国、新加坡、菲律宾四国外长和马来西亚副总理在曼谷举行会议,发表了《东南亚国家联盟成立宣言》,即《曼谷宣言》,正式宣告东盟成立。东盟目前共有10个成员国,是东亚区域经济合作的重要推动力量。

2000年日本贸易对象国前10位中有4个国家是东盟成员,即:马来西亚、泰国、印度尼西亚和新加坡。

1. 日本对东盟经济体的贸易增长

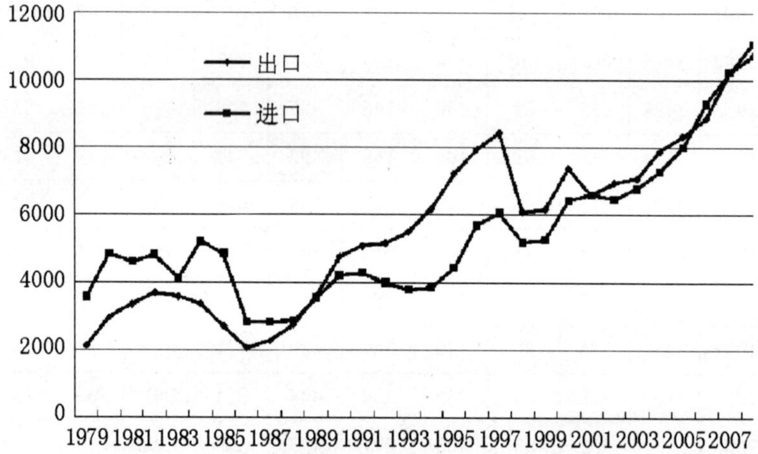

图4-6 日本对东盟的贸易增长(单位:10亿日元)

资料来源:根据日本财务省贸易网站统计资料制图。

日本对东盟进出口呈波动增长态势(见图4-6)。1980年代初,日本对东盟进出口迅速增加。1982年到1986年出口不断下降,1986年以后,出口进入迅速上升阶段,直到1998年受上一年国际金融危机影响,再次大幅减少。日本对东盟进口贸易的波动性远高于出口,1986至1988年日本对东盟进口一度降至不足2.9万亿日元，较 1985 年下降了 40%，比 1979 年还低 20%。1989 年和 1990 年回升至 70 年代末水平后，因日本泡沫经济崩溃，国内需求萎缩，对东盟进口再次下降，1991 年后的进口增长因东亚金融危机再次被打断。

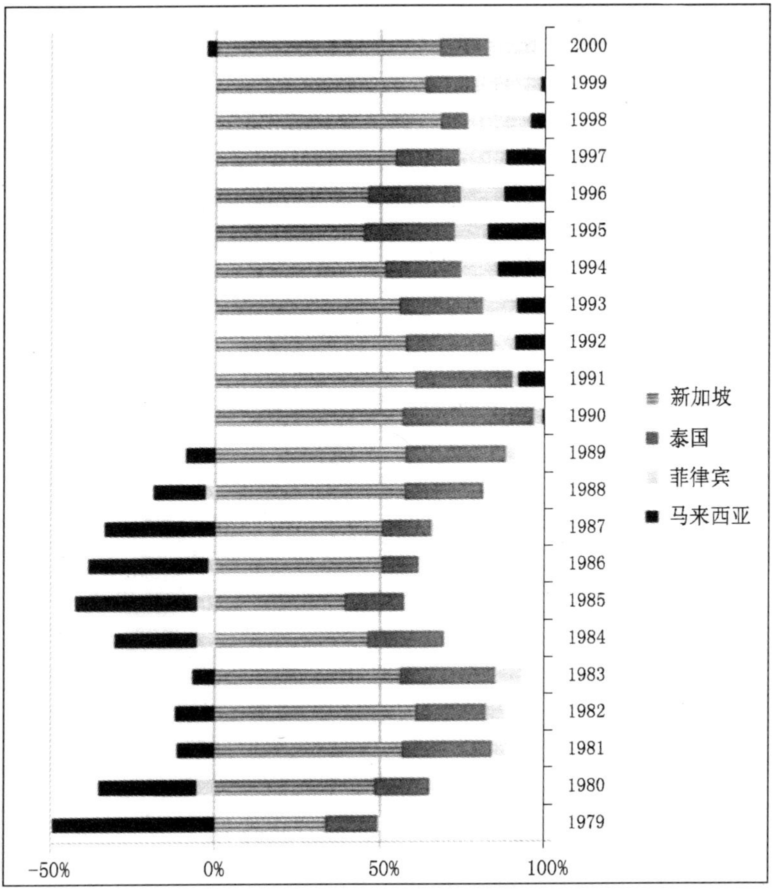

图 4－7　日本对东盟贸易差额中主要国家的贡献度

资料来源：根据日本财务省贸易网站统计资料制图。

从日本对东盟的贸易差额看,1989 年及以前为逆差阶段,1990 年起进入顺差时代(见图 4-7)。从东盟各国对贸易差额的贡献度看,新加坡和泰国是对日贸易逆差的主力,其中新加坡对日贸易逆差数额巨大且稳定,这其中大部分通过转口贸易分散到世界各地。马来西亚是东盟对日贸易顺差的主要来源地,1990 年开始,马来西亚也成为了日本的贸易顺差国,进一步扩大了东盟对日贸易的逆差。越南和文莱两国从 1995 年和 1984 年开始有统计数据,两国对日始终处于顺差状态,但是贸易额和贸易差额在东盟对日贸易中的比例都比较小,缅甸、老挝、柬埔寨 3 国的对日贸易量则十分微小。

2. 日本与东盟的贸易结构

日本对东盟出口中,一般机械和电气设备的出口额十分突出,1988 年日本对东盟出口一般机械和电气设备 7.21 万亿日元和 3.73 万亿日元,2000 年上升至 16.47 万亿日元和 27.10 万亿日元,分别增加了 1.6 和 2.8 倍。此外,化学制品和原料制品的出口额和增加量也比较大(见表 4-4)。

2000 年日本对东盟进口额为 1988 年的 2.2 倍。日本从东盟进口的产品中,矿物性原料的进口量最大,但是增速缓慢,1988 年进口量即达到 12.96 万亿日元,2000 年仅较 1988 年增加了 20%。1988 年食品和原料制品类产品的进口量也比较大,但是增速低于总体水平。日本从东盟进口增加速度最快的产品类别是一般机械和电气设备,都增加了超过 21 倍。日本从东盟进口产品结构的变化反映出东盟产业结构变化和技术能力的增加。同时说明日本和东盟的产业分工与日本和中国、日本和新兴工业化国家的产业分工发生了同样的变化——由垂直分工向水平分工转变。

表4－4 日本对东盟贸易结构(单位:百亿日元)

出口	总额	食品	原材料	矿物性原料	化学制品	原料制品	一般机械	电气设备	运输用机器	其他
1988	2741	29	26	13	224	538	632	721	373	185
1989	3579	30	34	18	273	677	878	936	508	227
1990	4754	30	38	21	342	831	1236	1240	712	305
1991	5078	35	40	24	339	884	1381	1402	616	357
1992	5152	34	48	33	364	876	1314	1491	613	378
1993	5496	37	40	44	363	823	1327	1713	746	404
1994	6172	32	42	41	413	859	1493	2085	773	431
1995	7237	26	54	27	500	1003	1772	2426	926	503
1996	7955	28	61	32	528	1077	2013	2524	1057	636
1997	8437	38	61	26	577	1177	2130	2695	986	748
1998	6085	47	49	22	473	868	1291	2308	378	649
1999	6170	30	51	19	499	890	1276	2247	463	696
2000	7381	22	56	25	556	964	1647	2710	631	772
进口	总额	食品	原材料	矿物性原料	化学制品	原料制品	一般机械	电气设备	运输用机器	其他
1988	2876	352	640	1296	82	251	43	64	2	145
1989	3545	416	736	1477	115	394	85	120	3	198
1990	4207	464	656	1982	114	388	142	176	5	281
1991	4280	513	609	1862	105	353	213	266	8	351
1992	3996	515	582	1556	97	318	213	308	10	398
1993	3792	493	541	1282	87	391	255	331	11	399
1994	3871	559	492	1084	101	391	319	463	13	448

1995	4451	536	537	1094	110	429	556	629	15	546
1996	5703	608	540	1463	128	572	789	860	18	725
1997	6059	634	562	1485	155	639	847	948	29	761
1998	5191	629	420	1114	151	450	818	888	34	687
1999	5259	560	379	1090	168	508	843	1006	35	670
2000	6424	549	416	1554	213	533	968	1421	42	729

资料来源:根据日本财务省贸易网站统计资料制表。

第三节　日本对东亚的投资

一、日本对东亚直接投资的数量

日本对外直接投资始于1960年代末,虽然起步较晚,但是发展迅速。1985年之后,伴随着日元升值,日本海外直接投资实现非常规扩张,1989年对外直接投资6589件,投资总额达到90339亿日元。受泡沫经济崩溃影响,1993年日本对外直接投资迅速萎缩,1994年降至42808亿日元,之后有所回升,1997年日本对外直接投资额66236亿日元,1998年受东亚金融危机影响,再次下滑。

1. 亚洲在日本对外直接投资中的地位

日本对北美地区(主要是美国和加拿大)的直接投资在其对外直接投资中所占的比重最大,1989年日本对北美地区实际直接投资2848件,投资金额45485亿日元,对日本总对外直接投资的贡献度超过50%,此后,美国吸收的日本直接投资在日本对外直接投资中的比重有所降低,日本对外直接投资开始关注欧洲和亚洲。1990年代前半期,欧洲是日本第二大直接投资目的地,1994年开始,日本对亚洲①直接投资额超过欧洲，亚洲成为接纳日本海外投资的第二大区域（见图4－8）。从日本对亚洲直接投资占其对世界直接投资的比重看，大约处在12%到25%之间（见表4－5）。

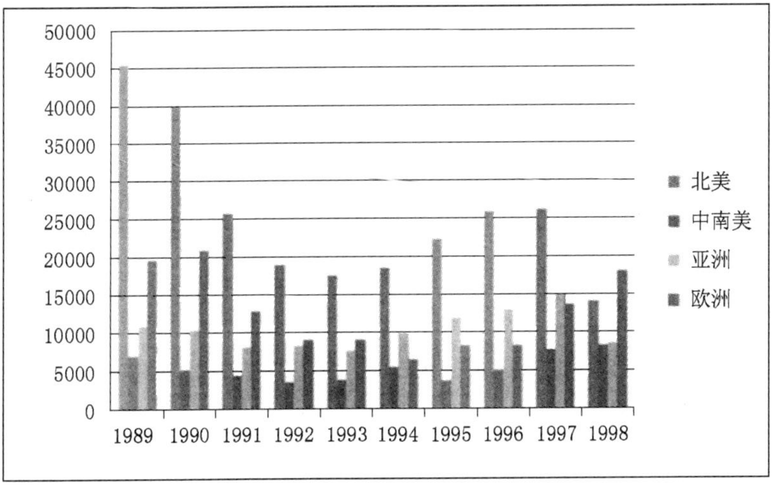

图4－8　日本对外直接投资区域比较（单位：亿日元）

资料来源：根据日本财务省贸易网站统计资料制表。

日本对东亚的投资变化受日本经济和区域经济两方面影响而产生波动。1989年后稍有下降，之后开始回升，1995年日本对亚洲地区投资11921亿日元，超过1989年11003亿日元的水平。此后，日本对外直接投资继续扩张，经过连续3年的快速上升之后，1997年日本对亚洲直接投资额14954亿美元，达到历史顶点。尽管投资总额增加，占日本对世界直接投资的比重却基本持平，说明这一时期日

① 日本对亚洲的直接投资，主要集中于东亚地区，特别是中国、新兴工业化国家（地区）和东盟地区。由于无法获得更为详尽的资料，笔者利用日本对亚洲地区直接投资的数据来分析对东亚的直接投资。

本对东亚直接投资的增长并非源于东亚经济本身，而主要在于日元升值引发的资产膨胀效应和日本经济泡沫膨胀引发的虚假繁荣。受东亚金融危机影响，东亚地区对直接投资的吸引力下降，日本直接投资能力下降，1998 年日本对东亚直接投资额大幅下降，并且连续多年无法实现回升。这一轮的日本对亚洲直接投资规模缩减与日本对亚洲直接投资比例缩减同时出现，说明亚洲对日本直接投资吸引力下降。

表 4－5　日本国际直接投资流向（单位：件、亿日元）

年度	1989		1990		1991		1992		1993	
	件数	金额	件数	金额	件数	金额	件数	金额	件数	金额
北美洲	2848	45485	2426	39958	1714	25763	1258	18972	953	17591
中南美	421	6991	339	5289	290	4547	307	3525	327	3889
亚洲	1707	11003	1499	10343	1277	8107	1269	8316	1478	7672
中东	5	86	1	39	10	123	16	896	16	251
欧洲	916	19727	956	20975	803	12832	617	9176	494	9204
非洲	88	891	70	804	76	1014	23	308	52	630
大洋洲	604	6156	572	6119	394	4476	251	3119	168	2275
合计	6589	90339	5863	83527	4564	56862	3741	44313	3488	41514

年度	1994		1995		1996		1997		1998	
	件数	金额	件数	金额	件数	金额	件数	金额	件数	金额
北美洲	534	18525	551	22394	638	25933	611	26247	337	14137
中南美	303	5499	300	3741	257	5010	303	7775	257	8349
亚洲	1305	10084	1629	11921	1233	13083	1157	14954	550	8555
中东	12	303	3	148	10	268	6	578	4	187
欧洲	221	6525	260	8281	241	8305	250	13749	389	18116

非洲	35	366	37	367	41	485	26	407	32	582
大洋洲	68	1507	83	2716	81	1011	142	2525	68	2853
合计	2478	42808	2863	49568	2501	54095	2495	66236	1637	52780

注：件数为实际投资件数。
资料来源：根据日本财务省网站统计数据制表。

2. 日本对东亚直接投资项目规模变化

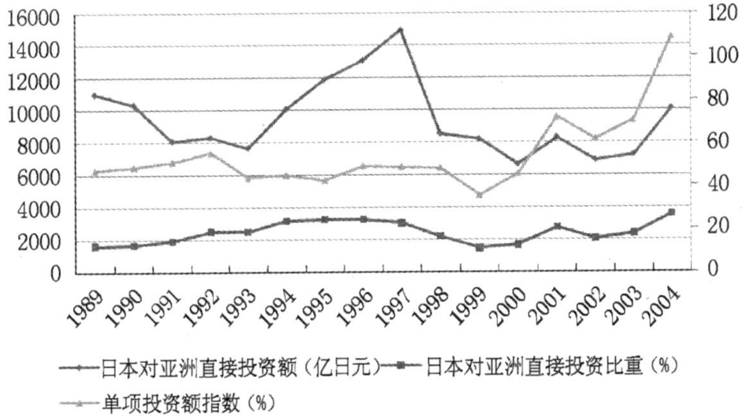

图 4－9　日本对亚洲直接投资规模

注：日本对亚洲投资额对应左侧坐标，日本对亚洲直接投资比重和单项投资额指数对应右侧坐标。
资料来源：根据日本财务省贸易网站统计资料制表。

日本对东亚直接投资项目规模的变动方向与投资总额的变动方向并不完全一致（见图 4－9）。1989 年至 1992 年单位投资规模连续上升，由 47 亿日元升至 55 亿日元。1993 年至 1995 年日本对亚洲投资规模扩张期间，单位投资规模并未同时增长，1993 降至 43 亿日元左右，说明这一时期总投资规模的增长主要是项目数量的增加带来的；1996 年至 1998 年为 49 亿日元左右，1996 年的投资规模增加由单项金额和项目数量同时促成,1998 年投资总额的下降主要源于投资项目数量的下降。

直接投资单项投资额指数是被考察区域吸收的直接投资的平均单项金额与整体吸收的直接投资金额之比的百分数,可以反映被考察区域吸收的直接投资的项目平均规模与整体之间的关系。我们利用这一指数对日本对东亚直接投资项目规模进行衡量,发现日本对东亚项目投资规模明显低于对世界的平均项目投资规模。2000 年之前单项投资额指数值只有 50% 左右,这说明日本对东亚地区的直接投资主要集中在单项投资金额比较小的劳动密集型产业,而非资金、技术密集型产业。

二、日本对东亚直接投资的结构

1. 日本对东亚直接投资结构的纵向变动

1980 年代末日本对亚洲制造业直接投资远低于对非制造业的直接投资,日本对东亚制造业直接投资和非制造业投资的变动趋势大体一致,但对制造业直接投资的绝对变动更突出(见图 4 - 10)。1980 年代末期日本对东亚直接投资以非制造业投资为主,资金主要投向金融保险业、服务业和房地产行业。日本对东亚地区金融保险业的直接投资有利于强化日本与东亚的金融联系,增加日元在东亚金融市场的交易份额。日本对东亚的服务业投资中有很大一部分是高利润率的旅馆、酒店业,对房地产行业的直接投资构成了日本泡沫经济末期在全球的地产扩张。

1993 年起,日本对制造业直接投资快速增加,逐渐拉大了与非制造业直接投资的差距。电动机生产是制造业直接投资的最大行业,约占日本对亚洲制造业投资的 25%—30%,运输设备直接投资在90年代后半期得到加强。东亚金融危机爆发后，日本对亚洲直接投资迅速缩减，1998年制造业直接投资额同比下降46%，其中电机业和化学业降低了62%和51%；非制造业投资同比下降36%，其中矿业和房地产业分别下降了79%和83%（见表4－6）。

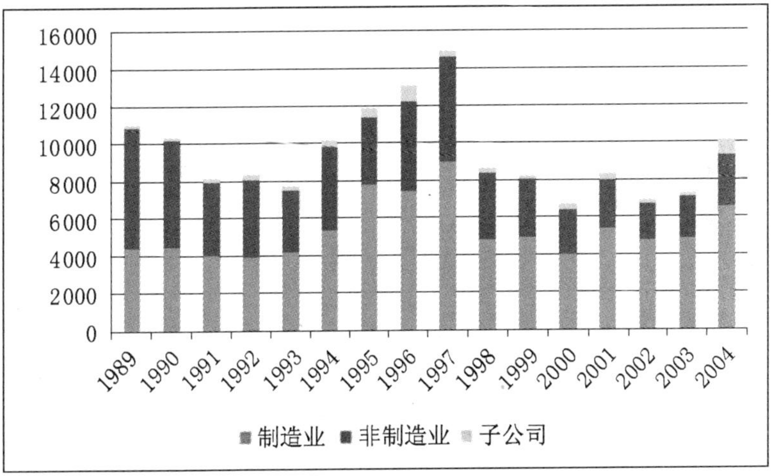

图4－10　日本对东亚直接投资结构

资料来源：根据日本财务省贸易网站统计资料制表。

表4－6　日本对亚洲各行业直接投资（单位：亿日元）

年度	1989	1990	1991	1992	1993	1994	1995	1996	1997	1998
粮食	752	173	216	91	160	257	270	314	215	165
纤维	260	433	297	293	347	519	728	403	520	288
木材、纸浆	81	109	48	66	95	65	101	258	162	173
化学	390	817	792	1345	464	963	615	1004	1619	771
铁、非铁	413	332	335	343	394	510	918	1068	965	738
机械	468	387	348	279	503	410	771	625	647	363
电机	1243	1219	1197	702	1018	1439	2388	2059	2226	863

运输设备	190	551	260	221	304	416	822	897	1047	1032
其他	548	475	516	656	892	817	1201	839	1577	421
制造业合计	**4344**	**4496**	**4009**	**3995**	**4178**	**5396**	**7814**	**7466**	**8978**	**4815**
农林业	26	50	37	19	23	19	47	9	13	4
渔业水产业	30	28	31	87	26	168	30	93	117	5
矿业	285	341	354	475	308	187	257	522	1270	375
建筑业	381	141	130	214	49	176	160	174	267	170
商业	879	1782	970	994	823	630	787	894	957	1507
金融保险	1421	943	1088	887	796	1211	738	891	706	583
服务业	1479	1304	707	657	584	1132	585	862	676	495
运输业	521	166	132	432	329	340	314	302	486	270
房地产业	1486	944	488	338	418	526	656	1007	1089	182
其他	11	9	0	—	—	—	—	—	65	9
非制造业合计	**6521**	**5708**	**3938**	**4101**	**3357**	**4390**	**3574**	**4755**	**5646**	**3598**
子公司	137	139	160	220	137	298	533	862	330	141
合计	11003	1043	8107	8316	7672	10084	11921	13083	14954	8555

资料来源：根据日本财务省贸易网站统计资料制表。

2. 日本对东亚直接投资结构的横向比较

1990年代前、后两个半期日本对东亚直接投资中，投向制造业的份额都高于投向非制造业份额，后半期日本对东亚直接投资的增加基本来自于制造业投资（见表4－7）。同样，日本对世界、美国直接投资的增额中也是主要来源于制造业投资。1980年代后半期，日本对美国的非制造业投资减少了23%，制造业投资增加了70%。

从隶属于制造业的各个细分行业看，日本对世界直接投资增长最快的是粮食制造业，增加了331%，美国增加了214%，亚洲地区只增加112%；对亚洲直接投资增长最快的运输设备制造业在世界及美国分别增加了199%和192%。电机制造业是日本对外直接投资中份额最大的行业,其中1980年代前、后半期对美国投资额分别为7077亿美元和27958亿日元,增加了3.95倍。1980年代前半期日本对亚洲电机制造业的直接投资与美国十分接近,后半期却只有美国的27.8%。电机制造业是知识、技术密集度最高的行业,这方面对美直接投资增加意味着日本与美国在知识技术密集行业内的水平分工的深化,对亚洲投资的增长乏力则反映出亚洲承接日本转移的知识技术基础薄弱。

表4－7　1980年代日本对世界、亚洲和美国的直接投资结构

(单位:亿美元;%)

	世界			亚洲			美国		
年度	前半期	后半期	增加(%)	前半期	后半期	增加(%)	前半期	后半期	增加(%)
粮食	4660	20067	331	994	1117	112	1870	4000	214
纤维	3661	2862	78	2185	1629	75	658	709	108
木材、纸浆	1893	2298	121	375	668	178	911	1251	137
化学	11623	12965	112	4179	4644	111	4517	4613	102
铁、非铁	5765	8543	148	2500	4036	161	1776	2324	131
机械	8051	6882	85	2311	2238	97	2995	2804	94
电机	16560	41561	251	6744	7784	115	7077	27958	395
运输设备	9445	18803	199	2022	4293	212	2905	5566	192
其他	13725	8610	63	4082	3886	95	7847	2646	34
制造业合计	**75384**	**122592**	**163**	**25391**	**30296**	**119**	**30557**	**51872**	**170**
农林业	942	409	43	145	32	22	145	121	84
渔业水产业	549	445	81	343	230	67	18	46	248
矿业	5610	7971	142	1582	2304	146	664	1023	154

建筑业	2353	1600	68	730	698	96	1039	784	75
商业	27600	24553	89	4203	5396	128	10869	9894	91
金融保险	32184	64818	201	4720	3568	76	10969	12292	112
服务业	37543	22271	59	3664	2954	81	25217	13560	54
运输业	13057	34843	267	1546	1701	110	1003	6403	638
房地产业	37073	20191	54	2426	2469	102	22317	11843	53
其他	26	86	335	0	82	20560	23	0	0
非制造业合计	156939	177186	113	19360	19434	100	72264	55966	77
子公司	2741	2817	103	1349	1696	126	424	41	10
合计	235064	302595	129	46101	51427	112	103245	107878	104

注：前半期为1981—1985年合计，后半期为1986—1990年合计。
资料来源：根据日本财务省贸易网站统计资料制表。

第四节　日元国际化在东亚的发展

在21世纪到来之前，相对其他地区而言，东亚是日元国际化进展最显著的区域。在一定意义上讲，日元与其说是国际货币，不如说其作为东亚地区的区域性货币的色彩更为浓厚①。事实上，在主要采用钉住美元汇率制度的东亚地区，要实现"面向21世纪的日元国际化"的目标②，成为真正的区域性关键货币，摆在日本面前的依然是一条艰难而漫长的路。

① 島崎久弥『通貨危機と円の国際化』多賀出版、1999年。

② 日本财务省咨询机构外汇审议会于1999年提出《面向21世纪的日元国际化》答辩，称"在与日本关系极为密切的东亚地区进一步扩大日元的国际货币职能，是目前推进日元国际化的现实选择"，表明日本的日元国际化思路向日元区域化转变。

一、东亚贸易中的日元国际化

日本海关从2001年起每半年公布一次日本进出口的“贸易交易货币比例”。从2000年后半年的统计看，日本对亚洲的出口有50%用日元支付，远高于对世界的36.1%和对欧洲的33.5%，对美国出口日元交易的比例只有13.2%。从进口看，日本从亚洲进口中用日元交易的比例为24.8%，稍高于从世界进口的23.5%，主要原因在于对亚洲的统计中包含了部分产油国，日本从这些国家进口了大量以美元交易的石油。

1992年9月至2001年1月，日本对东亚①出口中，日元计价与美元计价基本平分秋色，东亚本地货币计价的比例极小，并且存在下降趋势（见表4－8）。日本从东亚进口中除1/4左右为日元计价外，其余近3/4为美元计价，以东亚地区货币计价比例最多只有2%左右（见表4－9）。在有日本参与的贸易中尚且如此，没有日本参与的东亚贸易中，以美元计价的比例会更大。

表4－8 日本出口贸易中日元和美元计价比例（单位：%）

出口		世界			美国			欧洲			东南亚		
		日元	美元	其他	日元	美元	其他	日元	美元	其他	日元	美元	其他
92年	9月	40.1	46.6	13.1	16.6	83.2	0.1	40.3	11.1	48.4	52.3	41.6	5.9
93年	9月	39.9	48.4	11.7	16.5	83.3	0.2	41.0	7.5	51.5	52.5	44.3	3.2
94年	9月	39.7	48.3	12.0	19.0	80.8	0.2	36.6	9.0	54.4	49.0	47.9	3.1
95年	3月	37.6	51.5	10.9	17.5	82.3	0.2	37.2	11.3	51.5	47.2	49.9	2.9
95年	9月	36.0	52.5	11.5	17.0	82.9	0.1	34.9	12.2	52.9	44.3	53.4	2.3

① 表4－8及表4－9中只有日本对东南亚而无对东亚的数据，笔者在说明日本对东亚贸易中计价货币时，以表中东南亚对应项目代替。

96 年	3 月	35.9	53.1	10.9	15.9	83.9	0.2	36.1	12.5	51.3	44.1	53.5	2.3
96 年	9 月	35.2	53.3	11.5	14.5	85.4	0.1	33.3	12.4	54.4	46.3	51.3	2.4
97 年	3 月	35.8	52.8	11.3	16.6	83.2	0.2	34.3	13.4	52.3	45.5	51.7	2.7
97 年	9 月	35.8	52.1	12.1	15.3	84.5	0.2	34.2	12.3	53.5	47.0	50.2	2.7
98 年	3 月	36.0	51.2	12.9	15.7	84.1	0.1	34.9	13.2	51.9	48.4	48.7	2.9
2001	1 月	36.1	52.4	11.5	13.2	86.7	0.1	33.5	13.0	53.5	50.0	48.2	1.8

资料来源:円の国際化推進研究会,財務省円の国際化推進研究会『円の国際化推進研究会報告書』別添資料、2001 年 6 月。

表 4－9 日本进口贸易中日元和美元计价比例(单位:%)

进口		世界			美国			欧洲			东南亚		
		日元	美元	其他	日元	美元	其他	日元	美元	其他	日元	美元	其他
92 年	9 月	17.0	74.5	8.5	13.8	86.0	0.2	31.7	17.9	50.4	23.8	73.9	2.3
93 年	9 月	20.9	72.4	6.7	13.8	86.1	0.1	45.0	18.2	36.8	25.7	72.0	2.3
94 年	9 月	19.2	73.9	7.0	13.3	86.4	0.3	38.6	21.9	39.5	23.6	74.2	2.2
95 年	3 月	24.3	68.9	6.8	18.4	80.9	0.6	40.6	20.2	39.2	34.1	64.2	1.7
95 年	9 月	22.7	70.2	7.1	21.5	78.4	0.2	44.8	16.1	39.2	26.2	71.9	2.0
96 年	3 月	20.5	72.2	7.3	17.5	82.7	0.1	40.9	15.3	43.0	23.9	74.1	2.0
96 年	9 月	20.6	72.4	6.9	16.4	83.2	0.4	46.1	12.5	41.5	24.0	73.8	2.3
97 年	3 月	18.9	74.0	7.1	14.2	85.6	0.2	41.3	17.0	41.7	23.3	74.9	1.7
97 年	9 月	22.6	70.8	6.6	22.0	77.8	0.2	49.3	13.1	37.7	25.0	73.0	1.9
98 年	3 月	21.8	71.5	6.7	16.9	83.0	0.1	44.3	14.3	41.4	26.7	71.6	1.7
2001	1 月	23.5	70.7	5.8	20.8	78.7	0.5	49.7	17.5	32.8	24.8	74.0	1.2

资料来源:円の国際化推進研究会,財務省円の国際化推進研究会『円の国際化推進研究会報告書』別添資料、2001 年 6 月。

同期日本对欧洲地区的出口中约有 3 至 4 成为日元计价,并存在一定的下降趋势,12% 左右是美元计价,列于“其他”项下的部分可以理解为欧洲货币结算。这样看来,日元计价减少部分约有 1/3

转为美元计价,2/3 转为欧洲货币计价。日本对欧洲的进口中,日元计价比例上升,2001 年已接近 50%,欧元计价比例下降,但也不低于 30%。

如果把欧洲看成一个整体,日本对欧洲贸易计价货币结构反映出欧洲货币的脱美元化趋势:即贸易交易主要以交易双方的货币进行,第三国货币使用比较少。反观东亚,则表现出强烈的美元圈[①]特征:即贸易交易主要以交易对象国货币和美元进行,本地区货币使用很少。因此,扩大日元在东亚贸易中的使用比率,日本面临的不是日元与东亚货币的竞争,而是日元与美元的竞争。

二、东亚金融交易中的日元国际化

1990 年代日本经济长期停滞,日本金融体系的弊端集中显现,金融系统自身也陷入了严重的危机,呆账、坏账问题严重,银行等金融机构大量破产。外国金融机构由东京转向新加坡、香港等新兴金融中心,东京的国际金融中心地位发生动摇。

东亚各国的直接金融市场不发达,企业的资金筹措高度依赖间接金融方式。日本与东亚的金融交易联系虽然比较密切,然而日本对东亚各国的融资却多以美元计价,日元计价比例很小。东亚地区与日本的资金流动规模也较欧美等发达国家小。据日本银行的统计数据,在日本的金融机构对外资金流动中,1997 年第二季度之前,流向欧洲、美国和亚太地区的资金规模相差不大,此后流向亚太地区与流向欧洲、美国的资金规模的差距迅速增大(见图 4 - 11)。1997 年

① 李晓、丁一兵对美元圈做了如下解释:所谓美元圈,一是指将美元作为主要的乃至核心的外汇交易货币使用,二是指各国、各地区都重视本币对美元汇率的稳定。

第三季度与第二季度相比,流向欧洲的资金增加两倍,流向美国的资金数量基本不变,对亚洲地区的资金流出转为流入。1997 年第三季之后,日本对欧洲资金流出量维持在 200 万亿美元上下;对美国的资金流动变动非常剧烈,1997 年第四季度流出资金约 200 亿美元,下一季度则出现了同样规模的资金流入。其间,日本对亚太的资金流动时进时出,在规模上无法与欧洲、美国相提并论。日本对外资金流动规模的增加说明日本金融的国际化增强,市场容量增加。对亚太地区资金流动规模小,一方面是受金融危机影响,管制增强,东亚资金流动不活跃;另一方面也说明了东亚地区的金融市场发达程度低,市场深度不足。

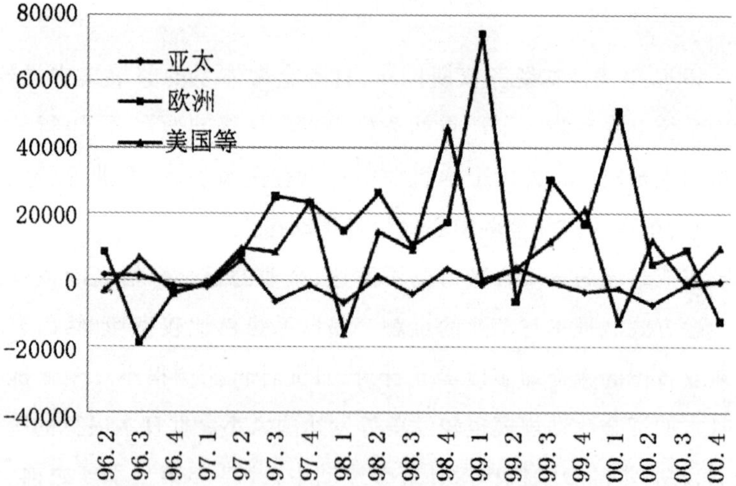

图 4-11 在日金融机构的分地区对外资金流动(百万美元)

注:1. 图中为 1996 年第二季度至 2000 年第四季度的季度数据。2. 对发达国家的资金流动区分为欧洲和美国等;亚太的数据是流向亚太发展中国家的资金流量。

资料来源:根据日本银行网站国际资金交易统计数据计算。

从东亚各个国家和地区货币在外汇市场的交易规模看,东亚货币的外汇交易中存在两种不均衡:美元与日元的不均衡和日元与东亚货币的不均衡。

表4－10是2004年4月1日东亚主要国家和地区当地货币对其他货币的交易量①,在各个市场上美元交易都占有绝对优势:272.3亿美元的港币交易额中有261.3亿美元是与美元进行交易,另有11亿美元与其他货币进行交易,对日元交易不超过1亿美元。新加坡元的交易币种相对分散,108.0亿美元交易额中有103.7亿美元的对美元交易,对日元交易有1.1亿美元,比对欧元交易额还少一些。对日元交易最多的是韩元,171.4亿美元交易中有2.5亿美元是对日元交易,对美元交易达到了167.1亿美元。东亚其他国家和地区货币的交易规模无法与前三地相比,除了1.1亿美元泰国铢与日元交换外,其他货币对日元的交易额都很小。东亚的美元圈现象显而易见。甚至日元外汇交易中也有86%是与美元进行的,这也进一步说明日元本身在外汇市场的影响力不足。

东亚地区外汇交易的主要媒介货币是美元,东亚货币之间的外汇买卖需通过美元间接进行,从而增加了外汇市场上美元交易量。例如,想把港币换成泰铢,在国际外汇市场上并不是直接卖港币买泰铢,而是先在外汇市场上卖出港币买入美元,然后再卖出美元买入泰铢。在两次买卖的过程中,港币和泰铢各参与一次交易,美元参与两次交易。从统计结果看,美元的交易量为港币或泰铢的2倍。

东亚货币的外汇交易中,超过100亿美元的有三种:港币、新加

---

① 本节主要考察的是日本区域化转向之前的日元在东亚的国际化情况,由于条件所限,无法找到东亚外汇市场2000年之前的相关数据。1997年亚洲金融危机之后,东亚地区的外汇市场未发生集团型的大型危机,因此2004年外汇市场的交易规模应该高于2000年及以前。这里对2004年4月1日的情况进行分析。

坡元和韩元,三种货币交易量总和只有551.7亿美元,而日元交易额为1396.3亿美元,超过三者之和的2倍。中国因为有比较严格的资本管制,外汇市场不发达,人民币外汇交易只有6.1亿美元,仅相当于日元交易的0.4%。东亚货币和日元的外汇交易规模不对称,特别是东亚货币外汇交易量小也不利于日元在东亚的外汇交易扩大。

表4-10 东亚各国当地货币对其他货币交易

(经销商之间交易 2004年4月1日平均;单位:亿美元)

	合计	对美元	对欧元	对日元	对英镑	其他
中国香港	272.3	261.3	—	—	—	11.0
新加坡	108.0	103.7	1.2	1.1	0.6	1.5
韩国	171.4	167.1	1.3	2.5	0.2	0.3
中国台湾	41.3	39.7	0.4	0.7	0.0	0.5
泰国	23.1	21.2	0.5	1.1	0.2	0.2
马来西亚	10.2	9.7	0.2	0.2	0.0	0.1
印度尼西亚	17.9	17.5	0.2	0.0	0.0	0.1
菲律宾	5.6	5.5	0.0	—	0.0	—
中国	6.1	6.0	0.0	0.0	—	—
日本	1396.3	1204.5	136.4	—	17.6	37.8

注:其他包括瑞士法郎、加拿大元、澳大利亚元等主要国货币。

资料来源:BIS Triennial Central Bank Survey (March 2005): Foreign exchange and derivatives market activity in 2004。转引自:中村毅夫、篠原壽成『対外面からみた東アジア経済および金融の特色—域内経済・金融の統合論議を念頭に』,日本銀行調査論文、ron0612a、2006年12月。

三、日元在东亚的外汇储备职能

从日元的官方价值储藏职能看,其在亚洲地区的国际化程度要高于世界平均水平。1980 年日元在世界外汇储备中比重为 4.4%，在亚洲外汇储备的比重达到了 13.9%，1990 年日元在世界外汇储备中的比重达到 9.1%，在亚洲外汇储备中的比重只增加了 3.2%，为 17.1%（见表 4－11）。

表 4－11　世界及部分亚洲国家的外汇储备币种构成（1980—1990 年）（单位：%）

	1980	1981	1982	1983	1984	1985	1986	1987	1988	1989	1990
（日元）											
世界	4.4	4.2	4.7	5.0	5.8	8.0	7.9	7.5	7.7	7.8	9.1
亚洲	13.9	15.5	17.6	16.5	16.3	26.9	22.8	30.0	26.7	17.5	17.1
（美元）											
世界	68.6	71.5	70.5	71.4	70.1	64.9	67.1	67.2	64.9	60.3	56.4
亚洲	48.6	54.4	53.2	55.7	58.2	44.8	48.4	41.2	46.7	56.4	62.7
（英镑）											
世界	2.9	2.1	2.3	2.5	2.9	3.0	2.6	2.4	2.8	2.7	3.2
亚洲	3.0	2.5	2.7	2.9	3.5	4.1	3.6	3.9	4.2	6.4	4.9
（马克）											
世界	14.9	12.3	12.4	11.8	12.7	15.2	14.6	14.4	15.7	19.1	19.7
亚洲	20.6	18.9	17.6	16.7	14.6	16.4	16.7	16.7	17.4	15.2	14.2
（法国法郎）											
世界	1.7	1.3	1.0	0.8	0.8	0.9	0.8	0.8	1.0	1.4	2.1
亚洲	0.6	0.6	0.7	0.8	0.6	0.9	1.1	1.0	0.5	0.5	0.2
（瑞士法郎）											
世界	3.2	2.7	2.7	2.4	2.0	2.3	2.0	2.0	1.9	1.5	1.5
亚洲	10.6	5.1	5.6	6.6	4.9	4.9	5.1	5.7	3.4	3.0	0.5
（荷兰盾）											
世界	1.3	1.1	1.1	0.8	0.7	1.0	1.1	1.2	1.1	1.2	1.2

亚洲（其他）	2.8	3.1	2.6	1.8	1.9	2.1	2.2	1.5	1.0	0.9	0.5
世界	3.0	4.8	5.2	5.3	5.0	4.6	3.9	4.4	4.9	6.0	6.8
亚洲	…	…	…	…	…	…	…	…	…	…	…

注：年末值。1990 年为 IMF 的估计价。

资料来源：George S. Tavlas and Yuzuru Ozeki, *The Internationalization of Currencies: An Appraisal of the Japanese Yen*, Washington, 1992, p. 40. 转引自島崎久弥『通貨危機と円の国際化』多賀出版、1999 年、第 177 頁。

从亚洲外汇储备币种结构的变化趋势看，日元形势不容乐观。1980 年代世界外汇储备中美元比例降低，日元和欧洲货币（主要是德国马克，当时为西德马克）的比例上升。1980 年美元占世界外汇储备的 68.6%，1990 年减至 56.4%，降低了 14.2 个百分点；日元在世界外汇储备中的比重增加了 4.7 个百分点，德国马克增加了 4.8 个百分点。由于东亚各国货币与日元的直接交易市场尚未建立，美元是东亚各国汇率的主要干预货币，因此各国的外汇储备也需要以美元为中心①。在全球减持美元储备的时期，亚洲的情况是外汇储备中日元和美元同时增加，欧洲货币比重下降明显。日元在亚洲外汇储备中的比重上升并非日元和美元的零和竞争，而是与美元一同挤占了欧洲货币的原有份额。

李晓、丁一兵转述上川、今松（1997）的分析，1990 年代中期为止，日本对东亚的日元资金供给主要是以 FDI 和日元借款为中心进行的，此外的金融交易则主要以美元进行。其中，由 FDI 所形成的大量当地日资企业并没有成为日元贷款的主要利用者，因此日元贷款

① 和田善寛『通貨危機後の円建て決済比率に変化なし』ITI 季報、Autumn 2001、第 45 号、第 38 頁。

的增加未能促进日本对东亚地区贸易中日元计价比重的提高；另一方面，虽然由于日元升值导致东亚各国、各地区增加了日元储备，但同时他们由此进行的削减日元债务的努力，也使得日元贷款的增加没有直接导致“日元国际化”程度的提高①。

四、日元承担基准通货的职能

在货币体系中，作为确定其他货币币值基础的货币被称为锚货币。狭义的锚货币指货币局制度和钉住单一货币汇率制度中被钉住的货币，日元目前为止尚未被任何国家作为锚货币。在钉住货币篮的汇率制度中，虽然篮中货币都可以算作广义的锚货币，但是在货币篮子中比重很小的货币执行的基准通货职能十分有限。

东亚金融危机之前，东盟各国多采用钉住篮子货币的管理浮动汇率制，这些国家的汇率水平参照 SDR 或者主要贸易对象国的货币组成的货币篮确定。由于很多国家并不公开货币篮中货币种类以及比重，因此无法直接获得日元在东亚各国货币篮中的比重。一些学者通过各种方法对货币篮的构成进行了估计，笔者利用 Frankel、Wei 和关志雄的估算结果来分析日本在东亚地区承担的基准通货职能。基于估算方法和样本时间的不同，两个结果存在一些差异，Frankel、Wei 估算的各国货币篮中日元的比重基本低于关志雄的结果，两者之间的差异高于美元比重直接的差异。另外的原因可能是 Frankel、Wei 在篮子中放入了更多种类的货币进行计算。

在两人的估算中，只有新加坡元的货币篮中日元比例都比较大，

① 李晓、丁一兵：《亚洲的超越——构建东亚区域货币体系与“人民币亚洲化”》，当代中国出版社 2006 年，第 246 页。

两个周结果和一个月结果分别是0.13、0.18和0.10，对应美元的比重为0.75、0.74和0.69。关志雄的估计结果中，韩元和马来西亚林吉特的货币篮中日元的比重相对较高，分别为0.17和0.16，并对应着0.84和0.87的美元比重，美元和日元的比重之和为1.01和1.03。关志雄对新加坡的估计中，美元和日元比重之和为0.92，较前两国低。Frankel、Wei的估计中，1979年1月至1992年5月的考察期内，印度尼西亚卢比的货币篮中日元比重为0.16，同时美元比重为0.95。除上述几国外，其他国家的货币篮中日元的比例微不足道。福田慎一和计聪分析了估计结果中美元比重比较大的原因。他们认为，东南亚国家货币和美元联动性强并不意味着各国在设计货币篮时给美元极大的权重。如果事实上钉住美元的货币（如港币）的份额在一国货币篮中比重大，也会导致增加该国货币与美元联动性的结果。这说明东亚金融危机之前东亚各国实行的是事实上的美元钉住制。

如果根据各国的对外贸易依赖度来确定货币篮中各种货币的比重，从东亚各国与日本贸易联系的情况看，日元在确定东亚各国货币的币值上应该发挥更大的作用（见表4-12）。而对日贸易也多以美元计价的现实，降低了这种可能性。

表4-12 金融危机以前东亚各国的货币篮构成估算结果

	Frankel、Wei（1994年）				关志雄（1995年）	
	周		月		周	
	1979.1—1992.5		1991.1—1995.5		1995.1—1995.8	
货币	美元	日元	美元	日元	美元	日元
韩元	0.96	-0.01	0.94	0.06	0.84	0.17

新加坡元	0.75	0.13	0.69	0.10	0.74	0.18
马来西亚林吉特	0.78	0.07	0.84	0.04	0.87	0.16
印度尼西亚卢比	0.95	0.16	0.99	0.00	0.97	0.01
菲律宾比索	1.07	-0.01	1.15	-0.24	1.07	0.02
泰国铢	0.91	0.05	0.82	0.10	0.86	0.09

资料来源：转引自福田慎一、計聡『通貨危機後の東アジアの通貨制度』日本銀行金融研究所、『金融研究』2001年12月。

东亚金融危机爆发后，东亚五国对汇率制度进行了调整，大部分国家都采用了更加灵活的管理浮动汇率。表4－13为东亚金融危机前后亚洲货币和美元、日元的相关关系，可以看出，危机之后东亚各国货币与美元的相关性降低，与日元相关性增大。如果扩大汇率浮动范围的东亚国家持续这种汇率制度的话，东亚货币对美元的波动性将进一步增加，日元在东亚地区发挥货币锚作用的空间更大。这种变化和趋势也是日本在东亚金融危机之后重提日元国际化的原因之一。

表4－13　东亚金融危机前后亚洲货币与美元、日元的相关系数变化

	泰国		韩国		马来西亚		菲律宾	
	美元	日元	美元	日元	美元	日元	美元	日元
亚洲危机前	0.982	0.569	0.960	0.115	0.944	0.378	0.747	0.080
亚洲危机时	0.300	0.142	0.189	0.118	0.203	0.322	0.359	0.166
稳定期	0.498	0.389	0.531	0.250	0.565	0.433	0.760	0.383

	印度尼西亚		新加坡		中国台湾	
	美元	日元	美元	日元	美元	日元
亚洲危机前	0.985	0.099	0.940	0.451	0.954	0.102
亚洲危机后	0.151	0.221	0.680	0.478	0.840	0.401

注:1.本表的数值为连续6个月中两个货币的周变动率的相关系数平均值。2. 1997年6月末止为危机前(韩国危机前为10月末)。连续30日对美元日变化率的绝对值不超过1%:泰国、韩国从1998年5月算起,马来西亚、菲律宾从1998年8月算起。此外,由于印度尼西亚汇率波动大、新加坡和中国台湾汇率波动小,这3个国家和地区只按危机前和危机后划分。3.印度尼西亚和菲律宾从1992年5月开始,其他国家和地区从1987年1月开始。

资料来源:財務省外国為替等審議会『21世紀に向けた円の国際化－世界の経済・金融情勢の変化と日本の対応』参考・関連資料、1999年4月。

第五章　东亚货币合作与日元区域化

第一节　从日元国际化到日元区域化

1999 年之前的日元国际化进程是布雷顿森林体系崩溃后日元在美国压力下的被动国际化过程，日元国际化的标准和目标被规定为在世界范围内提高日元的使用比例和拥有比例。实践证明这种直接走向国际货币的国际化道路是失败的。1997 年亚洲金融危机暴露出亚洲钉住美元汇率体制的不稳定性，1999 年，区域货币合作的成功典范——欧元的启动，成为日元国际化策略发生变革的分水岭。欧元启动进一步挤压了日元在国际货币体系中的发展空间，迫使日本转变战略，着重于日元国际货币功能在东亚区域的扩大，或者说是采用货币区域化策略来替代直接国际化路径。这既是日本实现其货币国际化的明智选择，又将日元国际化问题置于东亚货币合作的进程之中。中国经济的崛起使日元与人民币的竞争与协调成为东亚货币合作的重要内容。

一、国际金融秩序的震荡

1. 东亚金融危机的教训

在经济、金融全球化的浪潮中，东亚各国（地区）在不断开放贸易市场的同时,也向世界敞开了金融市场的大门。1980年代后期开始东亚各国(地区)不约而同地加速了金融自由化进程(表5-1)。在国内金融制度不健全、金融市场设施不完备、监管措施不完善的条件下,过早开放市场、盲目实行自由化给国际投机者创造了大肆投机的机会。

表5-1 东亚各国(地区)金融改革的时期(危机前)

	国内银行体制改革	资本项目交易自由化	短期资本流动自由化
中国香港	1978年	1973年	1973年
新加坡	1970年代中期	1978年	1978年
中国	1990年代中期	1992年	仍受控制
中国台湾	1989年	1978年	1983年
菲律宾	1992年	1991年	1977年
泰国	1990年	1987年	1990年
印度尼西亚	1989年	1989年	1989年
韩国	1989年	1988年	1994年
马来西亚	1990年	1988年	1990年

注:表中所列时期为自由化大规模起始的年份。但是,中国台湾和菲律宾的短期资本流动自由化只是十分有限的一部分。

资料来源:李晓、丁一兵:《亚洲的超越——构建东亚区域货币体系与"人民币亚洲化"》,第33页。

1997年夏,在实体经济运行平稳的情况下,一场史无前例的金融危机从泰国开始迅速向整个东亚地区蔓延。1997年春季开始泰国货币不断受到国际投机者的攻击,泰铢汇率波动,股市不稳。1997年7月2日,泰国中央银行无力继续支撑汇率,宣布放弃泰铢与美元挂钩的固定汇率制度,实行有管理的浮动汇率制,这成为了东亚金融危机的导火索。受泰铢贬值波及，7 月 2—10 日，菲律宾中央银行因干预汇率损失了超过 15 亿美元的外汇储备，不得不于 7 月 11 日宣布允许比索在更大范围内与美元兑换，当天比索贬值 11.5%。8 月 8 日马来西亚政府宣布实行浮动汇率制度。8 月 13 日印度尼西亚宣布放弃钉住美元的汇率制度。10 月 17 日中国台湾宣布放弃与美元挂钩的固定汇率制度，“台币”自由浮动。随后金融风暴从东南亚刮向东北亚，11 月起，韩元对美元汇率连连下挫，在韩国拥有大量投资的日本金融业同时受到冲击，引起日本一系列银行和证券公司破产。东南亚金融危机使日本经济陷入困境，日元大幅贬值。1998 年新年伊始，东京股票和外汇交易市场双双暴跌。日元下跌引发对东南亚货币的担忧，印尼盾、泰铢相继暴跌，东亚金融危机继续深化。直到 1999 年，金融危机才宣告结束。

受金融危机影响，东南亚国家经济增长减缓，多个国家在 1998 年出现负增长，国内经济矛盾凸现。欧美股市汇市亦受到波及，剧烈震荡。东亚金融危机充分暴露了东亚地区钉住美元汇率制度的不可持续性，改革区域汇率制度迫在眉睫。

鉴于东亚金融危机强烈的“传染性”，日本不得不思考改革区域汇率制度的方策。在日元直接面向世界的国际化路径受阻的情况下，集中力量在东亚地区提升日元实力，使日元成为东亚地区的货币锚具有一箭双雕之效果。

2. 欧洲货币合作的启示

第二次世界大战后，欧洲各国为方便贸易结算于 1950 年建立了欧洲支付同盟，这是欧洲货币合作的开端。1958 年 6 月欧洲货币协定代替欧洲支付同盟，促进了西欧国家货币自由兑换的发展。1960 年代以后，美元危机不断爆发，欧共体成员认识到区域汇率稳定的重要性,规定了较布雷顿森林体系更为严格的区域汇率稳定标准。1972 年 4 月欧洲共同体 6 个国家采用联合浮动汇率制度,并于 1973 年建立了欧洲货币合作基金,并创设了可用于共同体内部贸易结算的“欧洲计算单位”(EUA)。为深化货币合作,1979 年 3 月欧洲货币体系创立,主要包括创设欧洲货币单位(ECU)、建立稳定的汇率机制和建立欧洲货币合作基金等三项内容。1989 年 6 月欧共体委员会主席德洛尔作了《关于欧共体经济与货币同盟的报告》即《德洛尔报告》,1991 年《马斯特里赫特条约》通过,其中的《经济与货币同盟条约》①的目标包括,最迟在 1999 年 1 月 1 日前建立“经济货币同盟”,届时在该同盟内实现统一的货币、统一的中央银行以及统一的货币政策。经成员国共同努力,欧元按时启动,欧洲统一货币得以实现。

在经济一体化、全球化的今天,尽管各国间各种经济矛盾日益加剧,但任何国家都不可能一意孤行,各国只能在合作与协调中才能求得稳定的发展。世界正在朝着国际合作与政策协调的方向发展,这一趋势现在已经成为不可逆转的潮流。所谓政策协调就是要对某些宏观经济政策进行共同的调整,对相互间的经济关系和经济活动进行联合的干预,以达到互助互利的目的。这主要是由于各国经济政策的溢出效应,即一国所采取的政策往往会影响其他国家的经济运行。由此,各国采取协调的经济政策就会促进世界经济的发展,而各行其是,往往会产生不利的后果②。

---

① 1991 年 12 月 9 日,欧共体 12 国首脑在荷兰的马斯特里赫特开会,会议通过了《政治联盟条约》和《经济与货币同盟条约》,统称《马斯特里赫特条约》。

② 李罗力:《金融风暴——东南亚金融危机透视》,贵州人民出版社 1997 年,第 254 页。

欧元的经验表明了一国货币的国际化与国际区域货币一体化之间是相辅相成的，国际区域内的“轴心国”推动和“锚货币”作用是货币一体化的重要条件，而货币一体化的实现则会加速一国货币的国际化①。

欧元启动给国际货币格局带来新的变化，欧洲货币以集体之力参与国际货币之间的竞争，使日元处于不利地位。日本如果不在货币国际化方面有所突破的话，日元不仅无法成为美元那样的一流国际货币，甚至可能被欧元抛在身后，沦为“三流货币”。德国马克化身区域货币进而巩固国际货币地位的做法为急于寻求国际化突破的日元提供了可行的选项。

二、日元国际化的第二轮官方推进

随着 1997 年亚洲金融危机爆发和 1999 年欧元诞生，日元国际化问题再度成为日本官方、学界关注的焦点。1998 年 5 月，在加拿大举行的 APEC 财政部长会议上，日本大藏大臣松永在发言中提出了“采取紧急措施，进一步促进日元国际性运用”问题。1999 年 1 月 1 日，欧元诞生当天，日本大藏大臣发表谈话，在对欧元诞生表示欢迎的同时，指出在欧元诞生和亚洲货币危机导致日本内外经济、金融形势的变化过程中，如何实现日元国际化是极为重要的课题。日本为推进日元国际化，在增大短期金融市场厚度、便利海外投资者对日本国债投资等方面提出了具体的政策措施，今后还需在更大的范围内努力推进日元国际化。

---

① 张洪梅、刘力臻、刘学梅：《东亚货币合作进程中的中日博弈分析》，载《现代日本经济》2009 年第 2 期。

1. 日元国际化研究的重启

1998年7月7日，日本大藏大臣责成外汇审议会对国内外经济、金融形势变化下的日元国际化问题进行调查审议。审议会经过7次研讨，于1998年11月12日发表了《关于日元国际化——中间论点整理》[①]。“中间论点整理”囊括了金融、税制、贸易交易等日元国际化可能涉及的方面的不同观点，探讨了日元国际化的意义、金融市场改革、贸易及资本交易等相关问题，并提出今后审议会讨论的重点：对东亚地区日元国际化的意见，近期欧元情况、日元的国际环境变化等。

针对“中间论点整理”中提出的增厚短期金融市场、便利海外投资者投资日本国债等建议，大藏省采纳了其中部分建议，于1998年12月22日发表《关于推进日元国际化的政策措施》，随后对相关法令进行了修改。具体措施包括：1999年4月起FB[②]由定率公募转为投标公募方式发行；免除部分源泉税，发行新国债品种以增加偿还年限的多元化等。上述措施的实施，有助于日本短期金融市场厚度增加，降低了投资者的国债投资成本，扩大了投资品的种类，从而有助于日元在资本市场的国际化发展。

1999年4月大藏省外汇审议会发表《面向21世纪的日元国际化——世界经济、金融形势变化与日本的应对》答辩报告[③]，建议为推进日元国际化，进一步研究政府和民间在其中的作用。该答辩依然延续1985年《关于日元国际化》答辩中对日元国际化所作的定

---

① 为叙述方便，以下将简称为“中间论点整理”。

② FB(Financing Bill)，政府短期债券。

③ 为与1985年的外汇审议会《关于日元国际化》答辩相区分，本文中有时会将前一个答辩称为85年答辩，将1999年的答辩称为99年答辩。

义：日本的跨境交易及海外交易中日元使用份额或者非居民资产的日元计价比例上升，具体包括国际货币制度中日元作用上升，经常交易、资本交易、外汇储备中的日元比重上升。答辩指出，从日本在世界实体经济中的份额看，日元国际化水平低下。该答辩在分析了日本面临的国内外经济条件后，从国际、亚洲、日本这三个角度论证了重提日元国际化的必要性，指出推进日元国际化面临的5项任务：(1)实现日本经济的稳定增长和金融系统重建；(2)确保日元价值的稳定；(3)重新认识日元在亚洲各国汇率制度中的作用；(4)进一步完善有利于日元国际化的环境；(5)积极促进日元国际化的具体措施。

2. 日元国际化研究的推进

为进一步落实《面向21世纪的日元国际化》答辩内容，就推进日元国际化问题开展广泛的调查研究，大藏省国际局于1999年9月设立"日元国际化推进研究会"，研究会下设3个分部，分别围绕贸易资本交易关系、货币制度关系和结算系统关系进行研究探讨。

2000年6月30日公布了研究会的《日元国际化推进研究会——中间论点整理》。贸易资本分部认为，亚洲转向各国浮动汇率制度、日本企业经营向重视利益—风险型转变等因素是扩大贸易、资本交易中日元交易份额的有利条件。结合稳定日本经济、金融和提升日元便利性措施，同时向企业宣传增加亚洲的日元计价交易战略，有利于扩大亚洲地区日元国际化发展。货币制度研究分部通过对不同汇率制度的理论和实证研究，认为货币篮制度是相对可行的货币制度，但是在导入货币篮制度时，具有同样贸易结构的国家间存在协调失败的可能。结算系统工作小组通过对欧洲、美国、亚洲证券结算系统的实地考察，提出通过完善立法来提高日本证券结算系统效率,在此基础上积极参与亚洲证券系统的完善工作,发挥领导作用。

2001年6月21日研究会提交了《日元国际化推进会报告》,报告分析了日元国际化进展缓慢的原因,重点探讨了提高企业利用日元进行国际交易积极性,改变贸易、资本交易中货币选择习惯的问题。对通过亚洲区域合作促进日元在亚洲交易中的使用充满期待,并提出日元国际化过程中应积极听取亚洲各国意见。报告还集中讨论了日元国际化与亚洲各国的关系问题。

受委托,财务省国际货币研究所于2001年10月至2002年6月组织日元国际化推进学习会,该学习会根据99年答辩和《日元国际化推进会报告》中扩大贸易、资本交易中日元使用比例问题,从实务角度与日本商业界人士进行交流探讨,对贸易资本交易中货币选择的实际情况、改善的动向、改进过程中遇到的障碍等问题交换意见,在此基础上提出推进日元交易的措施。

在此基础上,2002年9月日本财务省再次组织日元国际化推进研究会。研究会集中了日本经济界产业界人士,针对促进日元计价交易、亚洲区域核心货币现状、日本国际金融中心建设等问题进行研究探讨。2003年1月,研究会提交《日元国际化的推进——“日元国际化推进研究会”会长的汇总》报告(下文简称汇总报告)。报告提出首先应创建能够降低日元使用成本的外部条件,通过官民合作来推动实际交易者基于自身利益角度扩大国际交易中日元的使用;从把日元发展成亚洲核心货币角度出发,为维持区域汇率经济稳定,加强区域协调,培育亚洲债券市场;活跃金融、资本市场交易,加强债券市场建设,提升日本国际金融中心地位。

如果说1985年的日元国际化是日本政府在美国要求日元升值、

纠正贸易收支的背景下被动提出的，那么这次日本官方推动的日元国际化则是在国际经济形势、国际货币体系变革过程中日本追求与实体经济相称的货币国际地位而进行的主动努力。因此此次的货币国际化探讨更加务实，涉及的范围更加广泛，实施的措施更有策略性和长远性，同时更加注重构建有利的宏观经济、金融条件引导微观主体的行为选择。

三、对日元国际化问题的重新定位

为了稳定国际货币体制，促进东亚经济稳定，加速国内金融、经济改革，日本对日元国际化寄予厚望。欧元启动引发了对未来国际货币体系走势的猜测，理论界提出了美元欧元两极制、美日欧三极制、全球美元欧元为主体、东亚美日欧共同主导等多种设想。日本认识到无法在国际货币体系中直接与美、欧对抗，转而向东亚求发展，争取立足东亚，在国际货币体系中占有一席之地。东亚经济发展以及日本与东亚经济联系的加强也是日本开始重视东亚的基本原因；东亚金融危机爆发、各国汇率制度的转变则成为日本推进日元在东亚国际化的难得契机。

新一轮日元国际化的务实性体系主要表现在以下方面：首先，更加关注日元国际化进程的实体经济基础，认识到日本在货币国际化中必须承担的责任与义务，提出日元国际化扩展与日本经济稳定、日元币值稳定的责任与义务密切相关。其次，在具体措施上，改善日元交易环境的范围更广泛，除提出在“金融大爆炸”政策基础上进一步开放金融市场，还重视对日元国际化的态度问题，提出为扩大日元使用范围，有必要改进官方和民间对日元国际化的认识，并意识到了日元国际化进程的长期性和艰巨性。第三，重视亚洲地区对日元国际化的重要性，提出加速和深化日本与亚洲在贸易、资本等实体经济层面的联系，通过贸易、资本交易向亚洲供给日元，通过国际交易巩固日元流通基础。

日本对日元国际化的新一轮探讨从宏观到微观、从整体到局部逐渐明确了突破方向。在货币职能上，强调国际货币计价与交易职能的增强，具体分为加强民间交易中日元计价和在东亚货币合作中提升日元作为汇率标准的地位；从地理范围上，将东亚作为日元国际化的重点区域；从努力措施上，一方面完善有利于提升日元交易的金融市场，加强日本国际金融中心建设和东亚金融协调，另一方面加强东亚货币合作中的汇率制度研究，探讨如何在稳定东亚汇率过程中提升日元的被钉住程度。

四、日元区域化方向浮出水面

在日本对日元国际化问题重新定位过程中，东亚地区的重要性逐渐凸显出来。在美元与欧元的双重挤压下，日元国际化扩张只能从东亚地区着手。日本在研究日元国际化措施时充分考虑了日本与东亚地区的经济关系以及东亚经济、金融发展的现实。

1. 面向东亚的货币国际化职能定位

由于货币的计价交易职能是最基本的货币职能，随着计价交易职能的扩大，自然会产生对货币支付、结算职能的要求。自然的货币国际化过程也应该是由贸易计价、支付向贸易结算，由金融产品的计价、支付向资本结算发展，在这个过程中，外汇交易、资产交易自然就扩大了。

99 年答辩提出，在官民一体推进日元国际化的进程中，使用何种货币进行贸易交易十分重要。亚洲金融危机后亚洲各国也更加关注贸易中的日元计价问题,从而有利于改善日本在贸易交易中的计价份额。

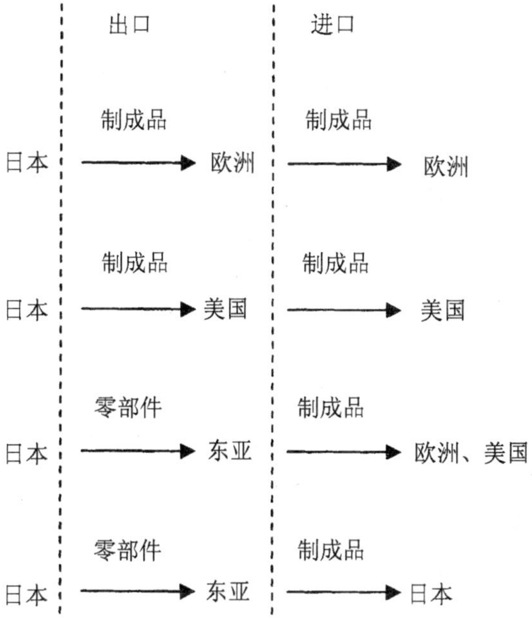

图 5-1　日本与不同地区贸易的产品特征

从日本与世界的贸易特征看,日本与欧美之间以制成品贸易为主,日本与东亚的贸易则有很大部分是零部件的进出口,具体有以下两种情况:第一种是日本出口零部件到东亚,东亚组装后出口到欧美地区;第二种是日本向东亚出口零部件,东亚组装生产后再出口到日本(见图 5-1)。在前一种贸易中形成了日本对东亚的贸易黑字,如果东亚在进口中采用日元计价,在对欧美出口时采用美元计价,则在日元升值过程中东亚企业面临收益减少的风险。在第二种贸易中,由于制成品价格高于零部件,产品增值部分形成了东亚对日本的顺差,采用日元计价的汇率变动风险比较小,在日元升值趋势下还会产生额外的汇率收益。如果东亚地区在第二种贸易中产生的顺差小于第一种方式中的进口,采用日元计价就涉及东亚地区如何筹措日元资金的问题。

从扩大日元的官方使用看,日元的国际货币计价职能也是货币国际化的基础。一国干预货币、储备货币的选择很大程度上取决于国家的汇率目标,如果东亚国家重视本国货币与日元汇率的稳定,就会在外汇储备中增加日元份额,在外汇市场上通过买卖日元来调整汇率。如果东亚各国选择钉住一篮子货币汇率制度,日元官方计价职能的扩张则体现为增加日元在货币篮子中的权重。

2. 面向东亚的日元国际化措施定位

日元国际化的内容决定了日元国际化措施的重点方向。

首先,强化区域经贸合作,为日元国际化创造实体经济基础。在东亚经济一体化步伐明显落后于货币一体化的情况下推进东亚货币合作,将面临货币一体化"动力缺失"的难题,刘力臻、秦婷婷提出了以自由贸易区(FTA)为推动力的东亚货币合作构想。日本也认识到了这一问题,努力扩大日本与东亚的区域经济联系。日本放弃一直以来奉行的大多边主义原则,通过加强与东亚全方位的经贸联系,增加双边贸易规模与经济融合度。在推进与东亚各国传统的自由贸易区(FTA)建设的同时,进行更加密切的经济伙伴协定(EPA)建设。

1999 年 10 月日本与新加坡发表共同声明,表明了缔结日本与新加坡经济合作协定的愿望。与传统的以贸易自由化为中心的贸易协定不同,此次合作将达成以服务、技术、信息、交易和留学生交流等为重点的"新时代自由贸易协定"(New Age Free Trade Agreement)。随后两国建立了共同研究小组对此进行研究与谈判。2002 年 1 月

13 日签署了日本第一个双边自由贸易协定——《日本新加坡新时代伙伴协定》(The Japan-Singapore Economic Partnership Agreement,JA-EPA)。2002 年 11 月 30 日,该协定进入实施阶段,到 2003 年 1 月 1 日,正式实施。《日元国际化推进会报告》提出,在通过缔结区域贸易协定强化日本与亚洲各国关系的过程中,有必要积极听取亚洲各国对日元国际化的意见。

其次,在推进日本国内金融市场自由化、标准化的同时,积极推进亚洲区域金融合作,改善区域金融环境。外汇审议会在 1995 年 6 月的《国际资金流动与日本的作用——面对多样化亚洲的日本对策》报告中提出,从便利日本民间主体对外投资角度看,日元国际化的进展十分重要。通过规制放宽等改善投资环境措施的实施,随着日元国际化稳步推进,日本投资者用日元进行无外汇风险投资的机会增大,从而进一步方便日本民间主体的对外投资。

日元国际化推进研究会的汇总报告中提出了促进亚洲债券市场建设的具体措施:培育区域国债市场和国际机构债券市场;降低证券化、投资信托等的信用、货币变动风险(如由发行区域货币构成的货币篮债券走向发行亚洲货币债券);扶植区域评级机构;完善证券结算体系;设立区域担保机制;提供技术援助等。目前亚洲债券市场建设已经取得突破性进展,亚洲结算体系建设也在热烈的讨论之中。

日本在 1997 年提出“亚洲货币基金”提议失败之后,于 1998 年提出了“新宫泽构想”,倡议建立亚洲基金用于满足遭受危机国家的资金需求。日本积极参与“清迈协议”,扩大日本与东亚各国的货币互换协议,目前双边互换协议已经开始向多边化转变,开始了东亚储备库的建设。

另外,日本还十分重视在东亚货币合作中发挥日元的价值基准作用。2000 年 6 月外汇审议会发表《亚洲经济、金融再生的道路——21 世纪持续成长与区域内多层次合作网络构建》报告，提出由于亚洲各国金融系统发展阶段的差异，多数国家无论采取固定汇率制度还是浮动汇率制度都存在这样或那样的问题。亚洲地区在贸易等方面与日本、欧洲、美国都有着密切联系，从稳定汇率角度讲，选择钉住日元、美元、欧元组成的货币篮子，更能稳定实际有效汇率。

第二节　清迈倡议：从双边到多边

东亚经济危机中，由于 IMF 的援助条件过于苛刻，没有对危机国家进行及时、足够的援助，使东亚各国意识到有必要在区域内建立一个危机解救与援助机构。不过东亚各经济体也清醒地意识到，受区域内经济差异大、金融市场发达有限等条件的制约，只能从初级的、松散的合作逐渐向紧密化、机制化合作过渡。

一、清迈倡议的提出

1. AMF 倡议

亚洲金融危机期间，日本在 IMF 和亚洲开发银行会议上提出建立亚洲货币基金（AMF），建议由中日韩和东盟共同出资 1000 亿美元，组建一个类似 IMF 的机构，对发生危机的国家进行救助。设想的 AMF 筹资途径有三种：第一种途径是模仿 IMF 总借款协议（CBA）向成员国借款；第二种途径是从国际资本市场借入；第三种是扩展对成员国借款的担保，使危机国家提高信用等级，以便有较好条件筹集到资金。

这个提议在必要性、有效性和目的性等方面遭到了质疑：AMF

在功能上与 IMF 重合，是否有必要在 IMF 之外建立一个与之有相似作用的区域性机构？较 IMF 宽松的贷款条件是否有引发道德风险的可能？日本的根本动机是为了救助危机国家还是为了主导亚洲？因此 AMF 构想虽受到了危机国家的欢迎，却遭到了 IMF、美国和包括中国在内的一些亚洲国家的反对。

2.“新宫泽构想”

1998 年 10 月 3 日，日本大藏大臣宫泽喜一提出“新宫泽构想”，内容包括建立总额 300 亿美元的亚洲基金，其中 150 亿美元用于对遭受危机国家进行中长期援助，另外 150 亿美元用于满足危机国家的短期资金需求。对亚洲各国中长期的资金支持途径包括：通过日元借款等方式直接提供公共资金合作，为亚洲国家提供担保，帮助其在国际金融市场上筹措资金，与国际金融机构合作对亚洲国家进行资金支持和技术援助。短期资金方面，主要利用货币互换等方式满足亚洲国家经济改革过程中贸易金融周转等短期资金需要。

和多国间支援方式不同，“新宫泽构想”更加关注实体经济层面，其目的包括对发生货币危机的亚洲国家进行支援，帮助其克服经济困难，稳定国际金融资本市场，而这些都将以两国间援助为中心。

2000 年 2 月，根据“新宫泽构想”，日本分别向印度尼西亚、韩国、马来西亚、菲律宾和泰国提供了 29.3 亿美元、83.5 亿美元、43.5 亿美元、25 亿美元和 28.7 亿美元资金，其中 135 亿美元为中长期贷款，75 亿美元为短期贷款；并为印度尼西亚、菲律宾和泰国提供了共计 22.6 亿美元的贷款担保；向马来西亚、菲律宾和泰国提供的中长期贷款中包括 25 项共计 3656 亿日元（相当于 30.2 亿美元）的日元借款和一项 480 亿日元（相当于 4 亿美元）的日元贷款。

3. 清迈倡议

1999 年 11 月，在马尼拉举行的"东盟 +3"首脑会议上就"强化东亚援助机制"的必要性达成共识。为解决本区域短期流动性困难，弥补现有国际金融安排的不足，2000 年 5 月，在泰国清迈召开的"东盟 +3"财长会议上，共同签署了"建立双边货币互换机制"的协议，即清迈倡议（Chiang Mai Initiative）。

清迈倡议的主要内容包括：(1) 扩大东盟五国既有的双边货币互换协定（ASEAN Swap Agreement，简称 ASA），中、日、韩之间相互缔结货币互换协定，中日韩分别与东盟成员国缔结双边互换协定（Network of Bilateral Swaps and Repurchase Agreements，简称 BSA），货币互换金额上限由两国商讨确定，支付额根据提供互换国家之间的磋商以一致的方式实行，各国需协商磋商进程；(2) 充分利用"东盟 +3"框架，加强有关资本流动数据和信息的交换；(3) 完善亚洲各国之间货币的直接外汇市场，建立资金结算机构，从而扩大亚洲货币之间的交易。清迈倡议明确了与 IMF 之间的关系：(1) 货币互换是对 IMF 等现有国际资金支援制度的补充；(2) 货币互换条件与 IMF 融资挂钩，在 10% 上限内可不以 IMF 融资为行使条件。

清迈倡议受到了东亚相关国家的欢迎，也没遭到 IMF 和美国的反对。2000 年 8 月，"东盟 +3"的各国中央银行将货币互换规模由 2 亿美元扩展到 10 亿美元。一年后，这个协议取得了实际进展：扩展了东盟五国互换协议（ASA）和双边回购协议（BSA）。2003 年末，日本、中国、印度尼西亚、韩国、马来西亚、菲律宾、新加坡和泰国这 8 国间构筑了 BSA 货币互换网络，完成预定计划。

截至 2005 年 5 月清迈倡议扩充之前，清迈倡议货币互换总额达到了 15 件共计 375 亿美元。其中日本与中国、印度尼西亚、韩国、马来西亚、菲律宾、新加坡和泰国等 7 个国家在清迈倡议框架下缔结了共计 160 亿美元[①]的货币互换协议，占清迈倡议总规模的 42%（见图 5－2）。

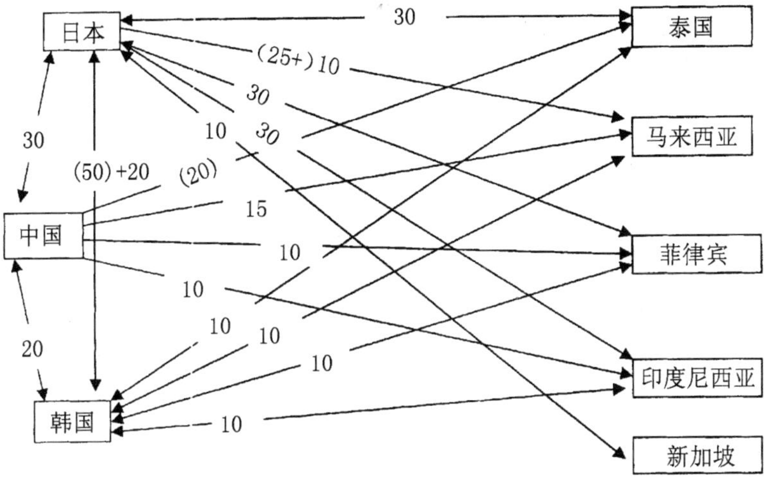

图 5－2　清迈倡议扩充前的货币互换协议情况（2005 年 1 月）

注：1. 双向箭头表示双向货币互换，单向箭头表示单方向货币互换。2. 数字表示以美元计的货币互换金额，单位亿美元。3. 除中日为人民币与日元之间、中韩为人民币与韩元之间、中菲为人民币与菲律宾比索之间的货币互换外，其他为美元与对象国货币之间的货币互换。

资料来源：日本财务省网站：http://www.mof.go.jp/jouhou/kokkin/CMI_2104.pdf。

二、清迈倡议的拓展

（一）清迈倡议的强化

为使清迈倡议更有效、更规律地运行，以便东亚援助机制更好地发挥作用，2005 年 5 月第八次“东盟＋3”财长会议在共同声明中提

① 不包括“新宫泽构想”下与韩国 50 亿美元、与马来西亚 25 亿美元的货币互换协议。

出强化清迈倡议。具体措施包括:(1)整合和加强清迈框架,强化区域内经济监督;(2)明确货币互换的行使过程,确立集体决定机制,作为清迈倡议多边化的第一步,紧急条件下,两国间的货币互换回购(BSA)能迅速启动;(3)扩大货币互换规模,包括3种形式:扩大现有货币互换安排、缔结新的货币互换协议和单项货币互换的双边化。加盟国赞成通过将现有个别货币互换回购协议(BSA)扩充至100%的方式强化清迈倡议的组织框架,ASEAN的货币互换协定由10亿美元扩充至20亿美元;(4)放宽执行互换的条件,不以IMF融资为行使条件的比例上限由10%升至20%。

2006年5月第九次"东盟+3"财长会议上,宣布2004年第七次"东盟+3"财长会议以来的清迈倡议强化措施已经完成。会议确认了清迈倡议的集体决议程序,设置了以区域经济研究为目的的经济、市场专家组成专家组,并设置早期预警系统工作组,强化区域经济监控能力,并同意进一步扩大互换规模。

清迈倡议强化措施提出之后,东亚地区清迈倡议框架下的货币互换协议数量和金额连年递增,截至2009年4月,8国间共签署了16件名义合计为900亿美元、实际合计为640亿美元①的货币互换协议(BSA)(见图5-3)。其中日本与7个国家签署了共计595亿美元的货币互换协议(BSA),占货币互换总金额的66%。

(二)清迈倡议中的日本

2000年4月25日,宫泽喜一在东京向议会下院预算委员会解释文莱会议上提出的亚洲货币基金计划时说:"事实上,我们正在计

① 名义合计金额:单向货币互换额与双向货币互换额单纯加总。实际合计金额:单项货币互换额和双向货币互换额中数值较大侧的总和。

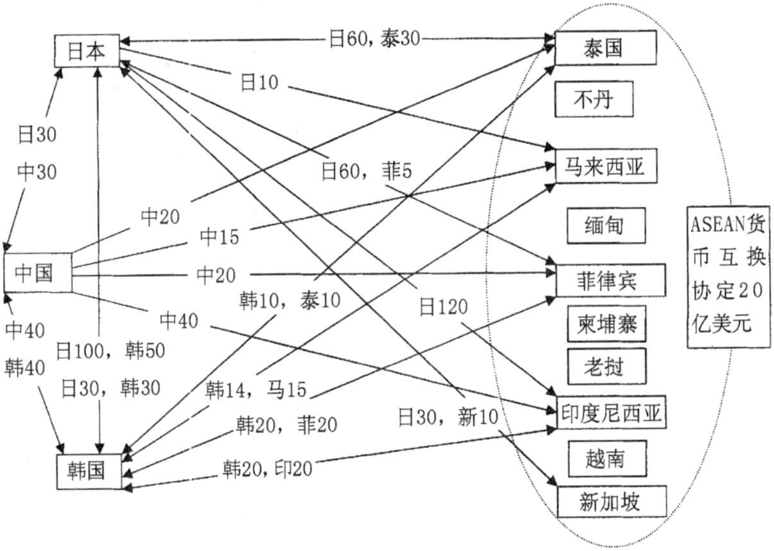

图5－3　清迈倡议扩充后货币互换协议情况(2009年4月)

注：1.双向箭头表示双向货币互换，单向箭头表示单方向货币互换。2.数字表示货币互换金额，单位亿美元。数字前的文字表示货币提供国。3.除中日为人民币与日元之间、日韩为日元与韩元之间、中韩为人民币与韩元之间、中菲为人民币与菲律宾比索之间的货币互换外，其他为美元与对象国货币之间的货币互换。

资料来源：日本财务省网站，http://www.mof.go.jp/jouhou/kokkin/CMI_2104.pdf。

划扩大日本与其他国家之间货币互换和回购协议，以防备今后的货币危机。我希望这样会使其他国家对日元有一种亲近感。目前国际上60%的外汇结算用美元，另外有23%使用欧洲货币。亚洲国家出口商品都必须以低价抛出自己的货币去购买美元或欧洲货币再进行交易。因此日本大藏省希望亚洲地区性货币互换网能够发展成为一种亚洲货币基金。”宫泽又强调，希望亚洲国家广泛使用日元，将日元作为防备美元与其他货币波动的安全网。宫泽说：“日本过去不愿意让日元国际化，但是……与过去不同了，我们现在持积极态度。"①

清迈倡议实施和扩充的过程中，以其强大的经济实力为支撑的日本充分表明了其在东亚货币金融合作中积极参与追求、主动的态度。据日本财务省公布的资料，在清迈倡议框架下日本签订的货币互换协定过程如下②：

1. 日本与韩国的货币互换协议

2001 年 7 月 4 日，日韩两国缔结了上限 20 亿美元的美元韩元单向（日本向韩国提供美元）货币互换协议。基于 2005 年 5 月第八次"东盟 +3"财长会议上提出的清迈倡议强化措施，两国于 2006 年 2 月 24 日将当时的单向货币互换协议转为双向。日本方面行使上限为 100 亿美元（美元与韩元之间），韩国行使上限为 50 亿美元（美元与日元之间）。此外于 2005 年 5 月 27 日缔结了上限相当于 30 亿美元的日元韩元的双向货币互换协议。2008 年 12 月 12 日，双方同意将 2009 年 4 月末中止的日元韩元之间双向货币互换协议的行使上限金额增加到 200 亿美元。2009 年 3 月 31 日，双方进一步将日元韩元双向货币互换协议的时限延长至 2009 年 10 月 30 日。

2. 日本与泰国的货币互换协议

2001 年 7 月 30 日，日本与泰国缔结了上限 30 亿美元泰铢单向货币互换协议（日本向泰国提供美元）。2005 年 3 月 7 日到期时，两国重新缔结了上限 30 亿美元的美元泰铢和美元日元的双向货币互换协议。2007 年 7 月 10 日，改订互换协议，日本行使的上限额扩大到 60 亿美元，泰国行使的上限额依然为 30 亿美元。

---

① 陈虹：《东亚货币合作中日本的动向》，载《国际经济评论》2001 年 1－2 期。

② 日本財務省『我国のチェンマイ・イニシアティブに基づく二国間通貨スワップ取極締結の進捗状況』。http://www.mof.go.jp/jouhou/kokkin/pcmi.htm。

3. 日本与菲律宾的货币互换协议

2001 年 8 月 27 日，日本与菲律宾缔结上限 30 亿美元的美元菲律宾比索单向货币互换协议（日本向菲律宾提供美元）。2006 年 5 月 4 日，双方缔结双向货币互换协议。日本行使上限金额增加至 60 亿美元（美元菲律宾比索之间），菲律宾行使上限额 5 亿美元（美元日元之间）。

4. 日本与马来西亚的货币互换协议

2001 年 10 月 5 日，双方签订上限 10 亿美元的美元林吉特单向货币互换协议（日本向马来西亚提供美元）。

5. 日本与中国的货币互换协议

2002 年 3 月 28 日，双方签订上限 30 亿美元的日元人民币双向货币互换协议。

6. 日本与印度尼西亚的货币互换协议

2003 年 2 月 17 日，双方签订上限 30 亿美元的单向货币互换协议（日本向印度尼西亚提供美元）。2005 年 8 月 31 日双方将协议上限增加至 60 亿美元。2009 年 4 月 6 日双方又将行使上限增加到 120 亿美元。

7. 日本与新加坡货币互换协议

2003 年 11 月 10 日双方签订上限 10 亿美元的美元新加坡元单向货币互换协议（日本向新加坡提供美元）。2005 年 11 月 8 日两国缔结双向货币互换协议，日本行使上限增加为 50 亿美元（美元与新加坡元之间），新加坡行使上限为 10 亿美元（美元日元之间）。并且，日本是清迈倡议框架下新加坡唯一的货币互换对象国。

综合日本与东亚各国货币互换协议签订的情况，能够发现以下一些特点：(1) 日本对参与货币互换非常具有积极性。日本不仅是清迈倡议货币互换网络中签订协议项目最多、金额最高的国家，并且积极响应清迈倡议的强化与扩充机制。(2)货币合作出现危机推动现象。随着2007年美国次贷危机引发的全球性金融经济危机的扩大，东亚国家也受到波及，因此日本在2009年增加了对印尼和韩国货币互换金额的上限。(3)清迈协议的不对称性。日本与东盟5国签订的单向货币互换协议都是日本向对方提供美元，双向货币互换协议中日本行使的金额上限高于对方，这一方面体现了日本向东盟国家提供短期资金融通的意愿，有助于东盟国家抵御短期资本流动带来的冲击，另一方面也说明清迈倡议对日本(包括对中国、韩国)的象征意义大于实际意义。(4)东亚地区的美元主导。除日本与中国的双向日元人民币货币互换协议外，其余的货币互换协议都是一国货币与美元的互换，这反映出美元在亚洲的主导地位的持续，对日本的日元国际化来说是一个很大的障碍。

三、清迈倡议多边化

1.清迈倡议多边化进程

2003年10月"东盟+3"首脑会议上，中国总理温家宝首次提出"推动清迈倡议多边化"的倡议，建议将清迈倡议下双边货币互换机制整合为多边资金救助机制，得到与会领导人的积极响应，并于2004年3月建立专门工作组对清迈倡议多边化等问题进行研究。

2005年5月第八次"东盟+3"财长会议在共同声明中提出：明确货币互换的行使过程，确立集体决定机制，将确保紧急条件下两国间的货币互换回购(BSA)能够一体地、迅速地行使作为清迈倡议多边化的第一步。

2006年5月第九次"东盟+3"财长会议在共同声明中提出：为

保证在紧急时多个双边货币互换回购协议(BSA)能够同时迅速行使,确立了集体决议程序。会议决定成立清迈倡议多边化工作组,研究多边化的形式和内容。

2007年5月日本京都举行的"东盟+3"财长会议上,各成员国根据清迈倡议多边化工作组的建议,原则上同意选择自我管理的区域外汇储备库作为区域多边资金救助机制的具体形式。同年,《2007—2017东盟与中日韩合作工作计划》中提出加强金融领域合作,具体内容包括通过清迈倡议多边化,建立区域流动性支持机制。

2008年5月,在西班牙马德里举行的"东盟+3"财长会上,各国财长决定区域外汇储备库起始规模为800亿美元,其中中日韩与东盟出资比例为80%和20%。

2009年2月,在泰国普吉岛举行的特别财长会议审议并发布了《亚洲经济金融稳定行动计划》,提出根据形势需要,拟将筹建中的区域外汇储备库规模从原定的800亿美元扩大至1200亿美元,并争取在2009年5月"东盟+3"财长会前就储备库主要要素达成一致。

2009年5月,在印尼巴厘岛举行的"东盟+3"财长会上,各国财长就储备库出资份额分配、出资结构、贷款额度、决策机制等主要要素达成一致①。

2. 对东亚外汇储备库的评价

清迈倡议由松散的双边援助网络发展成为多边资金救助机制,是东亚区域货币合作的一个里程碑。东亚外汇储备库的建立,释放出一种具有集体力量的信号,展示了东亚地区共同维护区域经济稳定的决心。从投资者心理预期角度看,加大了冲击东亚国家货币的

① 关于清迈倡议多边化进程资料主要来源于财政部网站。

难度。

所谓自我管理的外汇储备库,是指由成员国中央银行分别划出一定数量的外汇储备汇集成区域储备基金,再由该基金签署委托协议,委托各成员国各自管理本国的出资,在危机发生时将资金集中用于短期资金救助。目前的外汇储备库还只是各国对出资的承诺,并未形成真正的外汇储备池,在未发生危机时,各国政府依然可以将其作为自己的外汇储备进行管理,因此对各国政府来说出资负担并不大。自我管理的外汇储备库形式可以在外汇储备库建立之后继续完善外汇储备库的统一管理机构,对区域金融发展缓慢的东亚地区来说,这也是一种必要的缓冲。

从出资比例看,中国和日本各出资384亿美元,各占32%的份额,韩国出资192亿美元占16%的份额,东盟10国共同出资240亿美元,共计占20%的份额。1200亿的储备规模只占东亚地区3.6万亿外汇储备的3.3%,对危机国短期资金融通的能力有限。根据规定,清迈倡议各参与方有权根据协议规定的程序和条件,在其出资份额与特定借款乘数相乘所得的额度内,用其本币与美元实施互换。中日两国的乘数均为0.5,即两国最多只能从外汇储备库中获得192亿美元的援助,与两国的外汇储备总量相比实在微不足道。东盟国家的乘数为2.5到5。因此目前的东亚储备库对中日来说象征意义大于实际意义。

中日韩出资总额占到储备库的80%,体现了中日韩三国在东亚金融合作中的重要地位。日本和中国相同的出资比例是双方博弈的结果,显示了目前两国的一个均衡状态。目前,人民币在多种内在和外在因素的推动下,已经开始了国际化进程。如果说本世纪初,日本在设计日元国际化道路时考虑的是日本是否与欧美共同主导亚洲货币的问题，现在日本则要考虑是否以及如何在推行日元国际化时与中国进行合作，共同分享货币国际化的利益。

然而，由于尚未建成东亚独立的区域经济监测机构，因此储备库援助条件不得不与 IMF 的援助条件挂钩，限制了储备库的功能发挥，不利于东亚货币合作的进一步发展。为保证储备库的顺利运行，“东盟 +3”成员国还需加强区域经济监测，着手建立独立的区域经济监测机构，提供本地区危机预警能力，进一步增强防范危机的能力，使东亚储备库援助逐渐与 IMF 脱钩。货币互换只是货币合作的最初形态，随着东亚区域经济一体化的进展，货币互换合作必将向更高层次的货币基金合作方向发展，东亚货币基金的创建不仅是必要的，也是可行的①。

第三节　东亚的金融市场合作

东亚金融市场有两个特点很突出：一方面，东亚发展中国家的银行体系相对膨胀；另一方面，东亚国家和地区非银行金融机构作用弱化。因为银行是发展中国家的主要资金来源，其银行体系在担负着一国货币管理职责的同时，还要应付发展中国家经济建设的大量资金需求，所以相对膨胀。非银行金融机构的作用弱化不仅表现为金融深化不足、金融工具的创新跟不上国际贸易发展的要求、衍生金融工具开发缓慢，还表现为金融监管系统不发达，对现有交易的监控和对市场走向的预测控制目标难以实现，同时这也成为制约金融深化和金融创新的重要原因。此外，国际金融市场发展的不对称性也加

① 刘力臻、李爽：《论东亚货币基金的创建》，《东北亚论坛》2004 年第 3 期。

大了东亚地区金融市场的风险[①]。

整合区域金融市场不仅是区域经济发展的现实要求,也是推进东亚区域货币合作的必要环节。继成功地在清迈倡议下签署多个双边货币互换协议之后,亚洲国家开始重视亚洲债券市场的发展。目前东亚各国政府和中央银行主要从供给和需求两个方面着手推进区域金融市场合作:供给方面,由“东盟+3”会议提出了亚洲债券市场发展倡议(ABMI);需求方面,东亚及太平洋地区中央银行行长会议组织[②](EMEAP)与国际清算银行(BIS)合作建立亚洲债券基金(Asian Bond Fund,ABF),目前已发行2期。

一、建设亚洲债券市场的意义

在第二次日元国际化推进研究会的汇总报告中,关于亚洲区域金融合作与日元作用的一节,专门探讨了建设亚洲债券市场的必要性及建设方式。

报告提出,资本市场不成熟是亚洲金融体系脆弱的原因之一。亚洲各国虽有高储蓄率,但是由于无法在本地资本市场进行投资,只能在存入当地金融机构之后,通过欧美的国际金融中心重新环流回亚洲。这样一来,亚洲的企业和金融机构只能从对亚洲经济情况了解不足的欧美金融机构借入外币计价的短期资金,换成本地货币进行长期投资,从而产生了“时间”和“币种”的双重错配。

建设亚洲债券市场,可以使区域内的储蓄能在本地市场上得到

① 付丽颖:《现行国际汇率制度下发展中国家汇率制度选择研究》,东北师范大学硕士毕业论文,2003年。

② EMEAP包括澳大利亚、中国、中国香港、印度尼西亚、日本、韩国、马来西亚、新西兰、菲律宾、新加坡和泰国共11个国家和地区的中央银行。

有效利用,实现区域长期资金供给的稳定,进而实现区域内货币稳定和金融资本市场的安定。因此在“东盟 +3”等框架下各国相互协调,共建区域债券市场不仅必要而且重要。

在具体措施上,报告提出,通过培育各国的国债市场形成区域债券市场的基准利率;在本国对外国进行直接投资时,政府或金融机构可以通过在受资国发行受资国货币计价债券方式为企业融资,这样既避免了受资国资金流出,又有助于受资国债券市场的发展。

二、亚洲债券基金

1. 亚洲债券基金一期的发展情况

2002 年 6 月东亚及太平洋地区中央银行行长会议组织(EMEAP)正式提出了亚洲债券基金的概念,其基本思路是 EMEAP 成员各自拿出一定金额的外汇储备构建一个跟踪指数的被动式基金,用于投资亚洲经济体发行的债券。在此后近一年的时间里,EMEAP 各成员围绕第一期亚洲债券基金(ABF1[①])的技术问题进行了深入探讨,并确定了 ABF1 改善储备投资与促进债券市场发展的两大职能。2003 年 6 月 2 日,EMEAP 发布新闻公告,宣布与国际清算银行(BIS)合作建立亚洲债券基金(Asian Bond Fund,简称 ABF)。

ABF1 是由 EMEAP 各经济体从其官方储备中出资建立的一个共同基金,它将投资于 EMEAP 成员(除日本、澳大利亚和新西兰以外)发行的一篮子主权和准主权美元债券,以增加该类债券的流动性,由此推动其他投资者进入亚洲债券市场,促进这一市场的发展。

---

① 为与第二期亚洲债券基金相区分,第一次发行的亚洲债券基金称为 ABF1,第二次发行的亚洲债券基金称为 ABF2。

由于亚洲各国目前的债券市场发展不尽完善，经济发展差异较大，为使该基金尽快投入实际运行，并为日后的进一步发展打下基础，EMEAP 各成员一致同意先期建立以美元计价的亚洲债券基金。同时为防止对亚洲地区的美元债券市场造成不必要的冲击，该基金初始规模限定为 10 亿美元，最小认购额为 0.25 亿美元，其中日本、新加坡、菲律宾均出资 1 亿美元，韩国出资略多于 1 亿美元，泰国出资 1.2亿美元，印度尼西亚、澳大利亚均出资 0.5 亿美元，新西兰出资 0.25亿美元。

在运作体制上，该基金相当于一个开放式基金，由 BIS 按特定基准进行被动式管理，由 EMEAP 建立管理委员会监督运作，同时，区内央行成员成立监察小组，每季度就其表现进行检讨。在提前通知 BIS 后，认购证可以赎回资金。

2. 亚洲债券基金二期的发展情况

在 ABF1 良性运行基础上，2004 年 12 月 EMEAP 宣布推出亚洲债券基金二期（ABF2）。亚洲债券基金二期仍主要由 EMEAP 各成员从其官方储备中出资设立，规模约为 20 亿美元，并已于 2005 年 4 月到位，由泛亚债券指数基金（又称沛富基金，Pan Asian Bond Index Fund，简称 PAIF）和母子基金（Fund of Bond Funds，简称 FoBF）两个平行基金组成（见图 5 - 4）。PAIF 是一个覆盖 8 个成员的统一基金，规模为 10 亿美元，由道富环球（新加坡）有限投资公司作为单一的基金管理人，按照一定的投资权重，对 8 个成员的主权与准主权债券进行组合投资，基金净值采用美元计价，实施被动式管理，为投资者提供一个区域性的指数工具（见表 5 - 2）。FoBF 规模约为 10 亿美元，项下有 8 个子基金分别投资于相应的成员市场，每个子基金都有一个单独的管理人，投资范围为本成员的债券市场（见表 5 - 3）。

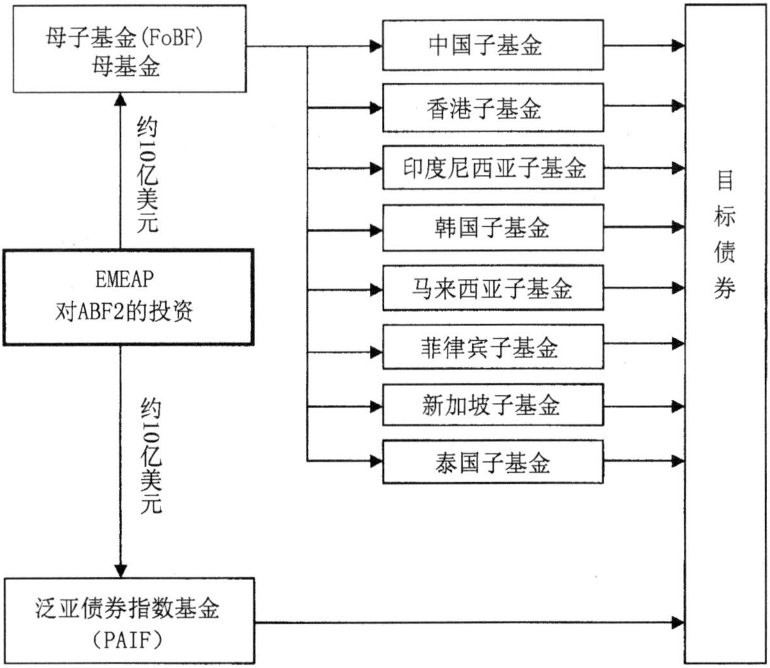

图 5－4　ABF2 的构成框架

资料来源:中国人民银行办公厅:东亚及太平洋中央银行行长会议组织(EMEAP)新闻公告 EMEAP 中央银行宣布发起亚洲债券基金二期(ABF2)附件。

表 5－2　泛亚债券指数基金(PAIF)主要指标

基金初始规模	约 10 亿美元
基金结构	第一阶段:非上市开放基金 第二阶段:上市开放式基金
投资者	第一阶段:仅限 EMEAP 中央银行 第二阶段:EMEAP 中央银行及其他公共部门和私人部门投资者

合格资产	8个EMEAP经济体（中国、中国香港、印度尼西亚、韩国、马来西亚、菲律宾、新加坡和泰国）的主权与准主权发行体发行的本币债券
计价货币	美元
投资模式	按指定基准指数被动式管理 基金管理人需在指数的国别分配比例和成份债变化时对资产组合进行定期重调
基准指数	国际指数公司（前身为iBoxx）提供的EMEAP－iBoxx亚洲债券指数系列中的泛亚指数
注册地	新加坡
上市地	香港证券交易所（未来将考虑在其他证券交易所上市）

资料来源：中国人民银行办公厅：东亚及太平洋中央银行行长会议组织（EMEAP）新闻公告EMEAP中央银行宣布发起亚洲债券基金二期（ABF2）附件。

表5－3　母子基金（FoBF）各子基金主要指标

基金初始规模	约10亿美元，将在8个子基金间分配
第二阶段基金结构	中国子基金：上市开放式基金（情况允许时） 香港子基金：交易所交易基金（Exchange Traded Fund，ETF） 印度尼西亚子基金：上市开放式基金 韩国子基金：上市开放式基金，可能采用交易所交易基金 马来西亚子基金：上市开放式基金，可能采用交易所交易基金 菲律宾子基金：上市开放式基金 新加坡子基金：交易所交易基金 泰国子基金：上市开放式基金，可能采用交易所交易基金
投资者	第一阶段：仅限EMEAP中央银行 第二阶段：EMEAP中央银行及其他公共部门和私人部门投资者

合格资产	EMEAP 成员市场中主权与准主权发行体发行的本币债券
计价货币	EMEAP 成员市场的本地货币
投资模式	按照指定基准指数被动式管理 基金管理人需在指数的成份债发生变化时对资产组合进行定期重调
基准指数	国际指数公司(前身为 iBoxx)提供的 EMEAP - iBoxx 亚洲债券指数系列中的成员市场分指数
注册地	各基金投资所在地
上市地	各基金投资所在地的证券交易所(条件允许时)

资料来源:中国人民银行办公厅:东亚及太平洋中央银行行长会议组织(EMEAP)新闻公告 EMEAP 中央银行宣布发起亚洲债券基金二期(ABF2)附件。

ABF2 与 ABF1 相比,有以下不同:

框架结构上,在 ABF1 的框架结构中,只有一个基金;ABF2 则包括 PAIF 和 FoBF 两部分,资金规模由一期的 10 亿美元增加至 20 亿美元。

投资对象上,ABF2 由美元计价债券转为东亚当地货币计价债券。ABF1 的投资对象仅限于主权和准主权美元债券,ABF2 的各个部分则可以投资于 8 个成员经济体发行的主权和准主权本币债券。基金投资资产由美元计价债券转为东亚本地区货币计价债券,正是解决金融体系内在风险和为经济增长提供融资的关键所在,对发展东亚各经济体本币政府债券市场和企业债券市场有直接推动作用[①]。

投资主体上,由政府转向民间。ABF1 的投资主体仅限于

---

① 郑文力:《亚洲债券市场发展研究》,吉林大学博士学位论文,2008 年。

EMEAP的中央银行和货币当局，ABF2的采用两阶段模式，由中央银行或货币当局认购后，再通过上市等方式向其他非EMEAP投资者（包括私人投资者和相关公共机构）开放。基金向私人开放意味着ABF2由政府项目转变为市场化产品，起到扩大影响、推动产品创新的作用。

3. 亚洲债券基金的意义与局限

亚洲债券基金有利于改善东亚地区储备资产的投资结构。首先，能够提高储备资产的投资效率，即利用亚洲巨额外汇储备为本地区经济发展提供急需的长期资金，这不仅可以提高储备资产的利用效率，而且也可以改善储备资产投资欧美债券市场收益不高的局面；其次，可以促进储备资产多样性，即通过基金投资于亚洲各经济体发行的债券，拓宽亚洲储备资产的多元化以及减少储备资产遭受货币贬值的风险，增加储备资产的安全性。

亚洲债券基金对于推动亚洲地区金融合作和金融市场的发展具有重要意义。由于亚洲各国普遍依赖银行主导的间接融资和外部融资支持经济增长，发展债券市场有利于将本地区的高储蓄直接用于长期融资，缓解银行体系以短期存款支持长期项目融资的期限不匹配及以外币借款支持本地项目融资的币种不匹配所带来的风险，避免出现亚洲金融危机中由于银行体系风险累积和外部资金抽逃而造成的金融动荡和经济衰退，保证亚洲地区经济稳定增长。

而且，亚洲债券基金是东亚地区首次出现的多边储备合作机制。储备是各经济体货币稳定的重要保证，通过集中各经济体的储备，开展储备合作，用于共同的货币稳定目标，能够发挥一定的规模效益。亚洲债券基金使培育亚洲债券市场的蓝图变成了具体的操作程序。该基金在亚洲债券市场发展中充当“领头羊”，有助于逐步提高亚洲债券市场的规模和投资吸引力。

同时,亚洲债券基金也存在着投资规模小、投资对象单一的局限。扩大投资规模,丰富投资对象,特别是扩大对企业债券的投资是今后亚洲债券基金发展的方向。

针对亚洲债券信用级别低的问题,“东盟 +3”和 EMEAP 已经开始对建设亚洲信用评级机构问题进行研究探讨。

三、亚洲债券市场的提出

2002 年 6 月,在第一届 ACD(亚洲合作对话)会议上,泰国首先提出建立和发展“亚洲债券市场”[①]的倡议。该倡议内容包括:东亚各经济体联合发行债券以提高信用级别,以本币或一篮子货币发行债券使发行币种多样化,发展区域信用担保机制,建立外汇储备库用于投资亚洲债券等。该倡议并非是要建立一个亚洲货币债券工具市场,而是确立一个对这种工具提供官方担保的原则,主要是为区域债券市场发展寻求政治共识。

2002 年 9 月,中国香港在第九届 APEC 财长会议上提出“发展资产证券化和信用担保市场”,以此促进亚洲地区债券市场的发展。

2002 年 11 月,韩国在“东盟 +3”非正式会议上建议,采取措施逐步消除各成员国国内资本市场发展所面临的障碍,完善区域性的信用评级、担保、清算等方面的制度和机构建设,促进亚洲债券市场的发展。

---

① 对亚洲债券市场的理解有两种:亚洲各国的国内债券市场和国际性区域债券市场。本文中亚洲债券市场指后者,即东亚区域内进行跨境债券交易的区域债券市场以及国际债券市场。如果国内债券市场不发达,就无法实现国际(区域)债券市场的发展,从这个意义上说,两者又是密不可分的。

2003 年 2 月，在“东盟 +3”高层研讨会中，日本提出“亚洲债券市场启动方案”，并提出相应的启动措施①。

2003 年 8 月“东盟 +3”财长会议批准了“亚洲债券市场倡议(Asian Bond Market Initiative, ABMI)”。ABMI 的宗旨是提高债券市场的效率和流动性，使储蓄资金更好地用于东亚地区的投资，并减轻货币与期限错配问题②。ABMI 下设六个工作组(见表 5－4)，从不同方面来促进亚洲债券市场发展。工作组成立后，分别通过开展政策对话、举办研讨会等形式来推进亚洲债券市场发展。2003 年 11 月，ABMI 中心工作组(Focal Group)成立，以加强对各国工作组的协调。

表 5－4 ABMI 的 6 个工作组

	名称	议长国
1	创建新证券化债务工具小组	泰国
2	信用担保和投资机制小组	中国、韩国
3	外汇交易和清算小组	马来西亚
4	多边开发银行、政府机构和跨国公司发行本币债问题小组	中国
5	本地及区域性信用评级机构问题小组	新加坡
6	技术援助协调小组	菲律宾、马来西亚、印尼

2005 年 5 月第八次“东盟 +3”财长会议共同声明中对亚洲债券

① 赵锡军、刘炳辉、李悦：《亚洲统一债券市场的进程、挑战与推进策略研究》，载《财贸经济》2006 年第 5 期。

② 郑文力：《亚洲债券市场发展研究》，吉林大学博士学位论文，2008 年。

市场发展倡议（ABMI）的多项进展表示欢迎，随着亚洲区域债券市场的迅速发展，收益曲线的延伸、债券发行主体和债券商品的多样化得到改善。各国开始对篮子货币计价债券进行研究，并开始研究未来亚洲的国际债券市场的发展。

岩本武和[①]认为，建设亚洲债券市场的问题归根结底是在减少买卖双方的“信息不对称”问题上，非市场的银行融资（间接融资）和通过明确的市场交易进行的债券市场融资（直接融资）之间，对亚洲各国来说哪一个是更好的选择？他从信息不对称观点对银行融资与债券市场的互补性进行考察，分析了亚洲银行融资的缺点。2003 年 5 月 13 日日本财务省关税外汇等审议会讨论中，吉野发言提到最理想的选择是使日本国债成为亚洲债券市场的基准债券[②]。

四、亚洲债券市场的“新路线图”

2007 年美国次贷危机爆发后迅速蔓延，形成了全球性金融、经济危机。国际货币金融体制的缺陷再次暴露在世界面前，亚洲各国为应对危机加紧了区域货币合作步伐，加速亚洲债券市场的改革与创新。

为进一步整合资源、提高效率，2008 年 5 月“东盟 +3”马德里财长会议通过了 ABMI 新路线图，将原来的 6 个工作组整合为 4 个新的工作组。其中第一工作组负责促进本币债券发行工作，包括 CGIM、中长期票据、结构融资工具等内容；第二工作组负责促进本币

---

① 岩本武和『アジア債券市場の可能性と諸問題』京都大学、University Working Paper J－39。

② 財務省，関税・外国為替等審議会『第 5 回外国為替等分科会議事録』、2003 年、http://www.mof.go.jp/singikai/kanzegaita/giziroku/gai150513.htm。

债券需求工作，包括改善投资环境、支持机构投资者和私人投资者、发展回购和融资融券市场等内容；第三工作组负责改进监管框架研究，包括推动实施国际证监会组织（IOSCO）的证券监管原则、促进监管部门之间的政策协调等内容；第四工作组负责完善债券市场基础设施工作，包括探讨建设区域债券清算机制、提高债券市场流动性、推动诚信文化建设等内容。新的亚洲债券市场发展路线图希望各成员能够主动地进一步发展本币结算债券市场，采用单独或者联合的方式寻求建立一个更加有利于发行人及投资者进入的市场。目前各方正在按照新的路线图开展有关研究工作。

2009 年 2 月 22 日，“东盟 +3”财长会议提交的《亚洲经济金融稳定行动计划》重申了亚洲债券市场发展倡议的重要性，决心根据亚洲债券市场发展倡议的新路线图加强合作。该路线图重点关注促进区域内本币债券发行和需求，改进监管框架和完善债券市场基础设施，旨在促进区域本币债券市场的广泛发展，使债券发行更为便利。行动计划认识到私人部门对债券市场发展，特别是跨境债券交易和清算方面的重要作用。

2008 年 5 月“东盟 +3”会议和亚洲开发银行（ADB）预计在 2010 年创设一个总规模 5 亿美元的债券保证机构，并在 2009 年 5 月的“东盟 +3”财长会议上就债券担保机构的具体问题进行了讨论。通过债券担保机构的担保补充企业的信用能力，有助于企业更加顺畅、稳定地筹集资金。

目前，如何推动亚洲债券市场的发展在主要区域合作论坛上已经成为重要的研究议题，它们分别是东亚及太平洋中央银行行长会议（EMEAP）、APEC 金融首脑会议（APEC FMM）、亚洲合作对话（ACD）和“东盟 +3”。这四个论坛共同致力于研究亚洲债券市场的发展战略及相应的设计方案，在一定程度上促进了亚洲债券市场的融合与发展（见图 5 - 5）。

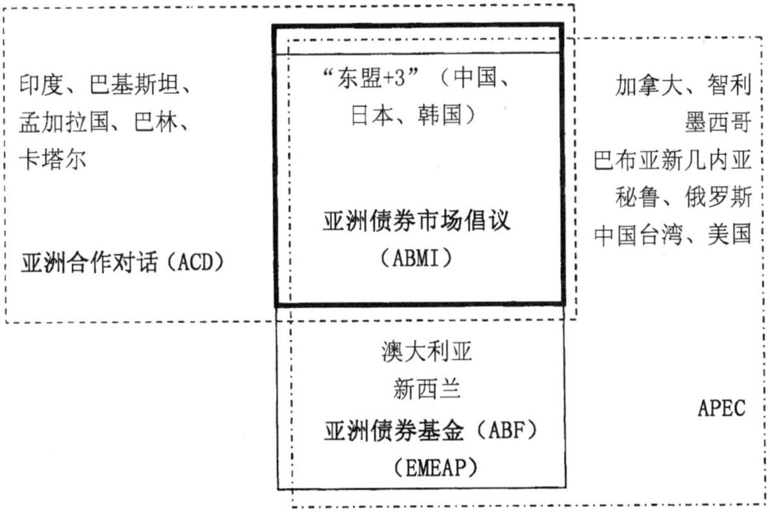

图 5 - 5　亚洲债券市场相关区域

资料来源：引自小原篤次『アジア債券市場と日本の金融資産選択』、2003 年 11 月、http://www1.ttcn.ne.jp/~asia/ohara_asia_bond20031129.pdf。

东亚各国在推进亚洲债券市场建设的问题上已经达成共识并取得一定进展，但是仍然面临着巨大的困难，具体包括：亚洲各经济体之间存在巨大差异；在定值货币、信用评级、交易清算、税收等方面存在技术困难；私人部门参与程度低等①。从目前亚洲债券的发展方向看，下一步需要建立一个由区域内货币组成的货币篮计价的债券产品。有关东亚货币篮的设计等问题将在下一节进行说明。

---

① 李晓华、刘翠平：《亚洲债券市场的发展前景》，2006 年，http://www.canet.com.cn/wap.php/action = article&id = 13265。

第四节 东亚的区域汇率协调

由于日元币值不稳,对美元波动剧烈,给日元持有者带来巨大的汇率风险,阻碍了日元国际化的进一步发展;东亚货币危机的爆发在于发展中国家钉住美元汇率制度的不可持续性;欧洲为稳定汇率实行了联合浮动汇率制度,最终发展成为统一的货币——欧元。历史的经验和教训告诉我们:汇率协调是区域货币合作的重要内容。同时,由于涉及协调国货币主权的让渡,并对国家宏观经济政策产生制约,区域汇率协调也是货币合作中最难以取得进展的内容。

一、汇率制度选择与东亚国家的困境

1997 年亚洲金融危机之前,东亚国家或经济体采取的汇率制度形式有:钉住货币篮制度、有管理的浮动汇率制和香港的货币局制度。但是实际运行中,除新加坡和马来西亚外,几乎所有经济体都将自己的货币与美元联动[①]。

东亚国家之所以选择钉住美元的"外部驻锚"型的汇率制度,在于钉住汇率制度具有通过汇价的固定联系给国内的价格水平提供一个整体的外部名义锚,达到以稳定汇率实现稳定国内物价和吸引外部资金的目标。然而由于汇率僵化,造成了货币政策自由性和资本自由流动的矛盾。

蒙代尔在 1960 年发表的《固定和浮动汇率下国际协调的货币动

---

① Takatoshi Ito and Eiji Ogawa, " How Did the Dollar Fail in Asia", NBER Working Paper 6729, September 1998.

态学》和 1963 年发表的《固定和浮动汇率制度下资本流动和稳定政策》两篇文章中系统分析了开放经济条件下，不同汇率制度下，国际资本流动在宏观经济政策有效性分析中的重要作用。弗莱明在 1962 年发表的《固定和浮动汇率制度下国内金融政策》一文中得出了与蒙代尔类似的结论。以两个人的名字命名的蒙代尔—弗莱明模型（M－F 模型）成为宏观经济研究中一个重要的一般均衡模型。M－F 模型为汇率制度选择研究提供了一个全新的视角。

克鲁格曼根据 M－F 模型体现出的思想，提出了永恒三角形（又称三元悖论，不可能三角形，见图 5－6），即一国只能在固定汇率制度、资本自由流动和独立的货币政策之间实现其中的两个目标，不可能同时实现三个目标。东亚国家在 1990 年代快速资本自由化之后，为维持独立的货币政策不得不集体放弃了钉住美元的汇率政策，转而实行浮动汇率制度。对于小型经济体来说，实行浮动汇率制度面临更大的经济风险，因此在汇率重新调整定值之后，发生危机的国家加强了资本管制，又重新恢复到钉住美元汇率制度。

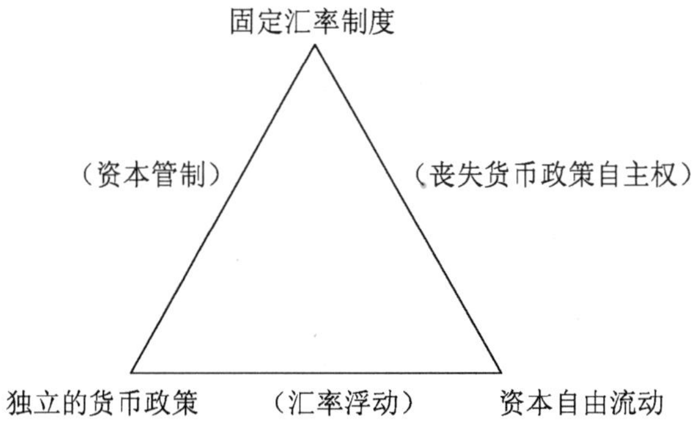

图 5－6　克鲁格曼不可能三角形

二、东亚汇率协调方案

面对东亚国家汇率制度选择困境,一些学者开始关注东亚区域内汇率协调问题,提出了许多富有创造性的建议。大体可划分为自由浮动、钉住外部货币、钉住内部货币、钉住货币篮和共同货币区方案。从东亚各国在危机后重新恢复钉住美元汇率制度的现实看,自由浮动不会成为东亚发展中国家的选择。东亚区域目前尚不具备共同货币区的条件,在相当长的一段时间内都不可能实现共同货币。钉住美元的汇率制度只是权宜之计,钉住欧元更加不现实,因此剩下的只有钉住内部货币和钉住货币篮方案。

东亚对外贸易和对内直接投资主要以美元计价,如果选择钉住汇率极不稳定的日元,企业将面临非常大的汇率风险。对于以通过吸引外资、发展外贸来拉动经济增长的东亚国家来说,日元不是合格的货币驻锚。中国虽然有较高的发展速度和深厚的市场潜力,但是金融体系还不发达,并且人民币本身也在钉住美元,因此人民币目前还处于周边国家小规模流通阶段,无法成为东亚货币的货币驻锚。日元和人民币之外的东亚货币更不可能成为东亚货币的锚货币。因此学者们建议:(1)钉住区外货币篮,如钉住美元和欧元组成的货币篮;(2)钉住区内货币篮,如钉住东盟+3货币或者其中部分货币组成的货币篮;(3)钉住混合货币篮,如在世纪初备受日本学者青睐的钉住日元、美元和欧元组成的货币篮,以及钉住包括人民币、日元的东亚内部货币与美元、欧元的混合货币篮。[①]

---

① Eiji Ogawa and Takatoshi Ito, " On the Desirability of a Regional Basket Currency Arrangement", *Journal of the Japanese and International Economics*, vol. 16, issue 3, September, 2002;张斌:《东亚货币合作:中国视角》,载《世界经济》2004 年第 11 期。

在东亚汇率制度协调的具体机制设计上，李平等提出了两阶段渐进发展的汇率协调模式：在过渡阶段、以政策磋商协调为主；在实质运行阶段，采取以日元和人民币为中心的双层框架运行模式①。刘力臻提出了钉住动态混合驻锚的汇率协调机制，在初期钉住美元、欧元和日元组成的货币篮，随着东亚经济发展，逐渐加入东亚区域内的其他货币（如人民币、韩元等）替代美元和欧元，在美元和欧元比例缩小到一定比重（如40%）时，建立东亚汇率稳定协作机制的框架协议，逐步创建起东亚单一货币区②。刘力臻还提到未来东亚人民币本位制的可能性，但是这取决于中国未来经济能否长期平稳健康发展、一中两岸三地四币的整合、中国经济在东亚区域经济中的地位作用；也取决于东亚地区日元、韩元等其他货币的国际化程度。李俊江、范硕提出除日本外的东亚国家通过钉住人民币实现内部稳定，人民币有限钉住美元、日元和欧元组成的货币篮子实现外部稳定，同时建立一个超国家的、中立的区域机构确保各国信守承诺，防止发生传染性贬值③。李晓、丁一兵则构建了东亚区域货币体系的路线图（见图5－7）④。

三、亚洲货币单位方案

在各种东亚区域汇率协调的方案中，都涉及选什么货币进入货

---

① 李平、刘沛志、于茂荣：《东亚地区货币合作与协调》，中国财政经济出版社2004年版。

② 刘力臻：《东亚汇率合作模式及选择分析》，《21世纪初期东亚货币合作与人民币国际化》，吉林大学出版社2006年版。

③ 李俊江、范硕：《汇率体制“两级论”与东亚汇率制度选择分析》，《21世纪初期东亚货币合作与人民币国际化》。

④ 李晓、丁一兵：《亚洲的超越——构建东亚区域货币体系与“人民币亚洲化”》。

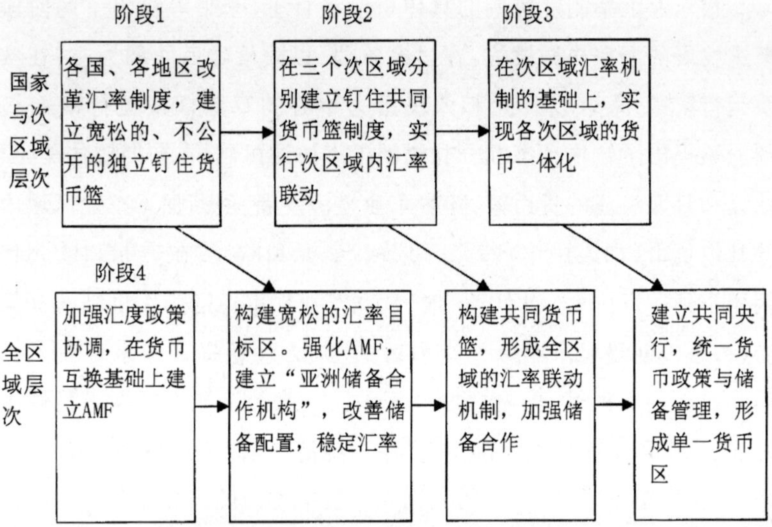
阶段1
阶段2
阶段3
国家与次区域层次
各国、各地区改革汇率制度，建立宽松的、不公开的独立钉住货币篮
在三个次区域分别建立钉住共同货币篮制度，实行次区域内汇率联动
在次区域汇率机制的基础上，实现各次区域的货币一体化
阶段4
全区域层次
加强汇度政策协调，在货币互换基础上建立AMF
构建宽松的汇率目标区。强化AMF，建立"亚洲储备合作机构"，改善储备配置，稳定汇率
构建共同货币篮，形成全区域的汇率联动机制，加强储备合作
建立共同央行，统一货币政策与储备管理，形成单一货币区

图5－7　构建东亚区域货币体系的路线图

资料来源：转引自李晓、丁一兵：《亚洲的超越——构建东亚区域货币体系与"人民币亚洲化"》。

币篮、货币篮中各种货币的权重如何设计、设计的货币篮与东亚国家实际汇率的波动性如何等问题。日本学者在这方面的研究相对深入、细致一些。东京大学伊藤隆敏教授和一桥大学小川英治教授参照欧洲货币单位的计算方法编制了亚洲货币单位（AMU），2005年9月起借助日本经济产业研究所（RIETI）平台对外公布。

1．AMU的计算方法

亚洲货币单位（AMU）是2005年9月创立的东盟+3共计13个国家货币构成的货币篮子。AMU的权重参照欧洲货币制度（EMS）时期采用的欧洲货币单位（ECU）计算方法，即东亚13个国家的贸易份额和按照购买力平价计算的GDP份额的算术平均算出。具体计算方法涉及两个计算过程：

（1）区域外货币加权。根据东盟+3对区域外贸易的比重，分别赋予美元65%和欧元35%的权重，根据这个权重计算区域内每个经济体相对于美元、欧元的加权汇率。

（2）区域内货币加权[①]。根据购买力平价下的GDP与贸易额加权的权重（两者各50%），确定每种区域内货币在货币篮子中的权重。

AMU的计算公式是：

（美元×0.65+欧元×0.35）/亚洲货币单位=Σ[（0.5×贸易权重+0.5×GDP权重）/基期汇率]×当前汇率

2. AMU偏离指数计算方法

AMU偏离指数是区域内货币相对于亚洲货币单位汇率与其基期汇率之比。由于既不能保证基期汇率是均衡汇率，也不能保证比较期间均衡汇率不发生变化，所以AMU偏离指数未必是对均衡汇率的偏离。

AMU偏离指数包括名义偏离指数（Nominal Deviation Indicator）和实际偏离指数（Real Deviation Indicator）两种。计算方法如下：

（1）名义偏离指数：

$$\text{名义偏离指数(\%)} = \frac{\text{(AMU/区域内货币)} - \text{基期的(AMU/区域内货币)}}{\text{基期的(AMU/区域内货币)}}$$

（2）实际偏离指数：

实际偏离指数（%）=名义偏离指数-（AMU通胀率-目标区域货币通胀率）

---

① 关于具体计算方法的说明参见张斌、何帆：《亚洲货币单位对东亚货币合作和人民币汇率改革的影响》一文，载《管理世界》2006年第4期。

名义偏离指数用以反映东亚各国货币与基期相比的变动情况，实际偏离指数能够反映各国间的经济差异，具有监视实体经济变动的功能。

AMU 并非现实中的货币，而是按照 13 种货币计算出来的指数，其作用在于观测区域内货币与 AMU 之间，区域内货币作为一个整体与区域外货币之间的汇率偏离程度。如果进一步发展，AMU 也可以作为国际贸易、资本交易中的计价标准，即以 AMU 计价以区域内货币或者区域外货币交易和支付。此外，在亚洲债券市场继续发展之后，AMU 也可以成为亚洲债券的计价标准。

随着 2009 年 8 月中国—东盟自由贸易区《投资协议》正式签订，2010 年 1 月 1 日由发展中国家构成的世界最大的自由贸易区诞生了。从回避亚洲区域内竞争性贬值、稳定区域货币角度看，更加有必要利用 AMU 偏离指数监测亚洲货币汇率。

3. AMU 的扩展

AMU 运行 4 年后，研究小组在 AMU 基础上，加入与东亚经济有密切联系的澳大利亚、新西兰和印度 3 个国家的数据，创设了 AMU 的扩大版（AMU - wide），AMU - wide 的计算方法与 AMU 一致，这两个指数可能成为将来区域经济的监测指标。

2009 年 5 月 3 日，东盟 +3 第 12 届财长会议上决定了总额 1200 亿美元亚洲储备库的出资比例。随着 CMI 多边化的进展，亚洲区域金融合作将会得到进一步加强，今后 CMI 独立的经济监测功能不可或缺。为此，研究小组创设了亚洲储备单位（AMU - cmi）指数。

AMU - cmi 在计算方法与 AMU 存在着差别：（1）以各国在 CMIM 中份额为篮子权重。（2）将香港计入篮子构成货币。

AMU - cmi 的具体计算方法与 AMU 及 AMU 偏离指数相同，但不像 AMU 那样每年变动货币篮的份额。确定各种货币基准汇率按照如下方法确定：各加盟国区域内贸易收支合计以及加盟国对日贸易收支合计最近一次处于均衡状态的 2000 年、2001 年的日度汇率平均值为基准汇率。

表 5－5　CMIM 贡献度与 AMU－cmi 的权重（基期 2000/2001 年）

	CMIM 贡献额（10 亿美元）	AMIM 份额%（a）	基期汇率（b）	AMU－cmi 权重（a）/（b）
文莱	0.03	0.025	0.589114	0.0004
柬埔寨	0.12	0.100	0.000270	3.6969
中国	34.20	28.500	0.125109	2.2780
中国香港	4.20	3.500	0.132842	0.2635
印度尼西亚	4.77	3.975	0.000113	352.8940
日本	38.40	32.000	0.009065	35.3024
韩国	19.20	16.000	0.000859	186.1856
老挝	0.03	0.025	0.000136	1.8342
马来西亚	4.77	3.975	0.272534	0.1459
缅甸	0.06	0.050	0.159215	0.0031
菲律宾	3.66	3.067	0.021903	1.4001
新加坡	4.77	3.975	0.589160	0.0675
泰国	4.77	3.975	0.024543	1.6196
越南	1.00	0.833	0.000072	116.4928

注：1. CMIM 出资额根据 2009 年 5 月 3 日第 12 次“东盟＋3”财长会议确定。2. 基期汇率为 2000 年和 2001 年对美元、欧元日度汇率平均值。

随着 AMU－wide 和 AMU－cmi 的推出，日本学者提供了东亚区域经济监测的一个系列指标方案，在没有更多可供选择的情况下，未来东亚区域经济、货币合作的监测指标的设计很可能以这个指标系列为基础。为此，需要东亚各个国家和地区的学者对这一指标的合理性和科学性进行实证分析，同时设计更多的区域经济监测指标进行相互比较和借鉴，以使东亚区域货币合作的发展符合东亚地区的整体经济利益。

伊藤隆敏和小川英治都是日本财务省外汇审议会委员，两人对东亚经济发展及日元国际化的许多主张在《面向21世纪的日元国际化》答辩中得到体现。小川英治曾经长期从事国际货币体系、欧元问题研究，在区域汇率协调方面有深刻见解。伊藤隆敏目前为外汇审议会外汇分科会的代理会长，一直从事日元汇率问题研究。因此两人的研究成果能够体现出日本方面在日元国际化和东亚货币合作问题上的基本态度。

日元从1970年代开始的自发国际化到1985年之后的直接国际化，以及进入新千年转为面向东亚的日元区域化路径，走了一条由自发到自觉、由被动到主动的货币国际化之路。从日元国际货币职能角度看，目前日元国际化程度并未比1990年代有大幅进步。然而日本近10年来积极推行的FTA/EPA战略，推进区域外汇储备、外汇市场建设，加强了日本与东亚国家的紧密联系，缩小了东亚国家与日本的金融市场差距，未来条件具备时，在亚洲也可能出现日元国际化的重大突破。

第五节　东亚货币合作中的日元与人民币

在经历改革开放后30多年的经济高速增长之后，中国经济总量已经位列世界第三位，并且有望在2010年超过日本，成为仅次于美国的经济大国;中国经济对世界经济的贡献率超过 20%,仅次于美国居世界第二位。中国的国际经济地位与货币国际化起步时的日本有几分相似。与此同时,中国与东亚区域经济的联系日益紧密,人民币逐渐通过边境贸易等方式走出国门,在周边国家和地区受到相当程度的认可。2009 年 7 月 1 日《跨境贸易人民币结算试点管理办法》的实施意味着中国官方支持的人民币国际化进程正式开始。

美元体制下日元尚且无力直接挑战美元霸权,人民币走向国际化的过程也必然依托于区域货币合作,从而形成了东亚货币合作中日元与人民币的竞争与协调问题。中日两国以及东亚各经济体能否运用智慧并富有远见地处理好日元与人民币之间的关系,将决定着东亚货币合作的成败,决定着日元国际化和人民币国际化的成败。

一、中国外向型经济发展迅速

1. 中国成为东亚经济中的重要一极

2005—2007 年,中国 GDP 在美国、日本和德国之后,排在世界第四位。而世界银行公布的 2008 年世界各国的 GDP 排名中,美国和日本分别以 14.2 万亿和 4.91 万亿美元继续保持第一和第二位,中国的 GDP 总量已经跃居世界第三位,达到 3.86 万亿美元。高速的经济增长和巨大的经济总量已经使中国在全球经济中发挥越来越大的作用。

近些年来,世界经济发展放缓,日本经济发展停滞,中国一枝独秀,是全球经济发展最快的国家之一。表 5-6 是 2000 年以来中、日、韩三国的经济增长率对比表,从表中我们可以看出,中国一直保持着 8% 以上的经济增长速度,远远高于东亚另外两个经济大国日本和韩国的经济增长速度,中国已经成为东亚地区经济增长的领跑者。

表 5－6　2000—2008 年中、日、韩三国经济增长率(单位:%)

年度	中国	日本	韩国
2000 年	8.4	2.9	8.5
2001 年	8.3	0.2	4.0
2002 年	9.1	0.3	7.2
2003 年	10.0	1.4	2.8
2004 年	10.1	2.7	4.6
2005 年	10.4	1.9	4.0
2006 年	11.6	2.0	5.2
2007 年	13.0	2.3	5.1
2008 年	9.0	-0.7	2.2

资料来源:中华人民共和国统计局网站。

1997 年东亚金融危机期间,各国货币纷纷贬值,中国政府庄严承诺,人民币不贬值,保持对美元的汇率稳定。此举为防止东亚国家经济进一步衰退和金融危机影响范围扩大起到了积极的作用,树立了良好的负责任的大国形象。

2007 年美国次贷危机爆发后,全球主要经济体增长放缓,国际经济机构不断调低世界特别是发达国家的经济增长预测,美国、欧洲、日本的经济出现衰退,而发展中国家特别是东亚发展中国家在危机中表现良好,中国再次渡过了难关。2010 年 1 月 25 日世界银行在北京发布的《2010 年全球经济展望》对发展中国家经济作出了乐观预测。该报告预计,未来两年发展中国家将出现相对强劲的复苏,2010 年和 2011 年的 GDP 增长率将分别为 5.2% 和 5.8%,远高于

2009 年 1.2%，而发达国家在 2009 年下滑 3.3% 的基础上，2010 年和 2011 年的增长将仅为 1.8% 和 2.3%。“从全球来看，中国经济的复苏势头表现最为强劲，”世界银行预测局局长汉斯·蒂莫先生表示。据世界银行预计，2010 年中国经济增长率为 9%，这比两个多月前的预期上调了 0.3 个百分点①。

同时，中国还是东亚区域合作的积极倡导者和推动者。在东北亚，中国积极参与包括开发图们江在内的东北亚区域经济合作。2003 年，在中国—东盟峰会上，中国总理温家宝与日韩领导人一起签署和发表了《中日韩推进三方合作联合宣言》，为东北亚的区域经济合作的加快发展奠定了制度性基础。中国也积极寻求同东盟的合作，并已取得一系列成果。2002 年，中国和东盟 10 国领导人共同签署了《中国—东盟全面经济合作框架协议》。该协议中，中国和东盟同意于 2010 年建成中国—东盟自由贸易区（China - ASEAN Free Trade Area）。中国与东盟的自由贸易区战略由此展开。2005 年 7 月，中国—东盟货物贸易降税计划启动，中国—东盟自由贸易区正式启动。

2. 中国对外贸易发展迅速

1980 年代以来中国对外贸易持续快速增长。1980 年中国进口贸易额为 200.2 亿美元，出口贸易额为 181.2 亿美元，进出口贸易总额只有 381.4 亿美元；1988 年进口贸易额达到 552.7 亿美元，出口贸易额 475.2 亿美元，进出口贸易总额首次突破 1000 亿美元，达到 1027.8 亿美元。加入 WTO 之后，中国进出口贸易额增长更加迅猛。2001 年出口贸易额 2661.0 亿美元，进口贸易额 2435.5 亿美元，进

① 《2010 年：发展中国家活力与风险共存》，载《金融时报》2010 年 1 月 26 日。

出口贸易总额首次突破 5000 亿美元，达到 5096.5 亿美元；2004 年进出口贸易总额突破 10000 亿美元；2008 年出口贸易额 14306.9 亿美元，进口贸易额为 11325.6 亿美元，进出口总额达到 25632.6 亿美元。1980 年到 2008 年的 28 年间，中国对外贸易进出口总额增长了 66.2 倍[①]。

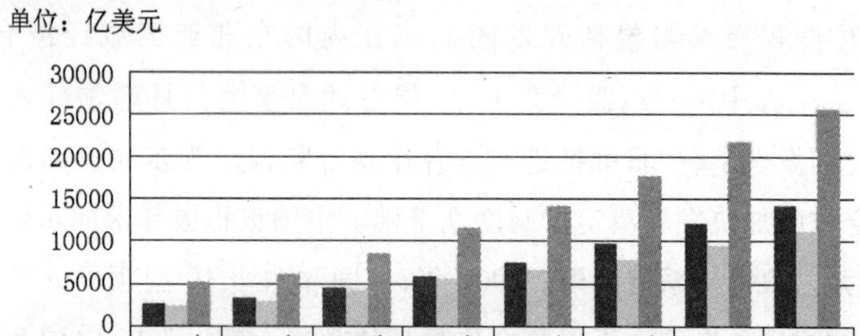

	2001年	2002年	2003年	2004年	2005年	2006年	2007年	2008年
■出口	2661	3256	4382.3	5933.3	7619.5	9689.4	12177.8	14306.9
■进口	2435.5	2951.7	4127.6	5612.3	6599.5	7914.6	9559.6	11325.6
■进出口总额	5096.5	6207.7	8509.9	11545.5	14219.1	17604	21737.3	25632.6

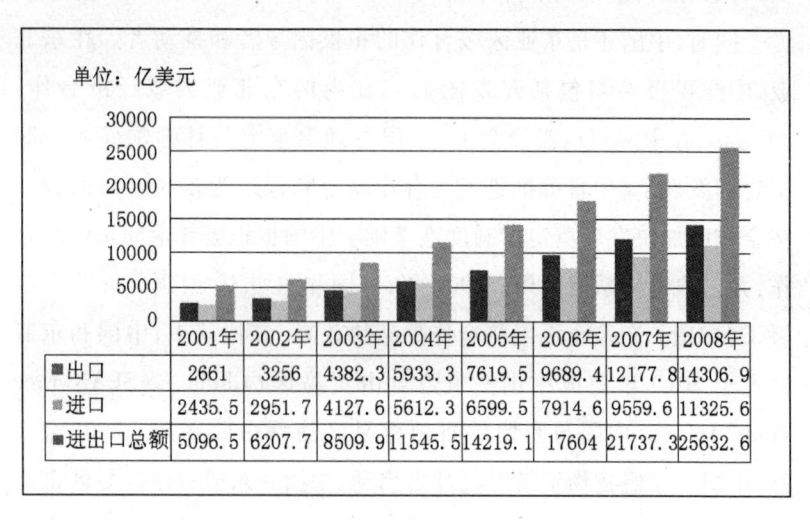

图 5－8　2001—2008 年中国进出口贸易额变化

资料来源：根据 http://comtrade.un.org 数据整理制作。

中国对外贸易数量增长的同时，贸易结构也不断高级化。如表 5－7 所示：在进口方面，1996 年、2000 年、2004 年和 2008 年，我国进口产品中初级产品的比重分别为 18.3%、20.9%、22.4% 和 32.0%，呈逐年递增的趋势；进口产品中工业制成品比重分别为 81.7%、79.1%、77.6% 和 68%，呈逐年递减趋势。

---

① 涉及数据均来源于 http://comtrade.un.org 数据库。

在出口方面，同时期我国出口产品中初级产品比重分别为14.5%、10.2%、6.8%和5.4%，呈逐年递减趋势；出口产品中工业制成品比重分别为85.5%、89.8%、93.2%和94.6%，呈逐年增加趋势。

进出口初级产品和工业制成品结构的这一变化，说明我国工业生产能力增强，对原材料等初级产品需求增加，同时，工业制成品自给能力也在不断提高。这反映出我国进出口贸易结构的不断优化和我国生产力水平的提高；同时，也是我国工业制成品国际竞争力增强的有力证明，并且在一定程度上体现了我国工业化的深入和经济增长方式的转变。

表5－7　中国对外贸易初级产品与工业制成品比重表（单位：%）

年份	进口		出口	
	初级产品	工业制成品	初级产品	工业制成品
1996	18.3	81.7	14.5	85.5
2000	20.9	79.1	10.2	89.8
2004	22.4	77.6	6.8	93.2
2008	32.0	68.0	5.4	94.6

数据来源：根据中华人民共和国统计局网站数据整理制表。

在工业制成品内部，不同行业产品所占比重也发生了变化。进口方面，1996年到2008年，我国进口化学品及有关产品占进口商品的比重略有下降；进口轻纺产品、橡胶制品、矿冶产品及其制品所占比重由1996年的27.7%下降到2008年的13.9%，具有明显的下降趋势；机械及运输设备的进口比例由1996年的48.3%增加到2008年的57.4%，呈逐步增加的趋势；杂项制品及其他商品占进口货物的比重有所增加，由1996年的8.0%上升到2008年的13.2%。出口方面，我国出口化学品及有关产品所占出口商品的比重由1996年的6.9%下降到2004年的4.8%，到2008年又回升到了5.8%；出口轻纺产品、橡胶制品、矿冶产品及其制品所占出口商品比重由1996年的22.1%下降到2004年的18.2%，2008年又回升到了19.4%；机械及运输设备占出口商品比重由1996年的27.3%上升至2008年的49.8%，呈明显的上升趋势；杂项制品及其他商品所占出口比重由43.7%下降至25.0%。

机械及运输设备进口和出口都有大幅度增长，尤其是出口方面，机械及运输设备已经接近中国出口总额的50%，是我国对外出口份额最大的产业。这和我国政府近些年来大力推动装备制造业快速发展的政策密不可分，比如1998年，中国中央经济工作会议首次提出“要大力发展装备制造业”，为我国装备制造业发展注入一剂强心剂。我国装备制造业国际竞争力不断提高。

3. 中国对外直接投资稳步增长

从数量上看，中国对外直接投资的发展大致分为三个阶段，分别是1982年—1991年的探索起步阶段；1993年—2001年的不稳定发展阶段；2002年以来的稳定发展阶段①。图5-9是2002年以来我国对外直接投资额变化情况。在2002年和2003年我国对外直接投资虽然已经进入稳定发展阶段，但是投资额依然在低水平徘徊，还不到30亿美元。2004年以后才开始进入了快速发展时期，除2007年外，每年都比上年约有1倍的增长幅度。这和我国在十六大后大力推进“走出去”战略不无关系，同时我国巨额的外汇储备也为我国企

① 周升起：《中国对外直接投资：现状、趋势与对策》，载《东亚论文》第75期，第2—3页。

业对外投资提供了重要保证。

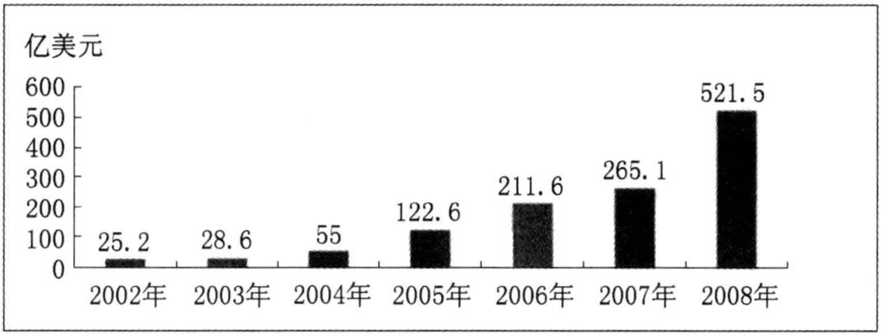

图 5－9　2002—2008 年中国对外直接投资额变化情况

数据来源：中华人民共和国商务部 2008 年度中国对外直接投资统计公报（2002—2005 年数据为非金融类对外直接投资，2006—2008 年数据为全行业对外直接投资）

从行业结构看，中国的对外直接投资主要集中在租赁和商务服务业、批发零售业、采矿业、制造业。另外，金融业也是我国最近对外直接投资的主要方向之一，并且增长迅速，目前已有多家金融企业在国外投资（表 5－8）。其中与进出口贸易有关的对外直接投资（主要包括商务服务、批发零售、交通运输仓储）2008 年累计金额达到近 1000 亿美元，占累计投资总金额的 53.8%，对外直接投资体现出比较明显的贸易导向特征，符合小岛清的贸易与投资相互促进理论。从中国对外直接投资的地区流向看，中国企业 90% 左右的对外直接投资流向周边的国家或经济体，以及发展水平相近的拉丁美洲国家或经济体。

表 5－8　2004 年—2008 年中国对外直接投资累计金额在不同行业的分布（单位：亿美元）

	2004 年	2005 年	2006 年	2007 年	2008 年
总计	447.77	572.06	750.26	1,179.11	1,839.71

按主要行业分	—	—	—	—	—
农、林、牧、渔业	8.34	5.12	8.17	12.06	14.68
采矿业	59.51	86.52	179.02	150.14	228.68
制造业	56.38	57.70	75.30	95.44	96.62
电力、燃气及水的生产和供应业	2.20	2.87	4.46	5.95	18.47
建筑业	8.17	12.04	15.70	16.34	26.81
交通运输、仓储和邮政业	45.81	70.83	75.68	120.59	145.20
信息传输、计算机服务和软件业	11.92	13.24	14.50	19.01	16.67
批发和零售业	78.43	114.18	129.55	202.33	298.59
住宿和餐饮业	0.21	0.46	0.61	1.21	1.37
金融业	—	—	—	167.20	366.94
房地产业	2.03	14.95	20.19	45.14	40.98
租赁和商务服务业	164.46	165.54	194.64	305.15	545.83
科学研究、技术服务和地质勘查业	1.24	6.04	11.21	15.21	19.82
水利、环境和公共设施管理业	9.11	9.10	9.18	9.21	10.63
居民服务和其他服务业	10.93	13.23	11.74	12.99	7.15
教育			0.02	0.17	0.17
卫生、社会保障和社会福利业	0.00	0.00	0.03	0.04	0.04
文化、体育和娱乐业	0.06	0.05	0.26	0.92	1.07
其他	0.14	0.18		—	—

资料来源：根据中国统计局网站数据编制（2004—2006 年数据不含金融业，2007—2008 年包含金融业）。

二、中国的金融体系渐进开放

1. 分阶段的金融体制改革

为了适应高度集中的计划经济体制，改革开放以前的中国金融体制表现出高度集中的特点。在这一体制中，中国人民银行垄断了几乎所有金融业务。它既是一个国家管理机关，又承办对工商企业和居民的各种金融业务。1978 年，伴随着我国的经济体制改革，我国的金融体制改革也逐步展开。目前为止，中国金融市场体系改革和建设大致经历了三个阶段①：

第一阶段为 1978 年至 1983 年，这一时期基本延续了计划经济时期的金融体系，金融体系的运行主要是通过行政手段调控，金融机构直接为国家所有，金融资源的配置由政府计划配置。

第二阶段是 1983 年至 1990 年，是我国金融市场体系建设的起步阶段。1983 年 9 月，国务院做出《关于中国人民银行专门行使中央银行职能的决定》。从此，中国人民银行不再办理针对企业和个人的信贷业务，而是成为专门从事金融管理、制订和实施货币政策的政府机构。这一时期，中国金融改革的重点是在专业银行与中央银行分设的基础上发展多元化的银行和非银行金融机构。四大国有银行的格局开始形成，各类型的商业银行开始出现，信托投资公司、城市信用合作机构、保险公司、金融租赁公司等也开始运营。我国金融机构的种类开始增多，向金融机构多元化、金融服务多样化方向发展。在此期间，我国已经基本完成了由财政主导到以银行体系为主导的金融体系的转型。同时，利率与汇率政策调控框架逐步形成。

第三阶段是 1990 年以后，是金融体系和金融市场化改革的深化阶段。在此期间，中国金融市场化进程加快，1993 年后，国家决定组建政策性银行，推动国有专业银行向自主经营、自负盈亏的商业银行转化。同时允许各专业银行超出其原有领域进行交叉经营，以促进银行业的竞争。另一方面，中国资本市场得到快速发展。资本市场

---

① 陈甬军、张小军、庄尚文：《我国现代市场体系建设 30 年》，《中国经济发展和体制改革报告：中国改革开放 30 年》，社会科学文献出版社 2008 年版。

处于金融市场体系的核心和主导地位，1991 年上海证券交易所、1992 年深圳证券交易所和中国证监会的成立，标志着中国资本市场的初步形成。1997 年全国银行间债券市场的建立，成为资本市场发展的重要转折。1994 年外汇体制改革后，中国形成了全国统一的外汇市场。

近 30 年里，我国经历了中央银行体系的建立、金融组织体系改革、专业银行的商业化改革、金融业的法制化和规范化建设、货币市场和资本市场的建立和发展等过程。

2. 稳健推进的资本自由化

资本自由流动是资本自由化的重要内容，是指国内外的机构和个人在无需国内政府批准的情况下就可将投资资金汇入国内或汇出国外，并可按官方汇率在本币与外币间自由兑换。目前中国已经实现经常项目的资源兑换，资本项目自由兑换的改革正稳健推进。

从 1953 年到 1978 年，我国是实行高度集中的外汇管理体制，外汇收支两条线，统收统支，以收定支；一切外汇收入都须卖给国家，需用外汇则由国家集中分配。人民币汇率由国家统一规定，外汇资金和外汇业务由中国人民银行统一管理和经营。1994 年之前，我国实行比较严格的外汇管理制度，企业和居民个人使用外汇需获得外汇管理局批准，不能自由买卖外汇。1993 年 12 月 28 日，中国人民银行发布了《关于进一步改革外汇管理体制的公告》，从 1994 年 1 月 1 日起，人民币实行以市场供求为基础的、有管理的浮动汇率制。

1996 年 7 月 1 日，外商投资企业的经常项目外汇收支纳入银行结售汇体系；1996 年 12 月 1 日，我国宣布实现人民币经常项目的完全可兑换。实现人民币经常项目的可兑换，达到了国际货币基金组织对成员国的要求，使中国经济更加深入地融入了世界，加快了我国经济的市场化进程。同时也促进了中国对外贸易的高速发展,改善了投资环境,有利于我国经济的发展。

人民币资本项目可自由兑换是实现区域货币合作和人民币国际化的需要。要想实现人民币国际化,使人民币成为东亚货币合作中的关键货币,人民币资本项目可自由兑换是必不可少的先决条件。资本项目可自由兑换也有利于我国进一步融入全球经济,发挥我国在国际社会中应有的作用。我国已经是世界第三大经济体,要在世界上谋求与我国经济实力相当的话语权,就要以开放的姿态适应全球经济发展趋势,从而得到国际社会进一步的尊重和认可。

1996 年我国实现人民币经常项目可兑换之后,外汇管理体制改革的重点落到人民币资本项目可兑换之上。伴随着对外开放的深入和金融改革的深化,我国的资本项目的开放程度正在逐步加大。

1996 年以来,中国资本市场走了一条以引进国际资本为主线的渐进式开放之路,最先发端于外商直接投资(FDI)和外国政府与国际金融机构的中长期信贷,随后是债券市场的国际化、股票市场的国际化。股票市场的国际化则经历了 B 股发行、海外上市、外资参股等开放历程。2002 年 QFII 机制的启动,实际上就是对外资有限度地开放了我国的证券市场,使得境外投资者对我国证券市场投资变成现实。

2005 年我国在银行间债券市场引入外国投资者,允许国际金融机构在境内发行人民币债券,允许中国保险公司外汇资金境外运用。2005 年底五部委联合发布的《外国投资者对上市公司战略投资管理办法》表明外资机构获准进入 A 股市场对我国企业进行战略投资。2006 年 4 月,中国人民银行公告宣布允许银行、证券经营机构、保险公司等可以在一定范围内以代客理财或自营方式进行境外投资。

2006 年 QDII 机制启动，容许在资本项目未完全开放的情况下，国内投资者向海外资本市场进行投资。

国家外汇管理局 2007 年 8 月 20 日推出了允许所有中国大陆公民直接对外证券投资的政策，是我国逐步开放资本账户的重要一步。个人直接对外证券投资业务试点等举措改变了长期以来以资本流入为主的开放模式，开始拓展资本流出渠道。随着资本市场开放进程的推进，中国资本市场尤其是股票市场开放已经达到了一定规模，开始吸引国外资金的持续流入。

目前，我国资本项目开放的“路线图”已基本明晰。中国人民银行 2008 年发布的《2007 年国际金融市场报告》提出，中国将以放松资本项目交易限制、引入和培育资本市场工具为主线，在风险可控的前提下，依照循序渐进、统筹规划、先易后难、留有余地的原则，分阶段、有选择地放宽资本项目交易限制，逐步实现人民币资本项目可兑换。

三、人民币国际化开始起步

中国经济的持续增长和比较稳定的通胀水平为人民币国际化提供了最根本的实体经济基础；经济开放度不断提升，区域贸易地位不断增强，特别是对东亚地区的贸易逆差为向区域输出人民币提供了可能。从东亚区域看，中国周边的很多国家美元外汇紧缺，人民币对美元汇率稳定，并且存在长期升值趋势，这些国家持有人民币能够在一定程度上缓解外汇短缺的压力，因此人民币作为美元的“替代品”进入周边一些国家的经济生活之中。在特殊的区域经济条件下，人民币在资本项目尚未完全开放之时已经出现了货币国际化的萌芽。

全球经济失衡的持续和世界性金融危机的爆发，充分暴露了现行国际货币制度的弊端,世界各国都在探寻国际货币体系改革的妙方。中国经济的抗危机能力和货币汇率的相对稳定使人民币受到更多关注。在国际货币体系改革和重建过程中,各主要国家和经济区域的货币之间的均衡将被打破,各主要货币面临竞争与角逐,力图在新的均衡中实现自身利益最大化。在这种背景下,人民币国际化问题不再局限于学界的理论探讨,开始受到政府的关注与重视,2009年以来我国连续出台了多项有助于扩大人民币国际货币职能的措施。

1. 人民币的境外流通规模扩大

人民币的境外流通主要指通过边境贸易和旅游等方式流出国境的人民币在国外形成的一定规模的流量和存量。所谓人民币境外流量是在一定期间内跨境流动的人民币的净流出(入)额;人民币境外存量指已经被非居民稳定持续持有的人民币数额。

目前,中国与俄罗斯、朝鲜、蒙古、越南、老挝、巴基斯坦、印度、尼泊尔、缅甸、阿富汗、不丹、锡金、土库曼斯坦、吉尔吉斯斯坦、哈萨克斯坦等国的贸易中广泛使用人民币结算。我国居民的旅游目的地中,韩国、日本、东南亚各国、土耳其、埃及、德国、法国等欧元区国家都欢迎直接使用人民币消费。在港澳地区,人民币更是与其他国际货币具有同等的流通效力。当前在中蒙边境贸易中约有90%以人民币结算,中越边境贸易中的81%、中朝边境贸易中的45%、中俄边境贸易中的15%左右以人民币结算,并且人民币已经在南亚、东南亚的巴基斯坦、越南、缅甸、老挝等经济体“自由流通”①。

---

① 课题组:《人民币国际化推进路径选择研究》,载《华北金融》2008年第8期,第12页。

由于无法直接获得人民币境外流通规模的数据，学者们利用不同方法对其进行了估算。董继华运用季度数据进行协整分析，估算了 1999 年至 2005 年的季度人民币境外持有规模，人民币境外持有规模从 80 多亿元增加到 250 多亿元，2003 年甚至一度达到 1060 亿元①。阚景阳 2006 年的研究认为人民币境外流通量超过 300 亿元②。巴曙松估算 1999 年到 2008 年境外人民币占总人民币比例由 4.43% 增加至 10.01%，境外人民币流通规模由 596.37 亿元增加至 3426.99 亿元③。尽管不同测算方法得出的人民币境外流通规模不尽一致甚至相差悬殊，但是人民币境外流通规模不断扩大是不争的事实。

香港作为人民币境外流通的重要场所，已经形成了人民币境外流量和存量的两大途径：其一是内地人到香港旅游，其二是东南亚周边国家人民币向香港回流，使香港成为境外人民币现钞和现汇的离岸中心。估计通过旅游渠道每年给内地和港澳地区带来的人民币跨境流量约为 160 亿元；从回流渠道看，粗略估计每年通过新加坡向香港的人民币回流量约为 10 亿元，通过曼谷回流的人民币约为 8 亿元；香港的人民币存量应稳定在 250 亿元左右④。

2. 中国央行积极参与货币互换

中国与周边国家的货币互换开始于 2001 年。当时为帮助仍处

---

① 董继华：《境外人民币流通规模估计——基于季度数据的协整分析》，载《当代经济科学》2008 年 30 卷第 1 期。

② 阚景阳：《人民币境外流通及国际化研究》，载《金融理论与教学》2006 年第 2 期。

③ 巴曙松：《香港拟推行跨境贸易人民币结算的影响与趋势评估》，2009 年 6 月 29 日，http://www.cncfp.org。

④ 钟伟：《人民币在周边国家流通的现状、问题及对策》，中宏网，2007 年 10 月 10 日，http://mcrp.macrochina.com.cn/u/14/archives/2007/1062.html。

于金融危机余波中的泰国，中国与泰国在清迈倡议框架下签署了20亿美元的双边货币互换协议。此后，中国与日本、韩国、马来西亚、菲律宾、印度尼西亚等国签署了总计相当于215亿美元（双向互换双倍计值）的双边货币互换协议。其中，中国与日本、韩国分别签订了40亿美元、30亿美元的双向本币货币互换协议，与菲律宾签订了20亿美元的人民币与菲律宾比索之间的单项货币互换协议。与美元货币互换相比，人民币货币互换在强化区域货币合作的同时，也成为一种向东亚地区供给人民币的方式。

在2008年11月G20华盛顿峰会上，胡锦涛主席指出要鼓励区域金融合作，增强流动性互助能力。峰会和人民银行呼应周边国家需求，推进了双边货币互换，使其成为增强地区流动性互助能力的重要手段。人民银行先后与其他央行及货币当局签署了总计6500亿元人民币的六份双边本币互换协议（表5-9）。

表5-9 2008年以来的中国人民币货币互换协议

时间	对象	人民币金额（亿元）	当地货币金额	协议类别
2008.12.12	韩国央行	1800	38万亿韩元	框架协议
2009.1.20	香港金管局	2000	2270亿港元	正式协议
2009.2.8	马来西亚国民银行	800	400亿林吉特	
2009.3.11	白俄罗斯央行	200	8万亿白俄罗斯卢布	正式协议
2009.3.23	印度尼西亚央行	1000	175万亿印尼卢比	正式协议
2009.4.2	阿根廷央行	700	380亿阿根廷比索	框架协议

资料来源：根据人民银行网站资料整理。

与以往的货币互换协议相比，本轮货币互换出现了一些创新，如将互换有效期延长至3年，并支持互换资金用于贸易融资。其运作机制是，央行通过互换将得到的对方货币注入本国金融体系，使得本国商业机构可以借到对方货币,用于支付从对方的进口商品,这样,在双边贸易中出口企业可收到本币计值的货款,可以有效规避汇率风险、降低汇兑费用。这种创新的货币互换首先可以应对金融危机形势下的短期流动性问题,从而推动双边贸易和直接投资的发展。

丁志杰对上述互换协议的作用进行了细分:与阿根廷的互换,人民币主要是在贸易中充当支付结算的角色;白俄罗斯则将人民币作为储备货币;与韩国的互换,主要作用是方便韩国在华企业进行融资;与香港互换,是由于香港是人民币第二大集散中心,中央又准备在香港发债,货币互换主要是为满足资金供给;与马来西亚和印尼互换,是用于双方的商业贸易结算①。中国与其他国家的货币互换扩大了人民币的外部存量,有助于巩固人民币的国际地位,扩大人民币贸易结算,并能促进人民币储备货币职能的发挥。

3. 中国政府开始推进人民币国际化

2009 年 7 月 2 日中国人民银行、财政部等六部委联合发布《跨境贸易人民币结算试点管理办法》,跨境贸易人民币结算正式启动。目前人民币用于国际结算还不包括用于中国以外的第三国之间的贸易结算,主要是我国在进出口贸易中实行本币结算即允许进出口企业以人民币计价结算,居民可向非居民支付人民币,并允许非居民持有人民币存款账户以便进行国际结算。

随着跨境贸易中人民币结算的扩大,人民币的国际货币职能相应得到扩展。人民币结算通常意味着以人民币计价,这体现了人民币的价值尺度职能;居民与非居民之间相互支付人民币是国际货币

---

① 高晨:《频签货币互换协议 人民币国际化迈出关键一步》,载《京华时报》2009 年 4 月 2 日。

支付手段的体现；为贸易结算方便，非居民必然在人民币账户上存有一定数量的人民币存款，这体现了国际货币的价值储藏职能（表5－10）。

表5－10　跨境贸易人民币结算与国际货币职能

跨境贸易人民币结算	体现的国际货币职能
以人民币计价	价值尺度
居民向非居民支付人民币	支付手段
非居民向居民支付人民币	支付手段
非居民持有人民币存款	价值储藏

资料来源：巴曙松：《香港拟推行跨境贸易人民币结算的影响与趋势评估》，2009年6月29日，http://www.cncfp.org。

人民币在区域内用于国际结算后，使币值有了新的参照标准，有利于进一步完善人民币汇率形成机制。汇率形成机制的完善也是人民币走向国际化的必要条件。当然，人民币作为官方承认的贸易结算货币仅是人民币国际化迈出的一小步，并且与我国的贸易规模相比，目前人民币贸易结算的数额还比较微小。华民认为在中国经济结构发生根本性改变以前，人民币成为国际贸易中的结算货币空间有限，而且我们不应在违背现有禀赋约束的情况下强行推进经济结构调整①。

人民币跨境业务的开展，形成了境外企业和投资者持有人民币的现象，从而产生人民币投资需求，在香港发行人民币国债能够为境外人民币提供一个投资渠道。2009年9月27日起中国政府在香港发行60亿元人民币国债。在香港建立人民币债券市场，促使人民币

① 华民：《人民币作为国际结算手段能走多远》，载《上海证券报》2009年5月7日。

成为国际投资载体，将推动人民币在周边国家和地区的结算和流通，推动人民币的区域化进程。

金融市场通常以中长期国债利率作为基准利率。本期人民币国债期限分为2年、3年和5年，其中5年期只向机构投资者发行，因此目前人民币国债利率还无法形成人民币离岸市场的基准利率。我们期待着随着香港人民币离岸金融市场的扩大，人民币国债的品种结构和期限结构不断完善，在香港发行人民币国债最终成为离岸金融市场提供具有价格指导意义的基准利率。

4. 人民币国际化基本方向

货币国际化通常是以货币自由化为前提的，因此在资本项目实现完全兑换之前，人民币国际化很难取得巨大进展。人民币自由兑换在时间安排和路径安排上操之过急又会存在引发金融危机的风险，因此只能渐进推进。有利的一点是，人民币国际化和资本项目自由兑换所要求的经济条件之间存在高度的一致性，我们可以在推进资本项目自由兑换的同时，做好人民币成为国际货币的准备工作，根据具体条件灵活推进人民币国际化。

戴相龙提出我国中央银行可以和有关国家政府及中央银行通过特定协商安排，扩大人民币的境外使用，进一步扩大人民币在周边国家和地区的影响力，理顺人民币与日元、港币、“新台币”等货币的关系，研究区域货币的可行性，提高人民币在周边贸易结算中的使用，从而提升人民币在区域经济中的地位。

2005年以前人民币实行事实上钉住美元的汇率制度，人民币在周边国家的使用很大程度上得益于美元信誉。2005年汇改之后，人民币汇率的灵活性增加，未来与美元的密切程度将进一步降低，缺少美元“背书”的人民币如何在周边乃至世界范围内提升被认可程度，也是人民币国际化面临的挑战之一。在得到广泛支持的东亚共同钉住混合货币篮的货币合作模式中,提升货币篮中人民币的比重是一种可行选择。这种选择不可避免地要直面与日元的竞争与合作。

四、日元与人民币的竞争与协调

日本和中国都是亚洲的生产大国、贸易大国,并拥有巨大的市场,这决定了两国的货币在亚洲货币合作中都应占据重要的席位。两国的经济特征差异导致货币国际化在起点、路径和方向上有所差别。两国经济周期的不一致也会使两国货币政策难以协调。哪种货币在货币合作中占据有利地位,哪个国家就能拥有更大的宏观政策自主权。协调两种货币之间的冲突应从稳定亚洲货币金融关系、促进国际货币体系趋向合理化的立场出发,在客观深入分析两国经济与亚洲区经济关系和世界经济关系以及两国经济发展潜力与方向的前提下进行。

1. 东亚货币合作中日元与人民币的竞争

日元区域化策略和人民币国际化起步使日元和人民币在东亚货币合作中处于竞争关系。这种竞争是国际货币体系变革的大背景下产生的,是两种货币谋求国际货币体系中与自身经济实力相匹配的货币地位的较量。从竞争的目标看,日元和人民币都无意也无力成为与美元抗衡的国际货币,而是在国际货币金字塔中美元之下的次级国际货币地位的竞争。从竞争策略看,争取东亚货币合作的主导权是谋求更高国际货币地位的重要途径。

在竞争能力方面,日元与人民币各有所长。东亚货币合作需要一种稳定的货币充当“名义”,中国与日本作为区域内最大的两个经济实体,人民币与日元在东亚货币合作中必然存在货币竞争关系。

从中日两国与东亚区域内成员间贸易联系、币值稳定程度及声誉这两方面来说，人民币具有一定的比较优势；但是，从经济实力和组织参与东亚货币合作的具体行动这两方面考虑，日元优势则比较明显；从国内金融体系发达程度这个角度分析，人民币或日元都不存在明显的竞争优势[①]。

从两国的经济实力看，日本的经济规模和国际经济地位优于中国，但从发展趋势看，中国经济实力增长迅速，预期良好，日本的经济增长则处于徘徊状态。从两国技术水平看，日本的技术水平和产品质量远高于中国，出口品中技术含量高的差异化产品占主要地位。根据贸易品中计价货币选择理论，高技术产品和差异化产品倾向于以出口国货币计价。因此日本出口中日元计价的比重必然高于中国出口中人民币计价的比例。从金融市场建设上看，日本在经过30年的金融自由化改革后，已经建立起发达的金融体系和完善的金融市场。东京外汇市场是世界上最重要的外汇市场之一，在扩大日元国际流动方面发挥重要作用。中国则面临着十分艰巨的金融改革任务。

从中日两国与东亚区域内成员之间的贸易联系看，人民币具有一定的比较优势。从两种与区域货币的汇率关联性看，人民币与区域货币的关联性相对高于日本。方霞、陈志昂曾利用G－PPP模型对金融危机前后东亚货币与人民币、美元和日元的购买力趋同程度进行实证研究，结果表明：危机前东亚各经济体货币呈现低频锚定美元、危机后呈现锚定人民币的现象[②]。

---

① 郭华：《东亚货币合作中中日货币竞争力比较》，载《金融教学与研究》2006年第4期。

② 方霞、陈志昂：《基于G－PPP模型的人民币区域“货币锚”效应》，载《数量经济技术经济研究》2009年第4期。

2. 东亚货币合作的渐进性

区域货币合作模式包括三种:单一货币联盟模式、主导货币区域化模式和多重货币联盟模式[①]。

单一货币联盟模式指区域内成员国承诺放弃本国货币发行权,在区域内创立和使用全新的统一货币模式。欧元区统一货币为这一模式的成功典型。单一货币联盟对区域内各经济体的经济条件有相当严格的限制,东亚区域内各个国家和地区巨大的经济差异性使得单一货币联盟模式无法实现。

主导货币区域化模式是指使用一种别国货币,在政府法定或私人部门事实选择下,最终直接取代本国乃至区域的货币,发挥区域货币的职能或作用。在布雷顿森林体系下,美元通过官方协定的方式被确定为全球性主导货币,布雷顿森林体系解体后,许多国家仍然采用显性或者隐性地钉住美元的汇率制度,形成了在一定区域内的美元主导。在拉美地区的一些国家,美元成为国内法定通货,形成了拉美美元化的区域货币模式。在东亚地区,吸取亚洲金融危机的教训,各个国家和地区正致力于脱离与美元挂钩的汇率制度,区域内又不存在具备主导货币能力的货币,因此主导货币区域化模式在东亚行不通。

多重货币联盟模式是一种折中模式,即先在区域内具备条件的次区域进行货币合作,然后逐渐向单一货币联盟的合作形式过渡。在亚洲区域合作的过程中形成了一种强调非正式性和达成共识的"亚洲传统"[②]。亚洲传统尊重各方的差异性,在合作策略上强调求

---

① 何燕:《区域货币合作模式及东亚的选择》,载《商场现代化》2009 年第 3 期。

② Jeffrey Lewis ,"Asian vs. International: Structuring an Asian Monetary Fund," *Harvard Asia Quarterly*, vol Ⅲ, No. 4, Autumn 1999.

同存异。而欧洲货币合作则更重视通过正式的谈判和协议来解决分歧,通过谈判各方的妥协和让步来实现合作。货币合作意味着参与合作的国家需要在一定程度上让渡自己的货币主权,正式性和达成共识更有利于货币合作的进行。亚洲传统使得东亚地区很难在整个区域范围内达成一致意见,因此无法直接推行区域性货币。亚洲传统决定了东亚货币合作将是一项长期的、渐进的过程,多重货币联盟模式是东亚货币合作的现实选择。

中国特殊的"一国四币[①]"状态,给人民币国际化提供了一个特别的路径,即首先扩大人民币在香港、澳门地区的使用,然后将港币、澳元与人民币进行整合,实现"三币统一";同时与"新台币"进行货币合作,实现人民币在台湾地区的流通与使用,进而实现"四币统一",从而完成次区域货币统一。香港特殊的国际金融中心地位也是人民币国际化的有利条件,目前香港离岸金融中心建设正在受到越来越多的关注与支持,未来人民币将通过香港离岸金融中心的运作实现国际间自由流动。

3. 东亚货币合作中日元与人民币的协调

欧洲货币合作的经验表明,一国货币的国际化与国际区域货币一体化之间可以是相辅相成的。国际区域内轴心国家(轴心国)的推动和国际区域内强势货币(锚货币)的作用是区域货币一体化的重要条件,而区域货币一体化的实现又会加速一国货币国际化的进程。当初如果没有德法两国的通力合作并以马克作为支点货币,欧洲货币合作难以成功;反之,没有欧元区的货币统一,德法等国也不

① 指中国一个主权国家的不同地域共有4种货币发行流通:内地发行的人民币、香港特别行政区发行的港币、澳门特别行政区发行的澳元和台湾地区发行的"新台币"。

会拥有今天的国际地位[1]。东亚货币合作的障碍之一是区域内尚不存在轴心国和锚货币，对于广泛地钉住美元的东亚国家来说，没有退出美元制后的第二选择。

在东亚地区经济贸易合作的起步和发展过程中，东盟扮演了事实上的领导角色，并起到核心的推动作用。进入21世纪以来，中国和日本在区域经贸合作中的作用加大，领导作用开始显现。中日两国的合作型领导是最有利于东亚货币合作中取得深入进展的方式。

目前，中日联合领导东亚区域经济货币合作的条件已得到改善。在区域金融货币合作和自由贸易区建设方面，两国间出现了一些良性互动势头。在东亚地区，中国和日本都能接受的地区合作方案获得成功的可能性比较大，而如果有一方反对则合作将很难进行[2]。中国和日本联合在东亚地区经济合作中提供领导作用也具有可操作性：第一，中日两国已经在东亚经济合作中的某些领域共同担负起比别国更多的责任。第二，从国际环境来说，欧洲和北美的贸易金融合作加深，使中国和日本感到一种可能被边缘化的紧迫感。第三，中日之间虽然在两国关系问题上麻烦不断，但是两个国家关系的继续发展并没有减缓迹象，在新一轮国际金融危机爆发后，两国的合作意愿有所加强。第四，从未来发展方向来看，中国和日本从基本价值观和经济发展模式方面没有本质的矛盾和对立。

构建中日两国共同领导的东亚货币合作机制，意味着中日两国以及两国货币需要在实体经济、汇率金融领域进行全方位的、开放式

---

① 张洪梅、刘力臻、刘学梅：《东亚货币合作进程中的中日博弈分析》，载《现代日本经济》2009年第2期。

② J. Ravenhill, "A Three Bloc World? The New East Asian Regionalism", *International Relations of Asia-Pacific*, 2002, 2(2), pp. 167 - 195.

的协调与合作。

从实体经济角度,中日两国需强化经贸联系,尽快启动自由贸易区(FTA)谈判。中日两国分别与东亚其他国家签订了多项自由贸易区协定,日本还与东亚的多个国家/地区谈判、签订了经济伙伴协定(EPA)。然而中日之间的自由贸易区谈判却迟迟无法启动。2002年中国明确表达了对中日自由贸易区谈判的积极态度,日本方面对此反应冷淡。主要原因在于日本对中国的知识产权保护和经济结构问题持怀疑态度。对于中日韩三方自由贸易区问题,日韩两国各有顾虑,日本担心缔结自由贸易区后农业受到冲击,韩国担心对日贸易逆差增加以及电子产品生产受到来自日本的竞争。因此,短期内建成中日/中日韩自由贸易区有相当大的难度。

然而,中日/中日韩自由贸易区的收益也令人向往,并且在中日双方之间以及与东亚区域的贸易关系日趋紧密的情况下,中日自由贸易区建设的必要性更加突出。值得欣慰的是,2009 年 10 月中日韩领导人会谈时,三国领导人表示将在 2010 年签署三方投资协议,显示出各国对建立东亚自由贸易区的强烈意愿。

在金融领域,中日两国可以尝试开展多项合作。中日银行业已经开展了初步的商业合作,中国银联卡在日本的发行量不断增加,日本可以支持银联卡的 ATM 机数量也在增长。中日两国的银行都在对方设立了分支机构,但两国银行的服务对象主要为本国客户。今后两国银行将在资源共享、境内业务以及国际银行业务方面拓宽合作领域。在两国之间贸易投资关系日益密切的情况下,本国公司在对方资本市场的融资需求上升。中国公司在东京证券交易所上市的步伐已经迈出,成为日本上市企业,对以日本为主要业务对象的中国公司来说,对开拓当地市场有一定作用。中国资本市场向日本公司开放对那些在中国有大量业务的日本公司来说,也具有一定的吸引力,但是在目前中国的资本管制条件下,向日本公司开放资本市场尚需时日。

汇率合作是中日两国在东亚货币合作中体现领导地位的重要领域。中日两国的汇率协调应该在东亚货币合作框架内,遵循由简单到复杂、由松散到紧密、由分散到集中的原则。在两国汇率管理、汇率制度存在较大差异的情况下,直接建立两国较为紧密的汇率合作是不经济的,也是不现实的。我们应在建立东亚地区更紧密的汇率合作的长远目标之下,为这一目标的实现进行必要且可行的准备工作,将中日汇率合作置于东亚区域汇率合作之中。比如,可以从不同层面推进东亚汇率协助:一方面,中日分别与各自合意的区域进行汇率协调,相对稳定东亚内部子区域的汇率;另一方面,中日之间加强两国汇率协调的理论研究和官方接触,根据国际、区域以及国内的经济形势进行偶然的、初步的汇率协调磋商。在世界性经济失衡无法纠正、国际金融危机频发的国际经济环境中,中日汇率协调的潜在收益将不断增加,中日两国的货币、汇率协调意愿也会得到增强。因此,中日之间更加密切的货币、汇率合作值得期待。

从日元国际化角度看,日元国际化在经历了直接国际化向区域化转变之后,依然面临金融改革和政策改革的任务。开放的金融市场是货币国际化的基本要求,日元国际化之所以无法取得更大进展,重要原因之一在于日本为确保国内金融政策和外汇市场的稳定而不肯开放金融市场。日元在转向亚洲化路径之后,其国内金融体系应如何改革与开放才能保证日元亚洲化目标的顺利实现依然是日元国际化无法绕过的课题。同时,货币国际化使一国的货币政策同时面对国内和区域两个范围的经济环境,对货币政策的制定提出了新的要求。从推进货币国际化角度讲，今后日本的货币政策应当由单纯的国内经济政策转而成为一种“区域政策”。这不可避免地导致国内经济调节的政策手段的减少，因此对宏观经济政策的充分配合与综合运用提出了更高的要求。

对于中国来说，一方面日元国际化的过程本身是人民币走向国际的有益借鉴，另一方面人民币国际化过程中还要直面与日元的竞争与协调。从这个角度来看，日元国际化问题值得学者们进行更为深入、详尽的探讨。

参考文献

菊地悠二著,陈建译:《日元国际化——进程与展望》,中国人民大学出版社 2002 年版。

铃木淑夫著,徐笑波、姚钢、苏丁译:《现代日本金融论》,上海三联书店 1991 年版。

冯绍奎等:《日本经济的活力》航空工业出版社 1988 年版。

胡坚:《日本金融市场》,大百科全书出版社 1995 年版。

金明善、宋绍英、孙执中:《战后日本经济发展史》,航空工业出版社 1988 年版。

孔凡静:《日本经济发展战略》,中国社会科学出版社 1983 年版。

李罗力:《金融风暴——东南亚金融危机透视》,贵州人民出版社 1997 年版。

李平、刘沛志、于茂荣:《东亚地区货币合作与协调》,中国财政经济出版社 2004 年版。

李晓,丁一兵:《亚洲的超越——构建东亚区域货币体系与"人民币亚洲化"》,当代中国出版社 2006 年版。

刘光灿、蒋国云、周汉勇:《人民币自由兑换与国际化》,中国财政经济出版社 2007 年版。

刘力臻、徐奇渊:《人民币国际化探索》,人民出版社 2006 年版。

刘玉操,《日本金融制度研究》,天津人民出版社 2000 年版。
强永昌:《战后日本贸易发展的政策与制度研究》,复旦大学出版社 2001 年版。
孙执中:《荣衰论——战后日本经济史(1945—2004)》,人民出版社 2006 年版。
童适平:《日本金融监管的演化》,上海财经大学出版社 1998 年版。
阎坤:《日本金融研究》,经济管理出版社 1996 年版。
钟鑫、吴华编:《欧元的诞生与影响》,经济管理出版社 1999 年版。

奥田宏司『多国籍銀行とユーロ・カレンシー市場』同文館、1988 年。
奥田宏司『途上国債務危機とIMF、世界銀行』同文館、1989 年。
奥田宏司『ドル体制と国際通貨』ミネルブァ書房、1996 年。
奥田宏司『ドル体制とユーロ、円』日本経済評論社、2002 年。
島崎久弥『通貨危機と円の国際化』多賀出版、1999 年。
三和良一『概説日本経済史』東京大学出版会、1999 年。
杉本昭七『現代資本主義の世界構造』、大月書店、1980 年。

A. Swoboda and R. A. Mundell, *Monetary Problems of the International Economy*, University of Chicago Press, 1969.

巴曙松:《人民币国际化对中国金融业发展的影响》,平安证券有限责任公司专题研究报告,2007 年 6 月 4 日。
陈虹:《东亚货币合作中日本的动向》,载《国际经济评论》2001 年 1—2 期。

陈甬军、张小军、庄尚文:《我国现代市场体系建设30年》,《中国经济发展和体制改革报告:中国改革开放30年》,社会科学文献出版社2008年版。

窦祥胜:《国际资本流动与宏观经济运行分析》,厦门大学博士学位论文,2001年。

董继华:《境外人民币流通规模估计——基于季度数据的协整分析》,载《当代经济科学》2008年30卷1期。

方霞、陈志昂:《基于G-PPP模型的人民币区域"货币锚"效应》,载《数量经济技术经济研究》2009年第4期。

付丽颖:《现行国际汇率制度下发展中国家汇率制度选择研究》,东北师范大学硕士毕业论文,2003年。

高晨:《频签货币互换协议 人民币国际化迈出关键一步》,载《京华时报》2009年4月2日。

郭华:《东亚货币合作中中日货币竞争力比较》,载《金融教学与研究》2006年第4期。

何国华:《西方货币国际化理论综述》,载《经济评论》2007年第4期。

何燕:《区域货币合作模式及东亚的选择》,载《商场现代化》2009年第3期。

华民:《人民币作为国际结算手段能走多远》,载《上海证券报》2009年5月7日。

阚景阳:《人民币境外流通及国际化研究》,载《金融理论与教学》2006年第2期。

课题组:《人民币国际化推进路径选择研究》,载《华北金融》2008年第8期。

李俊江、范硕:《汇率体制“两级论”与东亚汇率制度选择分析》,《21世纪初期东亚货币合作与人民币国际化》,吉林大学出版社2006年版。

刘力臻:《东亚汇率合作模式及选择分析》,《21世纪初期东亚货币合作与人民币国际化》,吉林大学出版社2006年版。

刘力臻、李爽:《论东亚货币基金的创建》,《东北亚论坛》2004年3期。

莫莉:《2010年:发展中国家活力与风险共存》,载《金融时报》2010年1月26日。

宋芳秀、李庆云:《美元国际铸币税为美国带来的收益和风险分析》,载《国际经济评论》2006年第7—8期。

小林和子:《日本证券市场的历史发展》,童适平编,《战后日本金融体制及其变革——复旦大学日本研究中心第六次中日学术研讨会论文集》,上海财经大学出版社1998年版。

尤宪迅:《日本的外汇和外贸管理法》,童适平编,《战后日本金融体制及其变革——复旦大学日本研究中心第六次中日学术研讨会论文集》,上海财经大学出版社1998年版。

张斌:《东亚货币合作:中国视角》,载《世界经济》2004年11期。

张洪梅、刘力臻、刘学梅:《东亚货币合作进程中的中日博弈分析》,载《现代日本经济》2009年第2期。

赵锡军、刘炳辉、李悦:《亚洲统一债券市场的进程、挑战与推进策略研究》,载《财贸经济》2006年第5期。

郑文力:《亚洲债券市场发展研究》,吉林大学博士学位论文,2008年。

钟伟、沈闻一:《崛起中的人民币:如何改写21世纪国际货币格局》,

载《学术月刊》2004 年第 10 期。

周升起:《中国对外直接投资:现状、趋势与对策》,载《东亚论文》第 75 期。

奥田宏司『ユーロ・カレンシー市場と「ドル体制」』、『土地制度史学』、第 116 号、1987 年 7 月。

大貫摩里「日本銀行の設立」『金融研究』巻頭エッセイ、2001 年第 20 巻第 1 号。

大貫摩里「金本位制度の確立」『金融研究』巻頭エッセイ、2001 年第 20 巻第 2 号。

大井博之、大谷聡、代田豊一郎『貿易におけるインボイス通貨の決定について—「円の国際化」へのインプリケーション—』、『金融研究』2003 年 9 号。

島田昌和「第一(国立)銀行の朝鮮進出と渋沢栄一」、文京女子大学『経営論集』第 9 巻第 1 号。

和田善寛『通貨危機後の円建て決済比率に変化なし』ITI 季報、Autumn 2001、第 45 号。

小川英治『揺れるドル、複数基軸通貨体制の可能性』、プレジデント、2009 年 2 月 16 号。

須永徳武「第一次世界大戦における台湾銀行の中国資本輸出」『立教経済学研究』第 59 巻第 1 号。

岩本武和『アジア債券市場の可能性と諸問題』京都大学、University Working Paper J-39。

畠山蕃『日米金融摩擦の経緯と諸論点——「日米ドル委員会」での討議を中心として』『財政金融統計月報(国際収支特集)』,大蔵省 386 号,1984 年 6 月。

Eiji Ogawa and Takatoshi Ito, "On the Desirability of a Regional Basket Currency Arrangement", *Journal of the Japanese and International Economics*, Volume 16, Issue3, September,2002.

Takatoshi Ito and Eiji Ogawa, "How Did the Dollar Fail in Asia", NBER Working Paper 6729, September 1998.

Jeffrey Lewis, " Asian vs. International: Structuring an Asian Monetary Fund," *Harvard Asia Quarterly*, Autumn 1999. Vol. Ⅲ, No. 4.

Maurice Obstfeld, "Notes on Seigniorage and Budget Constraints", Textbook for Economics 202B, Economic Department, University of California Berkeley, Fall 1998.

J. Ravenhill, " A Three Bloc World? The New East Asian Regionalism", *International Relations of Asia-Pacific*, 2002, 2(2).

S. Grassman, " A Fundamental Symmetry in International Payment Patterns", *Journal of International Economics*, 3, 1973.

Alexander K. Swoboda, "The Euro-Dollar Market: An Interpretation", Essays in *International Finance*, No. 64, Princeton University, 1968.

巴曙松:《香港拟推行跨境贸易人民币结算的影响与趋势评估》,2009 年 6 月 29 日,http://www.cncfp.org。

何帆:《美元与美国霸权》,博士咖啡网站,http://doctor-cafe.com/detail1.asp? id=2856。

李晓华、刘翠平:《亚洲债券市场的发展前景》,2006 年,http://www.canet.com.cn/wap.php? action=article&id=13265。

日本財務省,関税・外国為替等審議会『第 5 回外国為替等分科会議事録』、2003 年、http://www. mof. go. jp/singikai/kanzegaita/giziroku/gai150513. htm。

日本財務省『我国のチェンマイ・イニシアティブに基づく二国間通貨スワップ取極締結の進捗状況』、http://www. mof. go. jp/jouhou/kokkin/pcmi. htm。

日本銀行百年史編纂委員会『日本銀行百年史』第 6 巻日本銀行、1985 年,http://www. boj. or. jp/type/pub/hyakunen。

日本銀行金融研究所貨幣博物館『わが国の貨幣史』、21.「円」の誕生、http://www. imes. boj. or. jp/cm/htmls/history. htm。

石井晋一郎、田中英俊、小崎睦雄等「日本の輸出構造」『財政金融統計月報』、第 251 号、http://www. mof. go. jp/kankou/hyou/g251/251_b. pdf。

钟伟:《人民币在周边国家流通的现状、问题及对策》,中宏网,2007 年 10 月 10 日,http://mcrp. macrochina. com. cn/u/14/archives/2007/1062. html。

后　记

经过近三年的艰苦努力，终于在2009年末交出了初稿。抚案遐思，对治学与创作颇多感想，对师友亲人不尽感激。

自从接了这个课题以后，我一直在梳理自己的思路，尝试构建起整体的框架。这是一项艰难的工作，我必须大量地阅读，深入地思考，而且要经常推翻自己前面的工作，甚至有时会陷入到迷茫和困惑之中。当我最终完成这份书稿时，我深深地感受到：治学在于博学约取，创作需要厚积薄发。关于日元国际化的研究资料浩如烟海，如何在前行者的基础上继续前进？首先在于夯实自己的学术基础，使自己有能力在学术前沿漫游；同时要充分了解前人的研究成果，把握住学术研究的发展方向。阅读资料需要时间和见识，我常常懊悔自己浪费了那么多的时间，也常常为自己的见少识浅感到羞愧。创作的艰辛让我充分意识到积累的重要性，偶尔也让我感到有所积累的快乐。

我时常感念，自己生活、工作在一个宽松有序、和谐进取的集体中是何其幸运！感谢东北师范大学日本研究所，感谢我的领导和同事们！尚侠老师对我们所的发展倾注了无数心血，不仅博得了我的尊敬，甚至我先生都常说，尚老师，侠之大者！我当十分感激宋绍英先生的帮助，同样感谢刘春英老师的关心，秀武、文广、志忠、钟放等都是我的兄长，冬梅、冯雅是我的好姐妹，我们将一起前行！

我是刘力臻老师的硕士,后来又继续攻读了她的博士。老师的高尚情操和严谨学风令我仰慕不已,是老师春风化雨般的言传身教和慈母挚友般的关怀培养造就了今天的我。师恩如山,怎一个谢字能言?我的同学好友们为我提供了无私的帮助,秦婷婷博士、刘海波博士、祝国平博士、徐奇渊博士……一个又一个亲切的名字,我无法一一道来,我只能说,我很幸运,生活在无边的友爱之中。

在本书的编辑出版过程中,商务印书馆朱绛老师付出了大量的劳动和心血,对作者进行耐心详尽的指导。在此,向朱绛编辑表达作者的感谢之情。

刚接受任务没多长时间,我便做了母亲;女儿不到百天,我又东渡扶桑到一桥大学访学年余。当我再次回到女儿身边时,女儿依然牙牙学语了。蓦然回首,爱人笑容可掬地站在我的身后,轻轻地说:执子之手,与尔偕老!

付丽颖

2009年12月